Fusionen von Kultureinrichtungen.
Ursachen, Abläufe, Potenziale, Risiken und Alternativen

Patrick S. Föhl

Andreas Huber

Fusionen von Kultureinrichtungen
Ursachen, Abläufe, Potenziale, Risiken und Alternativen

1. Auflage September 2004
Gestaltung: Patrick S. Föhl, Andreas Huber
Satz: Patrick S. Föhl
Lektorat: Thomas Föhl
Druck: Prisma Druck, Saarbrücken
© Klartext Verlag, Essen 2004
ISBN 3-89861-346-1
Alle Rechte vorbehalten

Inhalt

Geleitwort 7
Vorwort 9
Warum dieses Buch? 12
Problemstellung 15

Kapitel 1: Warum Fusionen im Kulturbereich? 19
   1.1 Äußerer Anlass: die Krise der Kulturfinanzierung 20
   1.2 Der öffentliche Kulturbetrieb 22
   1.3 Neue Wege der Kulturfinanzierung 32
   1.4 Neue Strukturen im öffentlichen Kulturbereich? 33
   1.5 Zunahme von Fusionsaktivitäten 35
   1.6 Einige Praxisbeispiele stellen sich vor 38

Kapitel 2: Formen und Besonderheiten von Fusionen im öffentlichen Kulturbereich 51
   2.1 Der Begriff Mergers & Acquisitions: Ein Übertragungsversuch 52
   2.2 Formen der Zusammenarbeit 54
   2.3 Zwischen welchen Kultureinrichtungen kommen »Totalfusionen« in Frage? 70
   2.4 Gemeinsamkeiten und Unterschiede von Fusionen im privaten und öffentlichen Sektor 72
   2.5 Übersicht: Die drei Phasen einer Fusion 80

Kapitel 3: Vorbereitung: Politikmanagement 83
   3.1 Übersicht Pre-Merger-Phase 84
   3.2 Visionen und Ziele 87
   3.3 Machbarkeitsstudie 93
   3.4 Entscheidungsfindung 105

Kapitel 4: Umsetzung: Projektmanagement 119
   4.1 Übersicht Merger-Phase 120
   4.2 Konkrete und detaillierte Umsetzungsplanung 122
   4.3 Durchführung der Verschmelzung 137
   4.4 Interne Kommunikation in der Durchführungsphase 146
   4.5 Externe Kommunikation in der Durchführungsphase 148

Kapitel 5:		Nachsorge: Integrationsmanagement	151
	5.1	Übersicht Post-Merger-Phase	152
	5.2	Integrationsziele definieren	154
	5.3	Integrationsstrategie umsetzen	156
Kapitel 6:		Resümee und Zusammenfassung	167
	6.1	»Nicht Fusionen sind falsch, es wird falsch fusioniert«	168
	6.2	Zusammenfassung: Fusionsphasen und -aufgaben	171
	6.3	Zusammenfassung: Schlüsselfaktoren	172
	6.4	Zusammenfassung: Vor- und Nachteile einer Fusion im Kulturbereich	174

Anhang	177
Übersichtstabellen	178
Abbildungen, Tabellen und Abkürzungen	184
Quellenverzeichnisse	188
Register	198

Über die Autoren	205

Geleitwort

Fusionen in der Wirtschaft haben Konjunktur. Und ein schlechtes Image. Die breite Öffentlichkeit nimmt sie meist nur in Form von negativen Schlagzeilen über hohe Verluste und den Abbau von Arbeitsplätzen wahr. Immer wieder scheint sich die Behauptung zu bestätigen, der Markt kenne keine Moral und das Kapital keine Heimat. Eine auf diese Weise weit verbreitete, oft resignative Stimmung verstellt aber den Blick auf positive Aspekte wirtschaftlicher Entwicklungen. Und sie macht es zunehmend schwerer, die Übertragung an der Wirtschaft orientierter Strukturen und Organisationsformen in den Kulturbereich nüchtern und mit der gebotenen Objektivität zu diskutieren. Die Sorge um die Existenz von Einrichtungen und die Zukunft von Arbeitsplätzen ist vor allem angesichts jüngster Tendenzen in der öffentlichen Kulturfinanzierung groß. Außerdem ist die Euphorie der 1990er Jahre über Sinn und Nutzen einer an der Wirtschaft orientierten Modernisierung der Kommunalverwaltungen weitgehend verflogen. Längst hat sich, weit in die Kommunalpolitik hinein und erst recht in der Kulturarbeit, die Erkenntnis durchgesetzt, dass eine Stadt kein Konzern und ein künstlerischer Betrieb kein Dienstleistungsunternehmen ist, was nicht bedeutet, dass vielen Kultureinrichtungen etwas mehr Dienstleistungsorientierung nicht gut getan hat.

Heute scheint das Pendel manchmal schon wieder zurückzuschlagen in die einstige Selbstbezogenheit von Künstlern und Kulturbewegern, denen Abstinenz im Umgang mit der Wirtschaft geradezu ein Gütesiegel war. Dorthin aber führt kein Weg zurück. Und zwar nicht nur aus finanziellen Gründen. Auch wenn es – was nicht erkennbar ist – der Öffentlichen Hand als Kulturträgerin wieder besser gehen sollte: In einer Welt, die in immer größeren Dimensionen denkt und in Vernetzungen arbeitet, hat eine Kulturarbeit eine ungewisse Zukunft, die sich von anderen, möglicher Weise konkurrierenden Einrichtungen abschottet, kleinräumig angelegt ist und ihr Publikum in für die Menschen weitgehend bedeutungslos gewordenen administrativen Gemeindegrenzen sucht. Kulturarbeit muss inhaltlich wie räumlich in Bewegung sein und offen für neue Partnerschaften. Aus der Sicht der Kommunalpolitik steht dabei, zumindest derzeit, die Optimierung betriebswirtschaftlicher Ergebnisse im Vordergrund. Meist sind die Erwartungen hoch – zu hoch – gesteckt und Enttäuschungen vorprogrammiert. Fusionen von Kulturbetrieben sind weder Allheilmittel zur Lösung von Finanzierungsproblemen noch gibt es Patentrezepte für eine erfolgreiche Umsetzung. Vor allem aber verstellt eine zu starke Fixierung auf Kosten und Bilanzen den Blick auf das, worauf es langfristig vor allem ankommt: den künstlerischen und qualitativen »Mehrwert« für die Kultur und die bessere Positionierung und Behauptung von Kul-

Geleitwort

tureinrichtungen gegenüber der immer härter werdenden Konkurrenz einer weiter wachsenden Freizeit- und Unterhaltungsindustrie.

Der größte Feind neuer Strukturen im Kulturbereich scheinen lokale Egoismen zu sein, in der Politik, bei den kulturellen Akteuren und auch beim Publikum. Sie sind der Nährboden für Aversionen und Vorbehalte gegen Fusionen von Kultureinrichtungen selbst dann, wenn sie sinnvoll, notwendig oder unvermeidbar sind. Und oftmals der Grund für ihr Scheitern, wenn sie bereits auf den Weg gebracht wurden. Dagegen kommt man nur mit nüchternen Analysen, Fakten und Professionalität an, die zugleich die Besonderheit künstlerischen Schaffens, von kultureller Vermittlung und Rezeption nicht außer Acht lassen. Dazu soll und kann dieses Buch beitragen. Deshalb wünsche ich ihm Beachtung und weite Verbreitung.

Bonn, im Juli 2004   Bernd Meyer

Vorwort

Es ist für einen Hochschullehrer ein erfreulicher und seltener Anlass, das Vorwort zu einer Veröffentlichung eines Absolventen verfassen zu dürfen. Die Publikation »Fusionen von Kultureinrichtungen« ist aus der Diplomarbeit von Patrick S. Föhl im Studiengang Kulturarbeit an der Fachhochschule Potsdam (vgl. FÖHL 2003B) sowie aus der Zusammenarbeit mit Andreas Huber, Fusions- und Managementberater, erwachsen. Die Autoren beschäftigen sich seit mehreren Jahren beruflich und wissenschaftlich mit Fusionen im öffentlichen Sektor und bündeln nun ihre Erfahrungen im Fokus der Chancen und Risiken von Fusionen im Kulturbereich – ein aktuelles und umstrittenes Thema im öffentlichen Kulturbetrieb.

Vor dem Hintergrund knapper öffentlicher Haushalte sind Fusionen bisweilen zu einer neuen »Zauberformel« zur Lösung der Finanzierungsprobleme von Kulturinstitutionen avanciert. Neben der Suche nach Sponsoren, Spendern, Veränderungen der Rechtsform oder Ausgliederungen gewinnen Fusionen als nachhaltige Konzepte der Umstrukturierung sowie der Mobilisierung von Einsparpotenzialen und Synergien an Bedeutung. Allein in den letzten beiden Jahren wurden über zehn Fusionen im Kulturbereich diskutiert und teilweise umgesetzt; ein aktuelles Beispiel ist die Fusion der Stiftung Weimarer Klassik mit den Kunstsammlungen zu Weimar im Jahre 2003 sowie die diesjährige Fusion der Freien Kammerspiele und des Theaters der Landeshauptstadt Magdeburg zum Theater Magdeburg.

Durch solche Zusammenschlüsse sollen vor allem dauerhafte Strukturreformen durch eine Verschmelzung möglichst aller Bereiche erreicht werden. Fusionen können auch der Anstoß für eine Neupositionierung von Kultureinrichtungen sein, indem veraltete Strukturen abgebaut, neue Ziele und Motivationen gewonnen werden. Im besten Falle erschaffen Fusionen eine neue Einrichtung und stimulieren kulturelle und künstlerische Synergien zwischen den Fusionspartnern. Fusionen bieten also, über die wirtschaftlichen Effekte hinaus, neue Gestaltungsmöglichkeiten und Potenziale für einen gemeinsamen Neuanfang. Warum aber scheitern dann viele Fusionen oder kommen erst gar nicht zustande?

Die Autoren gehen genau dieser Frage nach und beantworten sie mit einem Zitat eines Unternehmensberaters, das als Motto über ihrem Buch stehen könnte: »Nicht Fusionen sind falsch, es wird falsch fusioniert«. So würden die benannten Potenziale nur selten vollständig ausgeschöpft, gravierende Fehler im Prozessmanagement begangen, eine transparente interne Kommunikation über die anstehenden Veränderungen vernachlässigt und schließlich elementaren »weichen« Schlüsselfaktoren (z.B. kulturelle Identitätsunterschiede) zu wenig Beachtung geschenkt.

Vorwort

Gerade dies ist jedoch bei Fusionen von Kultureinrichtungen von besonderer Bedeutung, denn hier geht es nicht allein um Strukturveränderungen, sondern potenziell um Veränderung oder gar Verschmelzung der künstlerischen Konzeptionen. Insbesondere Kulturinstitutionen sind in ihrer Unternehmenskultur geprägt von einer intensiven Beziehung der Mitarbeiter zu ihrer Einrichtung, einer starken Identifikation mit den künstlerischen Inhalten und Werten. Verständlich, dass dort die Sorge um den möglichen Verlust des einzigartigen Profils durch Fusionen größer ist als bei anderen Unternehmen, handelt es sich doch um möglicherweise gravierende Einschnitte in die institutionelle und persönliche kulturelle Identität.

Es ist das besondere Verdienst der Autoren, diese Spezifika von Kulturfusionen im Sinne eines »Managements von Differenzen«, anstelle von Vereinheitlichung, in ihrer Gesamtheit zu betrachten. Damit widmen sie sich einem systematisch noch wenig aufgearbeitetem Feld und schließen eine Lücke in den Veröffentlichungen zu den verschiedenen Reformkonzepten des öffentlichen Kultursektors. Das vorliegende Werk hat es sich zur Aufgabe gemacht, den Verlauf, die Wirkungsweisen und Schwierigkeiten von Fusionen umfassend und praxisnah zu beleuchten, um aus dieser Analyse Schlüsselfaktoren für Fusionen im Kulturbetrieb in Form eines prozessorientierten Handlungsleitfadens abzuleiten. Es richtet sich in erster Linie an die für Kultur Verantwortlichen und an alle Mitarbeiter, die mit der Umsetzung von Fusionen befasst sind oder diesen Schritt erwägen, sowie an Unternehmen, die in diesem Bereich beratend tätig sind und die sich mit den Besonderheiten von Kulturunternehmen tiefergehend vertraut machen wollen. Ihnen werden Hinweise, Anregungen und praktische Handlungsempfehlungen für ein strategisches und operatives Fusionsmanagement gegeben.

Dieser doppelte Adressatenbezug verweist auf das Spannungsfeld von Kultur und Ökonomie, zwischen der künstlerisch-inhaltlichen Zielsetzung und den Anforderungen der Betriebswirtschaft. Beide Seiten werden hier gleichermaßen berücksichtigt, zusammengeführt und für den Fusionsprozess im Kulturbereich nutzbar gemacht.

Ausgangspunkt der Studie ist eine kulturpolitische Erörterung der Gründe und Ziele von Strukturreformen im öffentlichen Kulturbetrieb sowie eine Verortung von Fusionen im Kontext der »neuen« Wege der Kulturfinanzierung. Darauf folgen fünf Fallbeispiele von Fusionen aus verschiedenen Kultursparten. (Kapitel 1: »Warum Fusionen im Kulturbereich?«).

Auf der Grundlage betriebswirtschaftlicher Literatur zu »Mergers & Acquisitions« sowie aus empirischen Befunden und Analysen von Beratungsunternehmen im Umfeld des »New Public Management« werden verschiedene Kooperations- und Fusionsformen vorgestellt und Übertragungsansätze für den Kulturbereich ausgelotet. Sie bilden eine Folie, um die Besonderheiten von Kulturfusionen, im Vergleich mit pri-

Vorwort

vatwirtschaftlichen Zusammenschlüssen, durch vier Grundkriterien zu markieren (Kapitel 2: »Formen von Fusionen im öffentlichen Kulturbereich«).

Die folgenden drei Kern-Kapitel befassen sich ausführlich mit den verschiedenen Fusionsphasen, den Strategien und Instrumenten des Fusionsmanagements unter Berücksichtigung der Besonderheiten im Kulturbereich: von der Vision über die Machbarkeitsstudie zur Umsetzung und schließlich zur Etablierung. Im Wissen um knappe personelle und finanzielle Ressourcen fließen hier vor allem Strategien und Maßnahmen ein, die bereits in Kultureinrichtungen durchgeführt worden sind bzw. konzeptionell und strukturell umsetzbar erscheinen (Kapitel 3: »Vorbereitung – Politikmanagement«; Kapitel 4: »Umsetzung – Projektmanagement«; Kapitel 5: »Nachsorge – Integrationsmanagement«).

Das Schlusskapitel fasst die zentralen Phasen des Fusionsprozesses und dreizehn entscheidende Schlüsselfaktoren für den Erfolg (bzw. das Nichtgelingen) sowie die Chancen und Risiken von Kulturfusionen im Überblick zusammen (Kapitel 6: »Resümee«).

Diverse Abbildungen, Checklisten und Übersichten ergänzen dieses materialreiche, praxisnahe Werk zu den Potenzialen und Grenzen von Fusionen im Kulturbereich. So liegt hier im besten Sinne ein Handbuch vor: für Kulturpolitiker, Institutsleiter, Mitarbeiter und auch für Kulturberater, die sich dem Reformprojekt Fusionen mit professionellem Management, aber auch mit dem nötigen Fingerspitzengefühl und mit kultureller Empathie zuwenden wollen – denn ein Zusammenschluss von Kulturinstitutionen ist eben weit mehr als eine Maßnahme, die sich mit betriebswirtschaftlichem Know-how allein durchführen lässt.

Berlin/Potsdam, im Juli 2004   Ellen Lissek-Schütz

Warum dieses Buch?

Dieses Buch beschäftigt sich mit Fusionen von Kultureinrichtungen, einem zunehmend wichtigen Themenkomplex innerhalb des öffentlichen Kultursektors: Angesichts sinkender öffentlicher Zuwendungen und steigender Kosten lässt sich im Rahmen der anhaltenden Umstrukturierungsmaßnahmen auch im Kulturbereich seit einigen Jahren eine verstärkte Zunahme von Fusionen beobachten.

Es gibt zwar zahlreiche Publikationen zum Thema Fusionen im Privatsektor. Aufgrund der strukturellen und rechtlichen Besonderheiten des öffentlichen Sektors insgesamt, sind jedoch die Ergebnisse nur bedingt bis gar nicht übertragbar: ein Museum kann nicht einfach ein Theater kaufen, weil dessen Aktienkurse gerade niedrig sind. Im öffentlichen Sektor gelten andere politische Voraussetzungen und es bedarf deshalb einer anderen Herangehensweise.

Das Thema Fusionen im Kulturbereich ist ein wenig bearbeitetes Gebiet. So finden sich über die Problemstellung innerhalb der Literatur zur Kulturverwaltung bzw. zum Kulturmanagement nur wenige Hinweise und auch dort nur am Rande. Ein Beitrag bzgl. Theaterfusionen ist hervorzuheben. Dieser setzt sich auf komprimierte Weise anhand von Fallbeispielen vor allem mit den Potenzialen und Schwierigkeiten von Theaterzusammenschlüssen auseinander (vgl. RÖPER 2001, S. 437–444). Berichte in Zeitungen und Zeitschriften sind dagegen zahlreich. Diese Kurzbeiträge formulieren Ursachen und teilweise Auswirkungen von Fusionen, meistenteils berichten sie über ein konkretes Fallbeispiel. Betrachtungen, die den langwierigen Fusionsprozessen von der Vision bis zur Integration und deren Besonderheiten im Kulturbereich Rechnung tragen, werden nicht angestellt.

Die bisher einzige wissenschaftliche Veröffentlichung im deutschsprachigen Raum beschäftigt sich mit Fusionen aus dem gesamten öffentlichen Sektor und ist zeitgleich zu diesem Buch erschienen: ein Sammelband mit den Erfahrungen von 25 Autoren betrachtet die verschiedenen Facetten und Blickwinkel bei Fusionen im öffentlichen Sektor (vgl. HUBER 2004). Dem öffentlichen Kultursektor ist ein kleiner Teil gewidmet (vgl. FÖHL 2004A). Eine Tagungsdokumentation der PLS RAMBØLL zum Thema »Public Merger« offeriert ebenso Ansätze und Fallbeispiele für den öffentlichen Sektor (vgl. PLS RAMBØLL 2003).

Fusionen im öffentlichen Sektor finden im Vergleich zum Privatsektor bislang noch selten statt und so war und ist es relativ unwahrscheinlich, dass jemand in seinem aktiven Berufsleben die Erfahrungen, die sie oder er während einer Fusion gemacht hat, ein weiteres Mal anwenden kann. Die Erfolgschancen steigen aber mit zunehmender Erfahrung, Kompetenz und Professionalität im Umgang mit Fusionen.

Warum dieses Buch?

Es existieren noch keine gesicherten Erkenntnisse, ob denn Fusionen von Kultureinrichtungen überhaupt geeignet sind, die strukturellen Herausforderungen meistern zu helfen. Dieses Buch möchte einen Beitrag zu dieser Diskussion liefern.

Im besten Falle sollten die Kultureinrichtungen bei der Planung und Durchführung einer Fusion durch ein professionell geschultes und mit dem Kulturbereich vertrautes Expertenteam betreut werden. Da für solche Maßnahmen zumeist keine oder allenfalls begrenzte Mittel zur Verfügung stehen, ist es notwendig, die bisherigen Erfahrungen aus dem Kulturbereich zu bündeln, zahlreiche Erfahrungen aus anderen öffentlichen Bereichen vorzustellen sowie durch behutsam selektierte Strategien und Erfahrungen aus dem Privatsektor nachhaltig zu ergänzen und in einer Publikation zugänglich zu machen. Die zentralen Ansätze hierfür werden hauptsächlich anhand des deutschen Standardwerkes für *Mergers & Acquisitions* von STEPHAN A. JANSEN herausgearbeitet.

Der Zusammenschluss zweier oder mehrerer Kultureinrichtungen ist immer ein spezifischer und sehr komplexer Prozess. Gleichwohl soll in dieser Publikation vor Augen geführt werden, dass bestimmte Schwierigkeiten und Aufgaben bei jeder Fusion, unabhängig von der Sparte, auftreten, deren Lösungsansätze Gewinn bringend auf andere Kultureinrichtungen angewandt werden können.

Die größten Herausforderungen bei Fusionen im Kulturbereich bestehen darin, die Verschmelzung der künstlerischen Inhalte und Identitäten sowie die Zusammenlegung der Mitarbeiter zu meistern. Im Kulturbereich haben die meisten Belegschaften eine besonders intensive Beziehung zu »ihrer« Einrichtung und ihren »Produkten«. Diese kulturelle Identität und das häufig zu findende persönliche Engagement und »Feuer« sind die besonderen Kennzeichen dieses Sektors.

All diesen Herausforderungen lässt sich nur mit einem professionellen und diplomatischen Management sowie mit viel Fingerspitzengefühl begegnen. Das Wissen um Gefahren und um notwendige bzw. erfolgsversprechende Integrationsstrategien kann einiges erleichtern. Dieses Buch kann auf keinen Fall den Rat eines erfahrenen Begleiters ersetzen – es kann jedoch anregen, über wichtige Fragen im Vorhinein nachzudenken, bereits in anderen Einrichtungen gemachte Fehler zu vermeiden sowie erfolgreiche Strategien aus der bisherigen Fusionspraxis im öffentlichen (Kultur-) Sektor und Ansätze aus der Privatwirtschaft zu übernehmen.

Dieses Buch richtet sich an alle Personen, die im Managementbereich öffentlicher Kultureinrichtungen tätig sind und mehr über dieses Thema wissen möchten. Dabei ist es unerheblich, ob sie aus den Kultureinrichtungen selbst oder aus den öffentlichen Trägerorganisationen stammen. Auch interessierte Kulturschaffende und die Öffentlichkeit tun gut daran, für den Fall einer Fusion mit guten Argumenten und mehr Prozesswissen gewappnet zu sein.

Ebenso wichtige Adressaten sind interessierte Unternehmensberater, die sich mit dieser Publikation vor allem über die Besonderheiten von »Kulturfusionen« informieren können. In der Vergangenheit wurden zahlreiche Beratungen zu Fusionsvorhaben im

Warum dieses Buch?

Kulturbereich durchgeführt (z.B. in Bremen und mehrfach in Berlin), jedoch ausschließlich in fachfremder Betriebsökonomie. Das ist grundsätzlich nachvollziehbar, allerdings fehlten bei den Gutachten neben den durchgeführten Benchmark-Vergleichen, Optimierungspotenzialen und dergleichen wichtige Aspekte, die die internen und externen Besonderheiten von Kultureinrichtungen berücksichtigten (vgl. PIERWOß 2004, S: 118). Das Ergebnis war dann ein hoher Kostenaufwand für die ohnehin knappen öffentlichen Haushalte für Gutachten, die dann womöglich ungenutzt auf Nimmerwiedersehen in den Schubladen verschwanden.

Mit diesem Buch wird somit auch der Versuch unternommen, beide Seiten, Kultur und Ökonomie, an das Thema »Fusionen von Kultureinrichtungen« heranzuführen, indem beide Wirkungsfelder beachtet und behutsam verbunden werden.

Die Autoren beschäftigen sich seit längerem mit diesem Themenbereich und haben sich im Jahr 2003 entschlossen, dieses Werk zu verfassen, das im Wesentlichen aus der Feder von Patrick S. Föhl stammt. Andreas Huber hat bei der Erstellung der Publikation vor allem seine vielfältigen Erfahrungen und die vieler Kollegen zur Fusionsthematik aus dem öffentlichen Sektor beigesteuert.

Mit uns haben zahlreiche Personen über dieses Thema nachgedacht, geredet und diskutiert. Ihnen allen möchten wir hiermit danken! Unser besonderer Dank gilt Dr. Thomas Föhl, Prof. Ellen Lissek-Schütz, den Interviewpartnern aus den beschriebenen Praxisbeispielen und dem Klartext Verlag.

Dieses Buch versteht sich als ein Angebot zur weiteren und vertieften Diskussion über das Thema. Diskussionsbeiträge, Anregungen und Fragen senden Sie bitte per Mail an: buch@kulturfusion.de

Berlin und Hamburg, im August 2004   Patrick S. Föhl
Andreas Huber

Problemstellung

Warum sollte eine Fusion zwischen zwei oder mehr öffentlichen Einrichtungen betrieben werden? Was erwarten die Akteure von einem derartigen Unterfangen?

Insgesamt 70% aller Fusionen im Privatsektor und sogar 85% aller Fusionen im Bankensektor gelten Studien zufolge als gescheitert bzw. erreichen nicht die erwarteten Ziele. Trotzdem beschäftigen sich auch zunehmend Organisationen aus dem öffentlichen Sektor mit dem Thema Fusion, da sich die zu erledigenden Aufgaben in aller Regel zwar vermehren, die Zuschüsse dagegen kontinuierlich verringern. Dabei soll natürlich die Qualität der öffentlichen Auftragsleistungen erhalten bleiben. Durch einen Zusammenschluss sollen Synergien und Einsparpotenziale realisiert und dadurch die Handlungsfähigkeit garantiert werden.

In jüngster Zeit haben folgende große öffentliche Körperschaften einen mehr oder weniger erfolgreichen Fusionsprozess durchlaufen: z.B. die Region Hannover, die Gewerkschaft ver.di, die LVA Baden-Württemberg, die Zieglerschen Anstalten, die Universität Duisburg-Essen, die Linz AG, die Salzburg AG und zahlreiche Kultureinrichtungen wie bspw. das Theater Magdeburg, das Hebbel am Ufer in Berlin oder die Mühlhäuser Museen.

Die beteiligten Organisationen erhofften sich dabei vor allem Folgendes:

- Kostenersparnis.
- Verbesserung der Marktposition.
- Gewinnung eines größeren politischen Einflusses.
- Verbreiterung des Profils in der Öffentlichkeit.
- Potenziale für ein strategisches Fundraising mobilisieren.
- Mehr Mitarbeiter und damit eine größere Möglichkeit der Spezialisierung.
- Anstoß von Re- und Umstrukturierungsprozessen.
- Rettung vor einer drohenden Schließung.

Dies sind einige der Erwartungen und Ziele an eine Fusion. Bei weitem nicht alle können dabei erfüllt werden. Eine Fusion zeitigt nicht automatisch positive Wirkungen, wie etwa die Beispiele DaimlerChrysler und BMW-Rover aus der Privatwirtschaft oder die vor kurzem geschiedene Theaterehe zwischen Eisenach und Rudolstadt belegen.

Problemstellung

Eine Fusion ist trotz dieser bekanntermaßen negativen Beispiele eine durchaus geeignete Möglichkeit der Organisationsentwicklung. Gerade weil bei einer Fusion soviel »in Bewegung« kommt, kann die Gelegenheit genutzt werden, gleich etwas gründlicher und tiefgreifender umzugestalten, als es im Alltagsgeschäft möglich ist. Außerdem kann von der anderen Organisation gelernt werden: von deren Fehlern sowie deren Lern- und Entwicklungserfolgen. Eine Fusion kann durchaus mit dem Bild der Hochzeit zweier Menschen verglichen werden: Es begegnen sich zwei Organisationen mit unterschiedlichen Lebenserfahrungen und Gewohnheiten und begeben sich in einen gegenseitigen Lern- und Verhandlungsprozess. Dies ist nicht immer einfach und bisweilen kommt es zu (harten) Auseinandersetzungen in Bezug auf die gemeinsame Alltags- und Zukunftsgestaltung sowie die Bewältigung gemeinsamer Aufgaben. Im günstigsten Fall ist die Ehegemeinschaft mehr als die Summe der beiden Partner, weil noch etwas Neues entsteht, was jeder Einzelne nicht alleine hat und kann. Auch Fusionen im öffentlichen Sektor haben das Potenzial, zu einem echten Gewinn für die Beteiligten zu werden, wenn bestimmte Regeln beachtet werden.

Das vorliegende Buch befasst sich mit Einrichtungen des Kulturbereiches. Dazu zählen u.a.: Theater, Musikpflege, wissenschaftliche und nichtwissenschaftliche Bibliotheken sowie Museen. Diese und weitere ordnet das Statistisches Bundesamt dem direkten Kulturbereich zu (vgl. STATISTISCHES BUNDESAMT 2004A). Doch auch die sog. kulturnahen Bereiche (u.a. Rundfunk und Kultur im Ausland; siehe für die Definitionen der öffentlichen Kulturaufgabenbereiche Kap. 1.2.4) können von den Beobachtungen dieses Buches profitieren. Aufgrund der insgesamt beträchtlichen Mittel, die die öffentlichen Haushalte für diese Bereiche aufwenden, besteht auch hier ein ähnlicher Erneuerungsdruck, dem in Einzelfällen mit Fusionsbestrebungen begegnet wird (z.B. Goethe-Institut InterNationes oder Senderfusion 1998 zwischen dem SDR und SWF zum SWR).

Ebenso können andere öffentliche Einrichtungen etwas von Kulturfusionen lernen und sogar für den Privatbereich können verschiedene Aspekte Gewinn bringende Informationen sein. Es hat sich gezeigt, dass Fusionen im öffentlichen Kultursektor noch schwerer durchzuführen sind als im Privatsektor, da die Verbindung der Mitarbeiter zum Unternehmen wesentlich stärker ist sowie die Stakeholder schwerer von der Fusionsnotwendigkeit zu überzeugen sind als Aktieninhaber, die in erster Linie das potenzielle Ansteigen ihres Shareholder Values im Auge haben. Das heißt, die psychologischen Auswirkungen von Autonomie- und Existenzängsten, der Verlust der Identität mit den Leitbildern der eigenen Organisation bzw. der Kultureinrichtung, aber auch das starke Konkurrenzdenken zwischen den Kultureinrichtungen (besonders bei horizontalen Fusionen), sind entscheidende Misserfolgsfaktoren bei Fusionen im Kulturbereich. Ist eine Fusion allerdings erfolgreich durchgeführt worden, besteht die Vermutung, dass die Quote der geschiedenen Fusionen weitaus geringer ausfällt als im privatwirtschaftlichen Bereich, da die Einrichtungen dann häufig wirklich zusammengewachsen sind, was z.B. bei der Neuen Philharmonie Westfalen der Fall ist.

Problemstellung

Gerade die Theater (und damit auch die oft stark mit ihnen verbundenen Orchester) sind aufgrund ihrer hohen Betriebskosten seit Jahren gezwungen, Maßnahmen zur Kostensenkung zu ergreifen, um Tariferhöhungen, stagnierende oder gar sinkende Zuwendungen und Besucherrückgänge aufzufangen. Die seit langem anhaltende »Theaterdebatte« zu diesen Themen und dem Selbstverständnis von Theatern generell unterstreicht die Brisanz der derzeitigen Situation sowie den inneren und äußeren Veränderungsdruck, dem die Theater und auch andere Kultureinrichtungen unterliegen. Das vor kurzem erschienene »Jahrbuch zur Kulturpolitik 2004« (vgl. WAGNER 2004) und die aktuelle 105. Ausgabe der Kulturpolitischen Mitteilungen widmen sich der »Theaterdebatte« bzw. »Der Zukunft des Theaters« ausführlich. Sie veranschaulichen die sehr unterschiedlichen Positionen sowie die Schwierigkeiten, sich von »veralteten« Strukturen lösen zu wollen bzw. lösen zu müssen. Theaterfusionen sind ganz besonders auch unter diesen Aspekten zu betrachten, denn sie stellen für Kulturpolitiker und zunehmend auch für die Theaterverantwortlichen selbst die letztmögliche Strukturveränderung zur Rettung einzelner Sparten oder der gesamten Einrichtungen dar. Denn Fusionen können unter günstigen Voraussetzungen Kostensenkungen und weitere, mitunter auch künstlerische Synergien mobilisieren und sind deswegen insbesondere in den ostdeutschen Bundesländern seit der Wende zunehmend zu beobachten.

Doch auch im Orchester- und Museumsbereich sowie in anderen Bereichen des öffentlichen Kulturbetriebes hat es bereits zahlreiche Zusammenschlüsse gegeben. Dieses Buch beschränkt sich daher nicht auf eine Kultursparte sondern arbeitet allgemeingültige Schlüsselfaktoren für Fusionen im Kulturbereich heraus. Dies hat zur Folge, dass die strukturellen, organisatorischen und künstlerischen Besonderheiten der einzelnen Kulturbereiche nicht tiefgreifend erörtert werden können, sondern in einem gemeinsamen Prozess betrachtet werden. Den Praxiskern der Arbeit bildet aber dennoch der Theater-, Orchester- und Museumsbereich.

Zusammengefasst kann eine Fusion vor allem notwendige Maßnahmen zur Umstrukturierung, Prozessoptimierung und Neupositionierung anstoßen, mit denen die Einrichtungen neuen Gestaltungsspielraum gewinnen können. HANS LAMBERT, Rundfunkratsvorsitzender des SWR, zog 2003 nach fünf Jahren Fusion zwischen dem SDR und SWF folgende Bilanz: »Der Mut zur Fusion hat den Hörern und Zuschauern ein konkurrenzfähiges und attraktives Hörfunk- und Fernsehangebot gebracht« (SWR.DE 2003).

Kapitel 1: Warum Fusionen im Kulturbereich?

Inhalt des Kapitels:

1.1	Äußerer Anlass: die Krise der Kulturfinanzierung	20
1.2	Der öffentliche Kulturbetrieb	22
	1.2.1 Der Kulturbegriff	22
	1.2.2 Die drei Sektoren des Kulturbetriebes	24
	1.2.3 Der Kulturföderalismus	26
	1.2.4 Die öffentliche Kulturförderung	28
1.3	Neue Wege der Kulturfinanzierung	32
1.4	Neue Strukturen im öffentlichen Kulturbereich?	33
1.5	Zunahme von Fusionsaktivitäten	35
1.6	Einige Praxisbeispiele stellen sich vor	38
	1.6.1 Die Fusion der Stiftung Weimarer Klassik mit den Kunstsammlungen zu Weimar. »Es kommt zusammen, was zusammen gehört?«	39
	1.6.2 Die gescheiterte Theaterfusion des Schillertheaters NRW	41
	1.6.3 Eine geglückte Fusion: Die Neue Philharmonie Westfalen	43
	1.6.4 Vereinigte Städtische Bühnen Krefeld und Mönchengladbach: Deutschlands älteste »Theaterehe«	45
	1.6.5 Die ART for ART Theaterservice GmbH der Bundestheater Holding in Wien	47

Äußerer Anlass:
die Krise der Kulturfinanzierung

1.1 Äußerer Anlass: die Krise der Kulturfinanzierung

Die hohen Kosten der Bürokratie, soziodemographische Veränderungen bzw. Geburtenrückgang, sinkende Steuereinnahmen, steigende Personalkosten: all dies sind ökonomische Zwänge und Notwendigkeiten, mit denen sich öffentliche Körperschaften zunehmend beschäftigen müssen.

Besonders hart trifft es die Städte und Gemeinden, die Hauptträger der öffentlichen Kulturförderung. Den Einbrüchen bspw. bei der Gewerbesteuer oder dem Rückgang von Investitionen stehen steigende kommunale Ausgaben gegenüber. So gehört es u.a. zu den gesetzlichen Pflichtaufgaben der Kommunen, Sozialhilfe auszuzahlen, die angesichts der hohen Arbeitslosigkeit und neuer Armut entsprechend immer häufiger in Anspruch genommen werden muss.

Die mit Abstand größte Belastung für die Kultureinrichtungen stellt die Kostensteigerung durch die tarifrechtlichen Gegebenheiten dar. Dies betrifft insbesondere die personalintensiven Theater und Opernhäuser. Allein im Jahre 2003 machten diese Steigerungen zzgl. der entsprechend gestiegenen Lohnnebenkosten rund 5% der ohnehin gewaltigen Personalkosten aus (vgl. FÖHL 2003A). Einzelnen Reform- bzw. Nachbesserungsversuchen, Steuererhebungen und -senkungen von Seiten der Politik, steht ein im Jahr 2002 auf 1.253.195 Mio. EUR angewachsener Schuldenberg des öffentlichen Gesamthaushaltes gegenüber. Dies entspricht einer Prokopfverschuldung in Deutschland in Höhe von 15.195 EUR (vgl. STATISTISCHES BUNDESAMT 2003A & B).

Da die Gründe für die Finanzkrise sowohl konjunktureller, aber insbesondere struktureller Art sind, bedarf es einschneidender Veränderungen. Die bloße Behandlung von Finanzierungsfragen und Oberflächenphänomen greift in diesem Kontext zu kurz. Die Schwächen der öffentlichen Verwaltung kommen vor allem in den folgenden Punkten zum Ausdruck (vgl. WAGNER 1997A, S. 87–95 und PRÖHL 1995, S. 7–10):

- Unzureichendes Management an den Schnittstellen zwischen Verwaltung und nach geordneten Ämtern bzw. zwischen Verwaltung und Politik.

- Unzureichende Steuerung innerhalb der Verwaltungsstrukturen (zentralistische Hierarchien) aufgrund der Trennung von Aufgaben- und Ressourcenverantwortung.

- Das kameralistische Rechnungswesen erschwert ergebnisorientiertes Handeln sowie die Kostentransparenz und Kontrolle der Wirtschaftlichkeit, da die Regeleinhaltung (Rechenschaftslegung) und keine betriebswirtschaftliche Betrachtungsweise im Vordergrund steht.

- Unzureichende Möglichkeiten der Bürgerorientierung und –beteiligung.

Erschwerend kommt hinzu, dass sich das Staats- und Wirtschaftssystem durch den allgemeinen Strukturwandel – etwa durch Abwanderung von Arbeitsplätzen, abnehmende Erwerbsarbeit durch die Technisierung, gestiegene Individualisierung und Auflösung traditioneller familiärer Strukturen – in einem dauernden grundlegenden Wandel befindet (vgl. WAGNER 1997B, S. 18f.).

Nachhaltige Reaktionen bzw. Reformen aufgrund der eben beschriebenen Missstände und Veränderungen sind von Seiten der Bundes- und Landespolitik bisher lediglich in bescheidenen Ansätzen zu erkennen und es bleibt abzuwarten, welchen Effekt die z.Zt. angestrebten großen Reformpakete der Bundesregierung erzielen werden.

Dagegen ist in den Städten und Gemeinden ein anhaltender Reformprozess zu verzeichnen. Sie sind den wachsenden Ansprüchen der Bevölkerung an den »Dienstleister« Kommune direkt ausgesetzt, auf die sie nur mit unzureichenden Mitteln reagieren können. Dabei müssen sie das bestehende öffentliche (Kultur-) Angebot aufrechterhalten, Tariferhöhungen abfangen und stehen zudem am Ende der Umverteilung öffentlicher Lasten und Steuereinnahmen. Die Städte und Gemeinden müssen zunehmend strukturell tätig werden und Managementdefizite abbauen, um nicht gänzlich ihre wirtschaftliche und politische Handlungsfreiheit einzubüßen.

Dies gilt gerade auch für kommunale Kultureinrichtungen, die als »freiwillige« Aufgabe in Konkurrenz zu Pflichtaufgaben wie Zahlung von Sozialleistungen oder bspw. dem Schulwesen unter besonders drückenden Sparzwängen stehen. Hinzu kommt, dass sie ebenso unter Steuerungs- bzw. Strukturproblemen der öffentlichen Verwaltung sowie ihrer eigenen Strukturen zu leiden haben. Vor allem haben sie mit der Streichung öffentlicher Zuwendungen bzw. einer Budgetierung ihrer Mittel zu kämpfen, die angesichts eines stetigen Aufwuchses an Personalkosten aufgrund der tariflichen Gegebenheiten eine Vielzahl kultureller Einrichtungen in die Knie zwingen.

Die Krise der Kulturfinanzierung tangiert zudem nachhaltig das Selbstverständnis Deutschlands als Kulturstaat und impliziert mittel- bis langfristig einen immensen Paradigmenwechsel. Die Verantwortung für Kultur wird voraussichtlich zunehmend auch auf private Geldgeber übergehen bzw. eine kommerzielle Öffnung der Einrichtungen bewirken, um die Eigeneinnahmen zu steigern, wie es in Großbritannien und vor allem in den USA bereits der Fall ist. Außerdem sind insbesondere in den Neuen Ländern aufgrund der großen Dichte an kulturellen Einrichtungen Schließungen zu erwarten. Diese Entwicklungen ziehen selbst redend einen Einflussverlust der Politik auf das Kulturangebot nach sich und tangieren unter Umständen die »Kunstfreiheitsgarantie«. Um den politischen Einfluss bzw. die Handlungsfreiheit der Einrichtungen weiterhin zu garantieren, sind mittlerweile nachhaltige Reformaktivitäten in den Kultureinrichtungen zu beobachten. Diese gehen von Seiten der Politik und auch zunehmend von den Kultureinrichtungen selbst aus und sollen u.a. durch Prozessoptimierung, angesichts budgetierter bzw. stagnierender und sinkender Zuwendungen, das bisherige Kulturangebot aufrecht erhalten.

Eine Befragung der KULTURPOLITISCHEN GESELLSCHAFT aus dem Jahre 1996 zur »Reform kommunaler Kulturverwaltung« in Städten über 30.000 Einwohnern hat ergeben, dass in 90% der Städte Reformaktivitäten (generell) in Gang gesetzt worden sind bzw. ihre Einführung kurzfristig geplant war (vgl. OERTEL 1999, S. 19–33). Viele dieser Reformvorhaben sind jedoch aufgrund von mangelndem Know-how und fehlender politischer Durchsetzungskraft (zu viele Entscheidungsträger) längst wieder ad acta gelegt bzw. zum Scheitern verurteilt.

Allerdings belegt die Studie, dass in zahlreichen Städten die Kultureinrichtungen und Kulturämter – gezwungener Maßen – die treibenden Kräfte bilden und, wie diese Arbeit noch aufzeigen wird, Strukturveränderungen – wenn auch mit großem zeitlichen und logistischen Aufwand – durch die politischen Gremien gebracht haben.

Einige Kultureinrichtungen haben hier in den letzten Jahren bewiesen, dass sie aus der Not eine Tugend gemacht haben. Besonders Betriebsumwandlungen und neue Steuerungsformen (26% der Befragten gaben die Beschäftigung mit einer anderen Betriebsform und anderer Steuerungsformen als Schwerpunkte ihrer Reformvorhaben an) wurden dazu genutzt, »alte Zöpfe abzuschneiden und Verkrustungen durch Strukturveränderungen aufzubrechen« (LISSEK-SCHÜTZ 1995, S. 8). Vor allem durch die Herauslösung zahlreicher Kultureinrichtungen aus der Kameralistik wurden u.a. administrative Erschwernisse abgebaut sowie flexiblere und wirtschaftlichere Strukturen geschaffen. Allerdings fehlt es den Kultureinrichtungen oft an Nachhaltigkeit. Selbst nach Umstrukturierungsmaßnahmen besteht die Gefahr, dass die Verantwortlichen auf alten Denkmustern und Strukturen beharren, bzw. aufgrund von mangelndem Fachwissen bei der Prozesssteuerung Synergien nicht ausschöpfen.

1.2 Der öffentliche Kulturbetrieb

Im folgenden Abschnitt wird erläutert, von welchem Standpunkt aus der Kulturbegriff in dieser Publikation betrachtet wird. Ebenso werden die Kultursektoren, der Kulturföderalismus und die Kulturförderung in Deutschland überblicksartig dargestellt. Der gesamte Abschnitt richtet sich speziell an diejenigen Leser, die mit den Spezifika des öffentlichen Kulturbereiches noch nicht vertraut sind.

1.2.1 Der Kulturbegriff

Auch einer notwendigerweise kurzgefassten Betrachtung des öffentlichen deutschen Kulturbetriebes muss ein Kulturbegriff zugrunde gelegt werden, der beschreibt bzw. eingrenzt, was in diesem Rahmen gefördert wird und was stattfindet. Allerdings ist eine solch eindeutige Umrahmung kaum definierbar, da die Wechselwirkungen zwischen Kulturbetrieb und Kulturbegriff vielschichtig und keinesfalls statisch sind. Außerdem bemüht sich die Wissenschaft seit langem, einen bzw. mehrere eindeutige Kulturbegriffe zu determinieren. »Zum Begriff Kultur gibt es inzwischen einige hundert Definitionen von denen keine einzige allgemein akzeptiert wird. Künstler, Wissenschaftler, Politiker und Pädagogen streiten sich immer wieder darüber, ob der Kulturbegriff eng oder weit zu fassen, ob Kultur ein Oberbegriff für die Künste [...] sei oder ob Kultur Ausdruck ist für die Art, in der wir miteinander umgehen«, stellt Bundespräsident a.D. RICHARD VON WEIZSÄCKER hierzu treffend fest (WEIZSÄCKER zit. nach LENDERS 1995, S. 7). An dieser Stelle soll keine Vertiefung in diese Diskussion stattfinden (vgl. hierzu ausführlich HANSEN 2000 und FUCHS 1999). Wichtig bleibt für die folgenden Ausführungen, dass sich jedweder Kulturbegriff grundsätzlich zeitlich und räumlich plastisch darstellt. HEINRICHS macht vier Verstehensweisen eines unserem Kulturbetrieb zugrunde liegenden Kulturbegriffes aus, die im Laufe der Geschichte in verschiedenen Gewichtungen zu- und miteinander findbar sind:

(1.) Kultur als menschliches Vermögen und dessen Dokumentation;

(2.) Kultur als Verhalten;

(3.) Kultur als Kunst und

(4.) Kultur als Bildung.

HEINRICHS orientiert sich hier im Wesentlichen an der üblichen Unterscheidung in der Kulturwissenschaft, die vier Bedeutungen von Kultur feststellt: (1.) Kultur als Kunst, (2.) Kultur als Lebensart, (3.) Kultur im anthropologischen und soziologischen Sinne sowie (4.) Kultur im biologischen Sinne. Letztere ersetzt HEINRICHS durch »Kultur als Bildung«, schließlich handelt es sich um eine Betrachtung der Kultur im kulturellen Bereich (vgl. HANSEN 2000, S. 11–14).

In welchen Abhängigkeiten, Stellenwerten und Beziehungen diese Grundgestalten unseres Kulturbegriffs zueinander standen und stehen, bestimmten bzw. bestimmen die vorherrschenden politischen und ökonomischen Rahmenbedingungen, die ästhetischen und moralischen Werte und viele weitere Faktoren (vgl. ges. bisheriges Kap. HEINRICHS 1997, S. 4f.).

Mit dieser Flexibilität und Sensorik nimmt der Kulturbegriff stetig Einfluss auf den Kulturbetrieb. Schließlich ist der Kulturbegriff ein bestimmendes Moment der Kulturpolitik (vgl. zum Begriff der Kulturpolitik ausführlich KLEIN 2003 und ZIMMERMANN 2001) und somit der Kulturförderung und kulturellen Praxis.

Ein kurzer Blick in die jüngere Geschichte genügt, um diesen stetigen Wandel und Einfluss zu beschreiben. Die Adenauer-Ära war durch einen gesellschaftlich akzeptierten »engen« Kulturbegriff geprägt, der dem Bedürfnis der Bevölkerung nach Sicherheit nachkam (ADENAUER 1957: »keine Experimente«). Dieser beschränkte sich im Wesentlichen auf den Wiederaufbau zerstörter Einrichtungen der Hochkultur wie bspw. Museen, Theater und Archive und auf den Erhalt sowie die Förderung des kulturellen Erbes.

Der öffentliche Kulturbetrieb

Durch die gesellschaftlichen Veränderungen der späten 1960er Jahre und vor allem durch den Einfluss prominenter Kulturpolitiker wie HILMAR HOFFMANN oder HERMANN GLASER in den 1970er und 1980er Jahren auf eine bürgernahe Kultur- bzw. Bildungspolitik mit der bekannten Forderung »Kultur für alle« (HOFFMANN), erfuhr der Kulturbegriff binnen weniger Jahre eine nachhaltige »Erweiterung« und Erneuerung. »Kultur für alle«, sollte jedoch nicht die »alte« Kultur ersetzten, »sondern das Publikum so ansprechen, damit es ›alternierend‹ von beiden Bereichen profitieren kann, von *einer* Kultur« (HOFFMANN 1979, S 261).

Zu den bestehenden öffentlichen Einrichtungen kamen u.a. soziokulturelle Zentren und Kulturläden hinzu. Die Veränderung des Kulturbegriffs hatte somit eine Erweiterung des Kulturbetriebes zur Folge, was sich nicht zuletzt nachhaltig in den öffentlichen Ausgaben niederschlug. Zwischen 1975 und 1985 bspw. stiegen die Kulturausgaben um mehr als das doppelte von 39,90 auf 89,50 DM je Einwohner (vgl. STATISTISCHES BUNDESAMT 2001A, S. 23). Diese Fakten sind auch für diese Arbeit grundlegend, da sie neben der »Einrahmung« der Kulturförderung u.a. auch den Anstieg der öffentlichen Aufgaben bzw. Ausgaben in diesem Bereich beeinflussen.

1.2.2 Die drei Sektoren des Kulturbetriebes

Als Kulturbetrieb kann man die Gesamtheit der Einrichtungen und Institutionen definieren, die sich mit der Produktion und Vermittlung von Kultur befassen. Ebenso können aber auch einzelne kulturelle Einrichtungen wie bspw. ein Opernhaus oder eine Kunsthalle als Kulturbetrieb bezeichnet werden (vgl. HEINRICHS 2001, S. 179). Eine erste Differenzierung ermöglicht die gängige Dreiteilung des Kulturbetriebes nach der Rechts- und Betriebsform (siehe folgende Tabelle).

Tabelle 1: Die drei Sektoren des deutschen Kulturbetriebes

Sektor	Beschreibung
Der öffentlich-rechtliche Kulturbetrieb (public-nonprofit)	Durch die öffentliche Hand (Bund, Länder, Gemeinden und Zweckverbände) getragene Einrichtungen. Zu diesen Einrichtungsformen gehören im wesentlichen Regiebetriebe, optimierte Regiebetriebe, Eigenbetriebe, Zweckverbände und öffentlich-rechtliche Stiftungen. Die Einrichtungen (z.B. Museen, kommunale Musikschulen und Stadttheater) setzen kulturpolitische Ziele um (z.B. Bewahrung und Vermittlung der Kunst seit 1945).
Der privatrechtlich gemeinnützige Kulturbetrieb (private-nonprofit)	Privatrechtlich organisierte Einrichtungsformen, wie eingetragene Vereine, privatrechtliche Stiftungen, GmbH's oder GbR's. Ihre Gemeinsamkeit liegt darin, dass sie privatrechtlich organisiert sind, jedoch gemeinnützige und keine wirtschaftlichen Ziele verfolgen. Kultur- und Kunstvereine sind exemplarisch für diesen Bereich zu nennen. Sie setzen ihren Vereinszweck um und müssen ihre Ausgaben durch eine Mischfinanzierung decken, da sie nur durch Zuschüsse der öffentlichen Hand gefördert werden.
	In den letzten Jahren ist zudem ein verstärktes Aufkommen von Betriebsumwandlungen in diesen Bereich zu verzeichnen, die hier eine Sonderrolle einnehmen. D.h., Einrichtungen, die sich privatrechtlich organisieren, jedoch staatliche bzw. kommunale Aufgaben wahrnehmen (kulturpolitische Zielumsetzung). Es handelt sich hier um sog. formale Privatisierungen. Bei einer Umwandlung eines Stadttheaters von einem Regiebetrieb in eine GmbH bspw., verbleibt das Betriebskapital und damit auch das finanzielle Risiko (z.B. bei Verlusten) bei der öffentlichen Hand, dem Hauptgesellschafter.
Der privatrechtlich-kommerzielle Kulturbetrieb (private-profit)	Oft auch »Kulturwirtschaft« genannt. Setzt sich aus privatwirtschaftlichen Unternehmen aller handelsrechtlichen Formen zusammen. Diese Unternehmen erstellen und vertreiben kulturelle Produkte und Dienstleistungen (z.B. Verlage und Musical-Theater) mit gewinnorientierter Zielsetzung, da sie sich durch die selbst erwirtschafteten Einnahmen tragen müssen.

Quelle: eigene Tab. nach SCHEYTT 1998, S. 11 und HEINRICHS 1997 S. 6f.

Im Rahmen des Buches wird der privatrechtlich-kommerzielle Kulturbetrieb keine Rolle spielen, da er nicht im Blickfeld der öffentlichen Kulturförderung steht. Es sei hier jedoch betont, dass die drei Sektoren prinzipiell nicht getrennt voneinander zu betrachten sind, da sie in vielfältigen Wechselbeziehungen zueinander stehen: z.B. kann der Theaterticketverkauf durch einen privaten Kartenvertrieb oder bspw. der Druck und Vertrieb eines Museumskataloges durch einen Verlag erfolgen (vgl. HEINRICHS 1999, S. 30).

In welcher Einrichtungsform ein Kulturbetrieb geführt wird, entscheidet in den meisten Fällen die Kommune. Zunehmend kommen hier angesichts knapper öffentlicher Haushalte betriebswirtschaftliche Kriterien zum Zuge, die u.a. eine effektivere Verwaltung ermöglichen sollen (z.B. Herauslösung aus der Kameralistik durch Betriebsumwandlung in ein effizienteres Rechnungswesen). Beide Themen (knappe öffentliche Haushalte sowie Umstrukturierungsmaßnahmen) werden in den folgenden Abschnitten beleuchtet. Zunächst gilt es jedoch, weitere Bausteine des öffentlichen Kulturbetriebes zu erörtern.

1.2.3 Der Kulturföderalismus

Die Bundesrepublik Deutschland ist ein föderaler Staat. Dies hat zur Folge, dass im Sinne der Dezentralisierung und der Gewaltenteilung in den Bereich des Bundes nur solche Aufgaben fallen, die im Interesse des Bürgers einheitlich geregelt werden müssen. Alle anderen Aufgaben obliegen laut Art. 30 GG den Ländern. Der diesbezügliche gesetzliche Rahmen wird in den Art. 70 bis 75 GG geregelt.

Lediglich der zu den Grundrechten zählende Art. 5, Abs. 3 des GG, trifft eine Aussage zur Kunst: »Kunst, Wissenschaft, Forschung und Lehre sind frei.« Aus dieser Kunstfreiheitsgarantie leitete das Bundesverfassungsgericht am 5. März 1974 »[...] die Aufgabe, ein freiheitliches Kulturleben zu erhalten und zu fördern.« ab. Diese Verpflichtung der öffentlichen Hand fällt zuerst bzw. zu großen Teilen den Bundesländern zu (»Kulturhoheit der Länder«), da zusätzlich keine genauen Gesetzesregelungen zur Kulturförderung im Grundgesetz getroffen werden.

Die Länder wiederum überlassen ihrerseits einen Großteil der kulturellen Arbeit und Förderung den Kommunen, indem sie die Verantwortung, ebenfalls durch zurückhaltende gesetzliche Festschreibungen, weitergeben (vgl. SIEVERS 1997, S. 128). Bspw. wird in Art. 18, Abs. 1 der nordrhein-westfälischen Landesverfassung eindeutig (Zusage an eine nachhaltige Kulturförderung) und zugleich offen (in welchem Verhältnis Land und Kommunen die Kulturausgaben tragen) definiert: »Kultur, Kunst und Wissenschaft sind durch Land und Gemeinden zu fördern.«

Hinzu kommt an dieser Stelle die durch das Grundgesetz Art. 28, Abs. 2 gesicherte Gewährleistung der kommunalen Selbstverwaltung: »Den Gemeinden muss das Recht gewährleistet sein, alle Angelegenheiten der örtlichen Gemeinschaft im Rahmen der Gesetze in eigener Verantwortung zu regeln.« Die meisten kulturellen Aufgaben sind in der Kommune verwurzelt (z.B. Stadt- bzw. Heimatmuseum, Stadttheater und soziokulturelles Zentrum) und fallen somit in die kommunale Kulturarbeit bzw. Selbstverwaltung. Es handelt sich hier um Kultur »vor Ort«, die traditionell auf Bürgernähe und deren Mitgestaltung baut.

Die kommunale Kulturarbeit zählt jedoch zu den »freiwilligen Aufgaben« einer Gemeinde, die sich grundsätzlich nach eigenem Ermessen und finanziellen Möglichkeiten zur Übernahme einer solchen Aufgabe verpflichten kann. Die Zuteilung dieser Zuständigkeiten bringt jedoch durch den Art. 28, Abs. 2 GG Mindestanforderungen dieser Pflichtaufgaben mit sich. Jede Kommune hat demnach für eine Grundversorgung an kultureller Betreuung für ihre Einwohner aufzukommen. Die Handlungsfelder kommunaler Kulturarbeit:

(1.) Kommune als Träger kultureller Einrichtungen,

(2.) die Kommune als Kulturveranstalter und

(3.) die Kommune als Kulturförderer.

(vgl. hierzu und zu den kulturellen Handlungsfeldern des Bundes und der Länder HEINRICHS 1999, S. 43–52).

Der Inhalt des kulturellen Angebots liegt größtenteils in den Händen der kommunalen Entscheidungsträger (u.a. Kommunalverwaltung, insbesondere kommunale Kulturverwaltung; Kulturschaffende; engagierte Bürger; Landesaufsicht) und fußt auf deren finanziellem Spielraum und dem kommunalen Kulturverständnis.

Angesichts der Finanz- und Strukturkrise im öffentlichen Sektor fällt es den Kommunen zunehmend schwerer, das bestehende Kulturangebot aufrecht zu erhalten. So werden insbesondere im hoch verschuldeten Berlin zunehmend Kultureinrichtungen in die Obhut des Bundes genommen wie z.B. die Stiftung Jüdisches Museum Berlin oder die Kulturveranstaltungen des Bundes in Berlin GmbH (KBB). Die Trägerschaftsübernahme letzterer Einrichtung durch die Beauftragte der Bundesregierung für Kultur und Medien bzw. den Bund wurde allerdings nur unter der Bedingung einer Fusion zwischen dem Haus der Kulturen der Welt (HKW), der Berliner Festspiele (BFS) und den Internationalen Filmfestspielen Berlin durchgeführt (vgl. HKW.DE 2003).

Diese Praxis ist allerdings nur möglich, da diese übernommenen Einrichtungen von nationaler bzw. internationaler Bedeutung sind und deswegen in den Verantwortungsbereich des Bundes fallen können. Allerdings entspricht diese Praxis nicht dem föderalen Prinzip (keine zentrale Einflussnahme durch den Bund). Außerdem handelt es sich hier um Einzellösungen und keineswegs um ein allgemeines Rettungskonzept, da eine Bundesfinanzierung aller der in Deutschland zahlreichen Kultureinrichtungen mit (inter-) nationalem Rang aufgrund der Kostenintensität ausgeschlossen ist.

Ein ähnlicher Trend ist auch mit der verstärkten finanziellen »Aushilfe« der Länder, bei den unterfinanzierten kommunalen Kultureinrichtungen festzustellen (z.B. wenn ein Stadttheater – mehr oder weniger als »Vorwand« zu einem Landestheater umfunktioniert wird; vgl. für das ges. Kap. SCHEYTT 1998 und HEINRICHS 1999, S. 38f.).

1.2.4 Die öffentliche Kulturförderung

Der Begriff Kulturförderung beinhaltet alle Mittel, die der Kulturbetrieb nicht selbst erwirtschaftet. Es handelt sich hierbei in Deutschland zum größten Teil um Zuwendungen der öffentlichen Körperschaften Bund, Länder und Gemeinden/Landkreise. Auch verschiedene Institutionen der Europäischen Union betreiben Kulturförderung, die jedoch für die folgenden Betrachtungen keine Rolle spielen.

Kulturförderung ist nicht mit dem Begriff der Kulturfinanzierung zu verwechseln. Dieser beschreibt nämlich die Summe aller zur Finanzierung kultureller Einrichtungen oder bspw. für Projekte verwendeten Mittel. Also öffentliche und private Kulturförderung, einschließlich Sponsoring etc. und Eigeneinnahmen (vgl. HEINRICHS 1996, S. 142f.).

Die Kulturförderung kann grundsätzlich in drei verschiedenen Varianten erfolgen (vgl. HEINRICHS 1996, S. 137–140):

(1.) Institutionelle Förderung (zeitlich meist unbegrenzte Förderung; Trägerschaft einer ganzen Institution).

(2.) Optionsförderung (auch »kulturelle Förderung« genannt; temporäre institutionelle Förderung, welche die zusätzliche Beschaffung komplementärer Mitteln voraussetzt und insbesondere bürgerschaftliches Engagement anregen soll).

(3.) Projektförderung (einmalige Mittel für ein spezifisches, abgeschlossenes Projekt bzw. eine kulturelle Veranstaltung).

Schwieriger als die eben getroffenen Definitionen gestaltet sich deren zahlenmäßige Angabe. Zwar lassen sich die Ausgaben (und Einnahmen inklusive private Kulturförderung) der kulturellen Arbeit aus den Haushaltsplänen des Bundes, der Länder und Kommunen entnehmen, doch gibt es finanzstatistisch erhebliche Unterschiede in den Zuteilungen relevanter Kulturausgaben. So verwendeten auf nationaler Ebene der Deutsche Städtetag, die Kultusministerkonferenz und das Statistische Bundesamt unterschiedliche Abgrenzungen des Kulturbereichs. Ebenso verhält es sich auf internationaler Ebene. Die Europäische Union und die UNESCO haben ebenfalls voneinander abweichende Kriterien und Eingrenzungen des Kulturbereichs entwickelt. Außerdem scheint bspw. die weit gefasste Definition der UNESCO, die u.a. Sport und Reinhaltung von Wasser und Luft dem Kulturbereich zuordnet, als Basis für diese Arbeit ungeeignet. Diese Disparitäten lassen sich auf den nicht eindeutig definierten Kulturbegriff zurückführen (vgl. ges. Abschnitt STATISTISCHES BUNDESAMT 2001A, S. 12 und HEINRICHS 1999, S. 39).

Der Kulturfinanzbericht 2000 des Statistischen Bundesamtes enthielt allerdings erstmals eine neue, revidierte Haushaltssystematik. Diese machte es in weiten Teilen möglich, die nationalen Abgrenzungsunterschiede zu überbrücken. Der Kulturfinanzbericht des Jahres 2003 beinhaltet darauf aufbauend erstmals ein gemeinsames Konzept der Verantwortlichen in Bund, Ländern und Gemeinden zur Definition eines Kulturbegriffes, um die Kulturstatistik zu vereinfachen und zu präzisieren, der sich an den Abgrenzungen der Europäischen Union orientiert. Damit einhergehend konnte auch eine harmonisierte Zusammenstellung der kulturrelevanten Aufgaben- bzw. Förderbereiche der drei staatlichen Ebenen getätigt werden. Diese deckt sich auch zu großen Teilen mit dem sog. SKA-Konzept (staatlich-kommunales Konzept). Bisher wurden recht umständliche Unterscheidungen vorgenommen.

Fasst man die Bereiche zusammen, die der Kulturfinanzbericht 2003 und das SKA-Konzept den kulturrelevanten Aufgabengebieten von Bund, Ländern und Gemeinden zuordnen, ergibt sich folgende Auflistung (Aufzählung übernommen von SÖNDERMANN 2004, S. 354):

(1.) Theater, Opernhäuser und Einzelmaßnahmen Theater sowie Musikpflege.

(2.) Musikeinrichtungen und Einzelmaßnahmen Musikpflege.

(3.) Wissenschaftliche und andere Museen, Sammlungen, Ausstellungen mit Einzelmaßnahmen, Museen und Ausstellungen.

(4.) Wissenschaftliche und andere Bibliotheken, Archive.

(5.) Denkmalschutz und -pflege einschließlich städtebaulicher Denkmalschutz.

(6.) Sonstige Kultureinrichtungen und Einzelmaßnahmen der Kulturpflege, Film, Literatur, Soziokultur, Heimatpflege etc.

(7.) Kulturverwaltung einschließlich spartenübergreifende Förderung.

(8.) Kunsthochschulen für bildende, darstellende Kunst, Musik, Film/TV.

(9.) Erwachsenenbildung mit Volkshochschulen und Weiterbildung.

(10.) Künstlersozialkasse, Bundesmittel für Künstlersozialversicherung.

(11.) Kultur im Ausland – Pflege kultureller Beziehungen zum Ausland.

(12.) Rundfunk (öffentlicher Rundfunk, Auslandsrundfunk).

Die Bereiche (1.) bis (8.) werden nun einstimmig der öffentlichen Kulturförderung/Kulturfinanzierung zugeordnet und stellen auch in dieser Arbeit die Kernbereiche dar. Zwischen den Punkten (9.) bis (12.) herrschen noch gewisse Unstimmigkeiten, in diesem Fall zwischen den Zuordnungen des SKA-Konzeptes und des Kulturfinanzberichtes 2003 (vgl. SÖNDERMANN 2004, S. 355). Wie bereits in der Einleitung konstatiert, sollen die Bereiche Rundfunk usw. (also im Wesentlichen die Bereiche [9.] bis [12.]) nicht vordergründig erörtert werden, jedoch Erwähnung finden, da viele Einrichtungen aus diesem Bereich zu großen Teilen für Fusionen in Frage kommen bzw. fusioniert haben. Als aktuelles Beispiel ist die Fernseh- und Rundfunkfusion im Jahre

2003 zwischen dem SFB und ORB zum RBB zu nennen. Für die folgenden Ausführungen werden ausschließlich die Angaben des Statistischen Bundesamtes herangezogen.

Laut dem aktuellen Kulturfinanzbericht lagen die Ausgaben der öffentlichen Hand im Jahre 2003 für Kultur (siehe Bereich [1.] bis [8.]) bei knapp 8,2 Mrd. EUR (vgl. STATISTISCHES BUNDESAMT 2004A). Das Statistische Bundesamt berechnet hier die Kulturausgaben nach dem Grundmittelkonzept (einnahmenbereinigte Kulturausgaben), um insbesondere hinsichtlich der Lastenverteilung zwischen den Körperschaftsgruppen zu einer objektiven Aussage kommen zu können: »Bei den Grundmitteln handelt es sich um die Ausgaben eines Aufgabenbereiches abzüglich der dem jeweiligen Aufgabenbereich zurechenbaren Einnahmen. Die Grundmittel zeigen die aus den allgemeinen Haushaltsmitteln [...] zu finanzierenden Ausgaben eines Aufgabenbereiches« (STATISTISCHES BUNDESAMT 2001A, S. 15).

Für detaillierte Aussagen muss das Haushaltsjahr 2001 herangezogen werden. Die endgültigen Werte zeigen, dass die öffentlichen Haushalte 2001 noch 8,35 Mrd. EUR für Kultur investierten. Die Kulturausgaben werden also deutlich zurückgefahren (allein ca. 150 Mio. EUR zwischen den Jahren 2001 und 2003) und sie sinken weiter, wie MICHAEL SÖNDERMANN bei ersten Schätzungen für das Jahr 2004 festgestellt hat (vgl. SÖNDERMANN 2004, S. 355).

Der Gemeindeanteil der Ausgaben für das Jahr 2001 betrug 44,6% (3,72 Mrd. EUR), der der Länder 43% (3,59 Mrd. EUR) und der Anteil des Bundes lag bei 12,4% (1,04 Mrd. EUR). Das entspricht einem Durchschnitt an Kulturausgaben je Einwohner von 101,5 EUR und einem Anteil von 1,66% an dem Gesamthaushalt der öffentlichen Hand (vgl. STATISTISCHES BUNDESAMT 2004A).

Diese Zahlen verdeutlichen zweierlei Sachverhalte. Zum einen wird die angesprochene Verteilung der – in diesem Falle monetären – Verantwortung der einzelnen Gebietskörperschaften, allen voran die Gemeinden, deutlich und zum anderen, dass die Kulturausgaben selbst im Verhältnis zu verwandten Aufgaben wie z.B. der Bildung, Forschung und Wissenschaft relativ niedrig liegen. Im Jahr 2001 betrugen alle Ausgaben der öffentlichen Gebietskörperschaften für Bildung, Forschung und Wissenschaft nämlich zusammen knapp 79,8 Mrd. EUR (vgl. STATISTISCHES BUNDESAMT 2004B). Allerdings muss darauf hingewiesen werden, dass Deutschland im internationalen Ländervergleich bei der öffentlichen Kulturförderung eine führende Stellung einnimmt (vgl. HEINRICHS 1999, S. 40). Kultureinrichtungen in den USA bspw. müssen sich weitgehend über Eigeneinnahmen und private Mittel finanzieren. Nur 20 bis 30% der Gelder für Kultureinrichtungen kommen in den USA von der öffentlichen Hand. Die restlichen Mittel werden durch Eigeneinnahmen (bis zu 50%) und private Gelder (z.B. durch Fundraising) akquiriert (vgl. LISSEK-SCHÜTZ 1997, S. 179).

Betrachtet man nun die einzelnen Ausgaben der Kulturförderung für sich, ist der Bereich der Theater (u.a. Oper und Schauspiel) und Musik (Berufsorchester und -chöre etc.) der mit Abstand kostenintensivste. Seit dem Jahre 1975 sind die Grundmittel der öffentlichen Hand für den Bereich »Theater und Musik« von 1,3 Mrd. DM auf 3,08 Mrd. EUR im Jahre 2001 angestiegen (vgl. STATISTISCHES BUNDESAMT 2001A, S. 37 und 2004A). Dies begründet sich vorwiegend durch die hohen Lohnkosten, denn durchschnittlich entfallen 77% der Gesamtausgaben des Theaters auf die Personalkosten (vgl. RÖPER 2001, S. 245; das Staatstheater Stuttgart, Deutschlands größtes Mehrspartenhaus, hat über 1.100 fest angestellte Mitarbeiter) sowie die weltweit einzigartige Theaterdichte in Deutschland. Die Museen, Sammlungen und Ausstellungshäuser sind der zweitintensivste Kostenfaktor bei den öffentlichen Kulturausgaben (siehe untenstehende Tabelle).

Tabelle 2: Öffentliche Kulturausgaben 2001 nach Ausgabenbereichen

Kulturbereiche nach den Abgrenzungen des Statistischen Bundesamtes	Gesamtausgaben an Grundmitteln in Mio. EUR
Theater, Musik	3.079,6
Museen, Sammlungen, Ausstellungen	1.376,4
Bibliotheken	1.371,7
Sonstige Kulturpflege (u.a. Literatur, Soziokultur)	898,6
Verwaltung für kulturelle Angelegenheiten	473,1
Kunsthochschulen	435,7
Denkmalschutz und Denkmalpflege	404,3
Kulturelle Angelegenheiten im Ausland	315,1
Gesamtsumme:	**8.354,5**
Zur Information: Ausgaben für die kulturnahen Bereich (u.a. Rundfunk) gesamt:	1.645,9

Quelle: Zusammengestellt nach Angaben: STATISTISCHES BUNDESAMT 2004A.

1.3 Neue Wege der Kulturfinanzierung

In Zeiten knapper Kassen bedarf es immer wieder neuer Wege der Kulturfinanzierung. Drei große Gruppen von Maßnahmen lassen sich ausmachen:

(1.) Kosteneinsparung.

(2.) Erhöhung der Eigeneinnahmen.

(3.) Verstärkung der Fremdmittelakquise.

Im Detail bedeutet das Folgendes:

(1.) Zur Kosteneinsparung werden allerorten schon seit Ende der »fetten Jahre« zahlreiche Maßnahmen unternommen, wie etwa Personalabbau, Teilzeitverträge, weniger Premieren, weniger Spieltage, weniger Ausstellungen, geringere Sachmittelbudgets usw. Dies wird auch weiterhin notwendig sein. Relativ neu ist der Aspekt (abgesehen von Einzelbeispielen), durch intensive Kooperationen oder eben gar Fusionen neue Einsparpotenziale zu erschließen, die vorher nicht vorhanden schienen.

(2.) Kulturbetriebe setzen heute vermehrt auch auf die Erhöhung der Eigeneinnahmen durch ein gezieltes Marketing. Als Beispiel dafür kann die häufig zu findende Gründung von Museumsshops in der deutschen Museumslandschaft angeführt werden, die nachhaltig seit den 90er Jahren zu beobachten ist. Neben ihrer vermittelnden Funktion zielen Museumsläden primär durch den Verkauf ihres Sortiments (Merchandising) auf die Erwirtschaftung von Eigeneinnahmen (vgl. COMPANIA MEDIA 1999, S. 9f.).

(3.) Exemplarisch für die Verstärkung der Fremdmittelakquise als Gegenmaßnahme zu sinkenden Einnahmen kann der Komplex einer Public Private Partnership genannt werden. Im Idealfall kommt es zu einer hälftigen Mischfinanzierung von öffentlichem und privatem Kapital. Als Beispiel hierfür kann etwa die Sanierung des Stammgebäudes der Herzogin-Anna-Amalia-Bibliothek in Weimar (SWKK) angesehen werden: zu 50% (ca. 4,5 Mio. EUR) wird sie durch private Mittel – u.a. der Allianz Stiftung – finanziert. Damit erscheint diese Form durchaus geeignet, einen Beitrag zur künftigen Kulturfinanzierung zu tragen.

Eine Übersicht der Finanzierungs- und Marketingmaßnahmen als Möglichkeiten alternativer Kulturfinanzierung offeriert folgende Tabelle (vgl. hierzu ausführlich HEINZE 1999, KLEIN 2001 und 2004, S. 191–200 und BENDIXEN 1992ff., Kap. D und E sowie speziell für Theater und Museen BEEK 2002):

Tabelle 3: Übersicht alternative Kulturfinanzierung

(1.) Erhöhung der Eigeneinnahmen	(2.) Verstärkung der Fremdmittelakquise
Merchandising/Licensing	Ehrenamtliche Arbeit
Sponsoring	Public Private Partnership
Preis- und Programmpolitik	Mäzene und Stiftungen
Weitere Eigenerlöse (u.a. div. Dienstleistungen, Mieten, Anzeigen)	Kulturlotterien und Kulturgroschen
	Förder- und Trägervereine
	Challenge Funding
	Fundraising

Quelle: eigene Tab. in Anlehnung an BENDIXEN 1999, S. 21.

1.4 Neue Strukturen im öffentlichen Kulturbereich?

Ist die Notwendigkeit zur Strukturveränderung erkannt und die erforderlichen Schritte eingeleitet, heißt das noch lange nicht, dass die Veränderung auch statt finden wird. So betitelte »Strukturveränderungen« und »Veränderungsprozesse« können auch den Versuch der Organisationen darstellen, gewohnte Strukturen unter dem Deckmantel des »Neuen« zu retten, um überkommene Mechanismen nicht in Frage zu stellen. Zudem ist der Begriff »Neue Strukturen« bzw. »Neue Betriebtriebsformen« nur bedingt zutreffend. Die GmbH, die GbR oder die Stiftung, um nur einige Formen zu nennen, sind im Kulturbetrieb keineswegs neu und sogar häufig die ursprünglichen Betriebsformen von Kultureinrichtungen. Die Organisationsstruktur ist mithin also nicht das entscheidende Moment notwendiger Veränderungen (vgl. MEYER 1995, S. 11f. und 1998, S. 3).

Vielmehr ist der Wille zur Erneuerung in den Vordergrund zu stellen. Die Rechts- bzw. Betriebsform ist in diesem Zusammenhang das Mittel zum Zweck, der Rahmen in dem Veränderungen stattfinden (vgl. OTTENTHAL 1997, S. 67). Sie kann jedoch eine politische oder inhaltliche Richtung vorgeben: so wurde bspw. die Mannheimer Kunsthalle in »Kunsthallen-Ausstellungs gemeinnützige Gesellschaft mbH« benannt. Hier wurde die Rechtsform der gGmbH bewusst gewählt, um möglichst viele Gesellschafter aus der Region als Kapitalgeber einzubeziehen und damit die gGmbH regional und ausgedehnter zu verankern (vgl. FATH 1997, S. 49).

Dieses Beispiel kann auch unter dem Begriff der »Mischform« betrachtet werden, die ebenfalls unter dem Stichwort »Neue Wege« für Kultureinrichtungen diskutiert wird. Bei Mischformen handelt es sich um Kultureinrichtungen, bei denen bspw. das Museum weiterhin als städtischer Regiebetrieb geführt wird, jedoch eigenwirtschaftliche Tätigkeiten entfaltet werden. Die Bereiche Museumsshop, Museumscafé und die Abteilung Wechselausstellungen werden hier z.B. in einer jeweils privatrechtlichen Betriebsform geführt (im besten Falle unter der Einbeziehung von Mitgesellschaftern; vgl. MEYER 1998, S. 8).

Zum Thema der Rechts- und Betriebsformen im öffentlichen Kulturbereich schreiben WERNER HARTUNG (vgl. HARTUNG 1998), BERND MEYER (vgl. MEYER 1996 & 1998) sowie THOMAS KONIETZKA und HANS-GEORG KÜPPERS (vgl. KONIETZKA 1998 und 2004) ausführlich. Für eine detailliertere Betrachtung dieser Themen wird auf diese Werke verwiesen. Die Kulturarbeit der Landes- und Bundeskultureinrichtungen findet in der Regel in den gleichen Rechtsformen statt. Zur Übersicht der Betriebsformen kommunaler Kulturarbeit findet sich eine detaillierte Auflistung im Anhang.

In der einschlägigen Literatur der letzten Jahre zur (Kultur-) Verwaltungsreform lassen sich verschiedene Ansätze eines Musterkataloges an konkreten Maßnahmen finden.

Ein zentraler Ansatz ist der Begriff des »New Public Management« (NPM), der sich aufgrund der nachhaltigen Reformierung der öffentlichen Verwaltung bzw. des Staatsverständnisses in vielen Industrienationen seit den 80er Jahren gebildet hat. Die Reformanliegen sind Länder übergreifend und durch die schon angeführten Missstände in der öffentlichen Verwaltung begründet. Die zentralen Maßnahmen des NPM, die CHRISTOPH REICHARD (vgl. REICHARD 1997, S. 107), Bezug nehmend auf CHRIS HOOD (vgl. HOOD 1991, S. 3–11) zusammenfasst, lassen sich als diametrales Modernisierungskonzept lesen:

(1.) Stärkung der Marktorientierung sowie des Wettbewerbsdenkens.

(2.) An Privatunternehmungen orientierte Managementkonzepte.

(3.) Trennung von strategischer und operativer Verantwortung.

(4.) Konzepte der ziel- und ergebnisbezogenen Steuerung.

(5.) Dezentrale, teilautonome Strukturen.

Einerseits zielt das Konzept auf die Einführung neuer Steuerungsformen zur Steigerung der Verwaltungseffizienz und deren Aufgabenwahrnehmung: (3.), (4.) und (5.). Andererseits baut es auf eine stärkere Marktorientierung der öffentlichen Einrichtungen. Diese sollen sich zum einen behaupten: (1.), sodann Aufgaben an den Markt abgeben bzw. auf dem Markt anbieten: (2.) und schließlich gesellschaftlich relevante Gruppen zur Übernahme öffentlicher Aufgaben mobilisieren. Letzteres beschreibt FRIEDER NASCHOLD mit dem Begriff des »Empowerment«, den er in einer international angelegten Vergleichsstudie gemeinsam mit der Privatisierung, dem Wettbewerb und der Einführung neuer Steuerungsformen als die vier zentralen Reformansätze herauskristallisiert hat (vgl. NASCHOLD 1995, S. 81–93).

All diese Ansätze bzw. Forderungen – insbesondere die Einführung neuer Steuerungsformen – lassen sich zu großen Teilen auch als Gewinn bringende Reformziele für die einzelnen Kultureinrichtungen anführen. Da sie unter den selben Strukturproblemen zu leiden haben wie die öffentliche Verwaltung, mit der sie eng verwoben sind, können sie nicht losgelöst voneinander betrachtet werden. Ebenso ist man bemüht, im Sinne des »Empowerment« in verstärktem Maße kapitalstarke gesellschaftliche Gruppen zur Übernahme finanzieller Unterstützung für kulturelle Aufgaben bzw. diese und andere gesellschaftliche Gruppen für ehrenamtliche Tätigkeiten zu gewinnen. So werden bereits viele Museumsshops in Deutschland fast ausschließlich mit ehrenamtlichen Kräften betrieben. Ohne dieses Engagement würden diese Shops aufgrund ihrer hohen Personalintensität und der damit verbundenen finanziellen Verpflichtungen keine Überschüsse mehr erwirtschaften können. Diese sind vielerorts aber Beiträge wichtiger Investitionen, die nicht mehr durch die öffentliche Hand getragen werden (z.B. Ankauf von Gemälden).

Es spricht auch nichts dagegen, dass eine Theaterwerkstatt oder die Restaurierungsabteilung eines Museums ihre Dienste auf dem Markt anbieten, sofern die personellen Kapazitäten bestehen und steuerrechtlich nichts dagegen spricht. Das Wettbewerbsdenken sollte sich jedoch auf diese und ähnliche Bereiche beschränken, um nicht Gefahr zu laufen, »künstlerische Inhalte« ausschließlich auf den Markt ausrichten zu müssen.

Allerdings darf – und das kommt in der einschlägigen Literatur zu kurz bzw. gar nicht zur Sprache – eine Diskussion über künstlerische Inhalte bei Veränderungsprozessen nicht ausgespart bleiben. In dieser Diskussion, die selbstverständlich abseits marktpolitischer Überlegungen geführt werden muss, liegt die Chance, sich neu zu positionieren, Neues hinzuzunehmen oder festzustellen, dass kein Veränderungsbedarf vorliegt. Gerade bei Fusionen von Kultureinrichtungen besteht die Chance und auch die Notwendigkeit, eine solche Diskussion zu führen.

1.5   Zunahme von Fusionsaktivitäten

Wie die Geschichte der Theater Mönchengladbach und Krefeld exemplarisch zeigt, sind Fusionen von Kultureinrichtungen kein ausschließliches Phänomen der letzten Jahre. Die beiden Theater haben bereits zwei Fusionen in ihrer Geschichte zu verzeichnen: eine erste Fusion im Jahre 1921, die kurz darauf scheiterte, und 1950 die zweite Theaterehe, die sich bis heute bewährt hat und später ausführlicher behandelt wird (vgl. PESEL 2000, S. 25–39). Die Deutsche Oper am Rhein ist ein weiteres Fusionsbeispiel älteren Datums, die seit ihrer Gründung 1956 von den Städten Düsseldorf und

Duisburg getragen wird. Die genannten Fusionspartner hatten dasselbe Motiv: das Zusammengehen zweier Häuser zu einer Organisation, um Kosten zu sparen und die Effektivität ihrer Häuser zu steigern. Denn auch in den Nachkriegsjahren galt es, die strapazierten öffentlichen Haushalte zu entlasten sowie das künstlerische Niveau zu halten bzw. zu steigern.

Derzeit befindet sich Deutschland in einer strukturell besonders angespannten Haushaltslage. Deshalb sind viele Fusionen von Kultureinrichtungen festzustellen und noch zu erwarten. Der Kulturbereich in der ehemaligen DDR leistete sich überdies den Luxus, selbst in kleinen Kommunen eigene Spielstätten zu betreiben. Diese kulturelle Vielfalt wird heutzutage jedoch zu einer kaum noch zu bewältigenden Kostenbelastung für die Kommunen. So verwundert es nicht, dass gerade im Theater- und Orchesterbereich, den beiden kostenintensivsten Kultursparten, in den letzten Jahren eine ganze Reihe von Fusionen zu verzeichnen waren.

Angesichts der nach der Wende einsetzenden Anpassungs- und Konsolidierungsmaßnahmen waren gerade die zahlreichen Theater und Orchester in den Neuen Ländern schon bald nicht mehr ohne strukturelle Veränderungsmaßnahmen finanzierbar. Die federführenden Ministerien, Kommunen und Intendanten wählten vermehrt den Weg der Fusion als eine Heil versprechende Strukturveränderung. Seit der Wiedervereinigung 1990 wurden über zehn Theater (in den meisten Fällen wurden die Theaterorchester mitfusioniert und in vereinzelten Fällen ausgegliedert), Orchester sowie Theater mit Orchestern in den Neuen Ländern fusioniert. Daneben ist eine ganze Reihe von Schließungen zu verzeichnen. Vor allem die zahlreichen Kommunen in den Neuen Ländern mit weniger als 50.000 Einwohnern sahen und sehen sich nicht mehr in der Lage, für ihre Theater und Orchester aufzukommen. Noch heute werden in ostdeutschen Kommunen unter 50.000 Einwohnern fünfzehn Theater und fünf fusionierte Theater betrieben, wohingegen in Gemeinden unter 50.000 Einwohnern in den alten Bundesländern nur fünf Theater und ein fusioniertes Theater unterhalten werden (vgl. DEUTSCHER BÜHNENVEREIN 2002, S. 23–26).

Die Schauspiel- und Musiktheater nehmen bis zu 60% der kommunalen Kulturfinanzierung in Anspruch (vgl. DÜMCKE 1993, S. 390f.) und stehen angesichts der knappen öffentlichen Haushalte seit langem unter besonderem Rechtfertigungs- und Reformdruck. Die Vorreiterrolle der Theater auf dem Gebiet der Strukturreformen muss jedoch insbesondere für die alten Bundesländer aus einem weiteren Blickwinkeln betrachtet werden, denn Theater sind nicht nur Vorreiter im Bereich der Fusionen sondern auch in anderen Bereichen der Betriebsumwandlung bzw. Umstrukturierungsprozessen. Dies hat seine Ursache nicht zuletzt in der anhaltenden Theaterkrise in den 1970er und 1980er Jahren, die den Theatern einen drastischen Besucherrückgang und somit auch einen Rückgang der eigenen Einnahmen bescherte. Die Bevölkerung warf den Theatern unter anderem vor, sie seien Einrichtungen der »bürgerlichen Repräsentationskultur« (vgl. RÖPER 2001, S. 16–19). Hinzu kam die zunehmende Konkurrenz auf dem Freizeitmarkt. Dieser Trend ist in vielen Kommunen aktuell bzw.

Warum Fusionen im Kulturbereich?

heute erneut zu beobachten und so musste in den Sparten Oper, Ballett und Schauspiel in der Spielzeit 1999/2000, bezogen auf das gesamte Bundesgebiet, ein Rückgang um 466.462 Besucher im Vergleich zum Vorjahr verzeichnet werden (vgl. STATISTISCHES BUNDESAMT 2001B).

Auch in anderen Kulturbereichen gibt es immer häufiger die Überlegung, eine Fusion anzustreben. So sollen in absehbarer Zeit die beiden Stiftungen »Fürst-Pückler-Park Bad Muskau« sowie »Fürst-Pückler-Museum Park und Schloss Branitz« zusammengeführt werden. Dabei hinderte bislang nur die Tatsache, dass die zwei Einrichtungen in verschiedenen Bundesländern (Sachsen bzw. Brandenburg) liegen und damit unterschiedliche »Besitzer« haben. Außerdem scheinen sich die jeweiligen Belegschaften gegen eine Fusion zu sträuben (die Fusion wird ausschließlich von den Zuwendungsgebern angestrebt).

Die Fusion der Orchester Greiz und Reichenbach ist bisher der einzige landesübergreifende Zusammenschluss. Neben dem Nachteil, mit sehr vielen unterschiedlichen Interessenvertretern verhandeln zu müssen, wurden die Orchester finanziell auf ein stabileres Fundament gestellt, da die Finanzierung neben mehreren Kommunen auch durch die Länder Sachsen und Thüringen übernommen wurde (eine Liste mit einer Auswahl an bisherigen Theater- und Orchesterfusionen befindet sich im Anhang).

Die Stiftung Weimarer Klassik (SWK) wurde bereits am 1. Januar 2003 mit den Kunstsammlungen zu Weimar (KuSa) fusioniert und die Fusion des Berlin Museums aus dem früheren Westteil der Stadt mit dem Märkischen Museum im Ostteil im Jahre 1994 beweist, dass Fusionen auch bei Museen schon länger praktiziert werden (weitere Beispiele für Museumsfusionen: Mühlhäuser Museen, Kulturstiftung Meinigen und Stiftung Schloss Friedenstein Gotha). Darüber hinaus gab es u.a. auch im Bereich der auswärtigen Kulturpolitik eine Fusion (Goethe-Institut InterNationes) sowie in der Sparte der kulturellen Veranstaltungen (KBB GmbH). Aktuell stehen vor allem zahlreiche Theater, Orchester und Museen in der Diskussion um Fusionen (ein Liste mit einer Auswahl an bisherigen Fusionen u.a. im Museumsbereich, befindet sich im Anhang).

Auch in anderen kostenintensiven Kulturbereichen wie dem Bibliothekswesen waren bisher vereinzelt Fusionen zu verzeichnen. In Nürnberg wurden bspw. die Stadt- und Kreisbibliotheken zusammengeschlossen. Ebenso gab es eine Verschmelzung der Berliner Amerika Gedenkbibliothek mit der Stadtbibliothek im früheren Ost-Berlin, die jedoch wie eine Vielzahl von Zusammenschlüssen auf Landes- und Bezirksebene der besonderen Situation der ehedem geteilten Hauptstadt geschuldet sind. Außerdem sind zunehmend Kooperationsformen zwischen Bibliotheken zu beobachten. Als Beispiel wäre der »Verbund der öffentlichen Bibliotheken Berlins« (VOEBB) zu nennen, der langfristig auch in eine Fusion münden könnte.

Exkurs: Zusammenfassend lassen sich folgende personalökonomische und betriebswirtschaftliche Motive für eine Fusion im Kulturbereich anführen:

- Einsparungen durch mittel- und langfristigen Personalabbau (vor allem durch Altersteilzeit, Frühpensionierung) in zusammengeführten Bereichen mit Personalüberhängen (vereinzelt kommt es auch zu kurzfristigem Personalabbau durch Kündigung).
- Einsparungs- bzw. Synergieeffekte (z.B. müssen für Inszenierungen im Theater- und Opernbereich, die in mehreren Städten zur Aufführung kommen, nur noch ein Bühnenbild und eine Kostümausstattung hergestellt und weniger Solistenensembles eingesetzt werden). Dagegen ist zu berücksichtigen, dass durch die Zunahme von Transporten Mehrkosten anfallen (dies muss vor einer Fusion gegeneinander aufgerechnet werden, um zu sehen, ob Einspareffekte gegeben sind).
- Effektivere, kostengünstigere Strukturen durch Betriebsumwandlung bzw. neue Organisations- und Kontrollabläufe im Zuge einer Fusion (z.B. Outsourcing von Betriebs- und Serviceeinheiten, Controlling, Möglichkeit betriebsbedingter Kündigungen).
- Inhaltliche Neuorientierung (u.a. Akquirierung neuer, zusätzlicher Besuchergruppen) und bspw. Neustrukturierung der Öffentlichkeitsarbeit (z.B. Gründung Marketing- und Kommunikationsabteilung, neues CI-Konzept, Steigerung der Eigeneinnahmen durch professionelles Merchandising).

Viele Fusionen haben über Jahre Bestand, einige müssen schon nach wenigen Jahren als gescheitert betrachtet werden. Außerdem stehen aktuell zahlreiche Kultureinrichtungen in der Diskussion um eine Fusionen (eine Auswahl an diesbezüglichen Einrichtungen findet sich im Anhang). Um herauszufinden, an welchen Stellen einer Fusion die besonderen Kriterien für einen Erfolg bzw. Misserfolg der komplexen Vorhaben zum Tragen kommen, ist es notwendig, den gesamten Prozess einer Fusion ausführlich vorzustellen und zu beleuchten (die Kapitel 3 bis 5 widmen sich ausführlich den einzelnen Fusionsphasen).

1.6 Einige Praxisbeispiele stellen sich vor

Im Folgenden werden vier durch eine Fusion entstandene Kultureinrichtungen in Deutschland im Überblick vorgestellt. Hierbei wurden folgende Auswahlkriterien zugrunde gelegt: eine junge Fusion, die zugleich den Museumsbereich repräsentiert (Stiftung Weimarer Klassik und Kunstsammlungen), eine gescheiterte Theaterfusion (Schillertheater NRW), eine als besonders erfolgreich kommunizierte und relativ junge Orchesterfusion (Neue Philharmonie Westfalen) und eine beständige, alte Theaterfusion (Vereinigte Städtische Bühnen Krefeld und Mönchengladbach). Ein weiteres Beispiel ermöglicht einen Blick über die Grenzen Deutschlands. Beleuchtet wird die ART for ART Theaterservice GmbH (Tochtergesellschaft der Bundestheater-Holding in Wien) und gleichzeitig die Fusionsform »Back-End-Merger«.

1.6.1 Die Fusion der Stiftung Weimarer Klassik mit den Kunstsammlungen zu Weimar: »Es kommt zusammen, was zusammen gehört?«

Mit der Fusion der KuSa und der SWK zur »Stiftung Weimarer Klassik und Kunstsammlungen« ist in Deutschland ein einzigartiges Ensemble an Sammlungen, Forschungseinrichtungen, Bibliotheken, Archiven und Denkmälern entstanden. Die zahlreichen Museen, Erinnerungsstätten sowie Schloss- und Parkanlagen der SWK (allein zehn Liegenschaften der SWKK zählen zum UNESCO-Weltkulturerbe »Klassisches Weimar«, u.a. Goethes Wohnhaus, Schillers Wohnhaus, die Herzogin-Anna-Amalia-Bibliothek, das Residenzschloss Weimar und die Fürstengruft) wurden durch die Fusion mit den Kunstsammlungen – gerade in der Sparte Museen – herausragend ergänzt. »Ziel der Fusion war vor allem, all das in *einer* Stiftung zu betreuen und fortzuentwickeln, was kulturgeschichtlich und von seiner Bedeutung her auch tatsächlich zusammengehört« (SWKK 2003, S. 1).

Allerdings waren nicht nur die inhaltlich und geschichtlich bedingten Motive Ausschlag gebend für die Fusion. Vor allem die zukünftige Finanzierung, die strukturelle Entwicklung der SWK sowie die langfristige Existenz der Kunstsammlungen in ihrer bisherigen Struktur standen im Mittelpunkt der Fusionsüberlegungen.

Insbesondere die Zuwendungsgeber der SWK drängten schon vor 1999 mit Vehemenz auf eine nachhaltige Konsolidierung im Personalbereich. Trotz eines erheblichen Abbaus von Stellen seit 1991 (die SWK wurde im Jahre 1991 gegründet als Rechtsnachfolgerin der »Nationalen Forschungs- und Gedenkstätten der Klassischen Deutschen Literatur in Weimar« [einer politischen DDR-Gründung von 1953]) von 369 Stellen auf 266 Stellen im Jahre 2002, lag der Personalkostenanteil der SWK mit über 70% an deren Gesamtausgaben strukturell weiterhin zu hoch. Seit Jahren fehlen z.B. ausreichende Sach- und Baumittel sowie die Zuwendungen für die Durchführung von Wechselausstellungen.

Zudem gab und gibt es besonders in der Direktion Museen Personalüberhänge bei den höher dotierten Wissenschaftlerstellen. Andere Abteilungen wie etwa die EDV oder die Öffentlichkeitsarbeit waren und sind dagegen in ihrer bestehenden Struktur unterbesetzt. Angesichts dieser Missstände und vor allem auch hinsichtlich steigender Tariferhöhungen und zu erwartender Senkungen der öffentlichen Förderung drängten die Zuwendungsgeber auf nachhaltige Umstrukturierungsmaßnahmen innerhalb der SWK.

Einige Praxisbeispiele stellen sich vor

Die vom Personal- und Aufgabenumfang weitaus kleineren Kunstsammlungen hatten sich dem gegenüber seit der Wende in ihrem Personalbestand von ursprünglich 57 auf 40,5 Stellen (davon 36,5 tatsächlich besetzt) auf ein Mindestmaß hinsichtlich der Wahrnehmung ihrer Aufgaben konsolidiert. Allerdings war auch hier abzusehen, dass aufgrund der angespannten Haushaltslage der Zuwendungsgeber (Freistaat Thüringen und Stadt Weimar) weitere Kürzungen in Höhe von 15 bis 20% zu erwarten waren. Dies hätte die Kunstsammlungen in ihrem Fortbestand existenziell bedroht.

Angesichts dieser Tatsachen wurde die Idee zu fusionieren ab Januar 2000 intern zwischen den Kunstsammlungen und der SWK entwickelt. Nachdem der Vorschlag auf positive Resonanz im Stiftungsrat (SWK) und im Werkausschuss (KuSa) gestoßen war, wurde die Fusion politisch vorangetrieben. Im April 2002 wurde die Fusion in den Aufsichts- und Kontrollgremien der beiden Einrichtungen sowie im Weimarer Stadtrat und schließlich im Thüringer Landtag beschlossen.

Seit der Fusion lässt sich zunächst nur die Erreichung der formulierten Ziele bzgl. des Zusammenwachsens der kunst- und literaturhistorisch ausgerichteten Inhalte und Aufgaben feststellen (speziell durch die Zusammenlegung der zahlreichen Museen in einer gemeinsamen Direktion). Eine ganze Reihe postulierter Ziele sind daneben ebenfalls auf dem Weg der Realisierung, wie etwa die Integration der umfassenden Bibliotheks- und Archivbestände der früheren Kunstsammlungen in die Direktionen der Herzogin-Anna-Amalia-Bibliothek bzw. des Goethe- und Schiller-Archives.

Bezüglich der Konsolidierung der vereinigten Personalbestände ließen sich bis Ende 2003 noch keine weitergehenden Auswirkungen erkennen. Auch strukturell und operativ wurden bisher nur marginale Synergieeffekte freigesetzt. Das liegt vor allem an der mangelnden Planung der Fusion (z.B. wurde keine Machbarkeitsstudie erstellt), die auf die Überlastung der Leistungsträger im Alltagsgeschäft und fehlender Mittel für eine professionelle Beratung zurückzuführen ist. Dieser Tatbestand lässt sich Flächen deckend im öffentlichen Kulturbereich feststellen und bildet mitunter die größte Gefahr für den Erfolg von Strukturveränderungen.

Derzeit werden jedoch erste Maßnahmen zum Abbau von Planstellen erarbeitet und umgesetzt: es wurden bereits 42 Mitarbeiter entlassen. Innerhalb der nächsten zehn Jahre müssen hinsichtlich der aufzufangenden Tariferhöhungen weitere Stellen abgebaut werden, sollte sich hinsichtlich der Zuschüsse keine vernünftige Steigerung mit den Zuwendungsgebern verhandeln lassen. Mittelfristig bedeutet dies jedoch die Aufgabe einzelner, im Stiftungsgesetz festgeschriebener Ziele.

Ungeachtet der geschilderten Unwägbarkeiten muss die Fusion zumindest vorläufig als Erfolg betrachtet werden. Durch den Zusammenschluss und das damit an die Zuwendungsgeber verbundene Signal, nachhaltige Strukturveränderungen anzustreben, konnte eine Budgetierung der institutionellen Förderung bis zum Jahre 2006 erreicht werden. Die institutionelle Förderung verteilt sich wie folgt auf die Zuwendungsgeber Bund: 5.401.000 EUR, Freistaat Thüringen: 6.846.000 EUR und Stadt Weimar: 2.045.000 EUR. Andernfalls hätte mit einer Reduzierung der Zuwendungen, insbesondere durch das Land und die Stadt, in Höhe von 15 bis 20% gerechnet werden müssen. Außerdem lässt sich bei der Führung und der Politik nach wie vor eine durch die Fusion bedingte Aufbruchstimmung feststellen. Dieser positive Effekt soll nun genutzt werden, um Veränderungen einzuleiten, bevor diese Aufbruchstimmung im Alltag wieder verebbt.

Durch die aktive und konstruktive Einbindung der Mitarbeiter in die Veränderungsprozesse sowie die Optimierung der internen Kommunikation soll dieses positive Signal weitergegeben werden. Derzeit ist das Verhalten der Mitarbeiter aber eher abwartend bzw. als gleichgültig einzuschätzen.

Im März 2004 wurde die SWKK auf Wunsch der Zuwendungsgeber durch den Wissenschaftsrat evaluiert. Vorausgegangen war ein längerer Meinungsbildungsprozess der Stiftung, die einen umfangreichen Fragenkatalog zu beantworten hatte, der den Wissenschaftsrat erst in die Lage setzte, die Grundlagen für eine profunde Evaluierung zu erhalten. Diese eigentlich längst überfällige Evaluierung war seit der Wende immer wieder angemahnt worden und die SWKK (bzw. die ehemalige NFG) war die letzte große Kultureinrichtung in den Neuen Ländern, die sich dieser Prozedur zu unterziehen hatte. Das Ergebnis wurde in einer Pressekonferenz im Juli 2004 der Öffentlichkeit vorgestellt und ist im Internet (unter: www.wissenschaftsrat.de) abrufbar. Wie zu erwarten war, bemängelte der Wissenschaftsrat u.a. ein übergreifendes wissenschaftliches Konzept. Er sieht durch die vollzogene Fusion der SWK mit den Kunstsammlungen eine reale Chance, dieses Konzept parallel zu den noch notwendigen Strukturveränderungen um- bzw. durchzusetzen. Eine zu bildende Strukturkommission unter dem Vorsitz des Präsidenten der Stiftung Preußischer Kulturbesitz wird diesen Prozess begleiten. Vermutlich wäre ohne die Fusion ein ähnlicher Veränderungsdruck und eine ähnlich intensive Reflexion der eigenen Einrichtung und ihrer generellen Mission nicht zustande gekommen (vgl. ges. Kap. FÖHL 2003A und 2004B).

1.6.2 Die gescheitere Theaterfusion des Schillertheaters NRW

Am 1. August 1996 fusionierten die Wuppertaler Bühnen mit dem Musiktheater im Revier zum Schillertheater NRW (Theaterbetriebsgesellschaft Wuppertal/Gelsenkirchen mbH). Ausschlag gebend war die schwierige finanzielle Lage der Theater bzw. die jeweiligen Städte als deren Träger. Für beide Theater waren Etatkürzungen von zusammen knapp 5,6 Mio. EUR zu erwarten. Durch eine Fusion sollte diese Summe durch Personal- und Ressourcenzusammenlegung aufgebracht werden. Für Wuppertal stand vor der Fusion vor allem der Abbau des Schauspiels zur Diskussion. Durch die Fusion konnte dies verhindert werden und auch die sonstigen Schließungsdebatten wurden beigelegt. Zudem hatte die Fusion für Gelsenkirchen auch

Einige Praxisbeispiele stellen sich vor

einen künstlerischen Vorteil; es bekam wieder ein Sprechtheater, das 1965/66 geschlossen worden war.

Die Fusionsidee ging von beiden Intendanten aus, die in der Folge auch für die künstlerische Zusammenführung zuständig waren. Konzeptionell wurden die Bereiche Organisation, Struktur und Finanzierung von den heutigen Geschäftsführern der jeweiligen Theater ausgearbeitet. Mit einem aussagekräftigen Konzept konnten beide Kulturdezernenten rasch überzeugt werden. Diese trieben die Fusion zusätzlich an den politischen Schnittstellen voran. Da es außerdem darum ging, die Theater zu erhalten und zu schützen, gab es keine inhaltlichen Probleme mit dem Deutschen Bühnenverein als Arbeitgeber- und Interessenverband der deutschen Theater und Kulturorchester sowie seiner künstlerischen Leiter.

Bereits nach einem Jahr war die Fusion vollzogen und stand zumindest politisch in einem guten Licht. Die technischen Bereiche sowie die Werkstätten wurden zusammengelegt. Die Finanzbuchhaltung wurde hauptsächlich in Wuppertal erledigt, die Personal- und Organisationsabteilungen wurden schwerpunktmäßig in Gelsenkirchen angesiedelt. Die Leitung der Oper und des Musiktheaters erfolgte von Gelsenkirchen aus, die des Schauspiels von Wuppertal.

Innerhalb der sechs Fusionsjahre konnte durch die Zusammenlegung mit 140 Planstellen ein Drittel der Belegschaft sozialverträglich (u.a. durch Altersteilzeit und Frühpensionierung) abgebaut werden. Außerdem mussten weniger Bühnenbilder hergestellt werden. Auf der anderen Seite stiegen die Sach- und Personaltransportkosten zwischen den Theatern erheblich (2 LKW, Bus, Taxi und Zug; Gelsenkirchen und Wuppertal sind knapp 60 Kilometer voneinander entfernt). Dennoch konnten die geforderten 5,6 Mio. EUR durch die beschriebene Prozessoptimierung eingespart werden.

Die Intendanten – beide Stellen wurden erhalten – hatten die Hoffnung, durch eine Fusion vor drastischeren Einschnitten seitens der Zuwendungsgeber sicher zu sein. Die Fusion wurde allerdings von der Öffentlichkeit nicht angenommen: Es stellte sich nämlich bald heraus, dass nur wenig Ambitionen zur künstlerischen Zusammenarbeit der Organisationsteile bestanden. Dies hatte zur Folge, dass die Gelsenkirchener Bevölkerung nicht mit dem moderneren Schauspiel zurecht kam und das Wuppertaler Publikum die Opernproduktionen aus Gelsenkirchen ablehnte. Da den jeweiligen Intendanten die nötige Sensibilität für Publikum und Politik fehlte, stiegen die Ressentiments im Laufe der Jahre in dem selben Maße an, wie sich die Besucherzahlen kontinuierlich zurück entwickelten. Überdies war das Publikum nicht bereit, die Distanz zwischen den beiden Städten zurückzulegen. Die Inszenierungen wurden zwar in beiden Städten gezeigt, jedoch wurden die Premieren abwechselnd aufgeführt (vgl. HERBOLD 2000).

Außerdem mussten trotz der Einsparungen innerhalb weniger Jahre die gesamten Rücklagen der GmbH aufgebraucht werden und darüber hinaus weitere Zuschüsse in Millionenhöhe durch die Städte getätigt werden. Das lässt sich vor allem darauf zurückführen, dass sich die nachhaltigen Einsparungen der Fusion durch die Tariferhöhungen innerhalb weniger Jahre verbraucht hatten. Dieser Umstand stellt nach wie vor für alle Kultureinrichtungen die größte Gefahr der Haushaltssicherung dar und ist auch durch Fusionen nur bedingt einzudämmen.

Die Einrichtung stand also nach wenigen Jahren wieder vor den altbekannten Finanzierungsproblemen. Hinzu kam, dass die Fusion auch von den Angestellten nicht angenommen wurde. Es hatte keine tatsächliche Verschmelzung der beiden Organisationen stattgefunden, sondern beide lebten nebeneinander her und behielten größtenteils ihre angestammten »Kulturen«.

Im Rückblick erscheint es so, als hätte sich die Situation der Häuser vor der Fusion noch nicht aussichtslos genug dargestellt, denn die Mitarbeiter erlebten die direkte Notwendigkeit einer Fusion nicht im gleichen Maße wie die Führungsebene. Ähnlich war das Verhalten der Politiker, die ebenfalls keine Vermischung »ihrer« Städteprofile mehr zulassen wollten, nachdem die »Vorschusslorbeeren« aufgebraucht waren. Im Februar 2000 lehnte eine knappe CDU-Mehrheit im Wuppertaler Stadtrat die Weiterführung der gemeinsamen Körperschaft ab und es wurde die Trennung für die Spielzeit 2000/2001 beschlossen (»Demerger«). Der Gelsenkirchener Stadtrat fasste wenig später den selben Beschluss.

Die Theater wurden nach der letzten gemeinsamen Spielzeit entsprechend dem GmbH-Gesetz in zwei eigenständige GmbHs umgewandelt. Heute stehen beide Theater erneut vor den gleichen bzw. vor teilweise noch größeren Finanzierungsproblemen (vgl. ges. Kap. LOSKILL 2001).

1.6.3 Eine geglückte Fusion: Die Neue Philharmonie Westfalen

Mit dem Satz: »Wir sind nun die sinfonische Kraft des nördlichen Ruhrgebiets«, umschreibt HANS-BRUNO MARCUS, Verwaltungsleiter der Neuen Philharmonie Westfalen, den 1996 aus der Fusion zwischen dem Westfälischen Sinfonieorchester Recklinghausen (WSO) und dem Philharmonischen Orchester Gelsenkirchen entstandenen Klangkörper.

Beide Orchester hatten vor der Fusion bedrohliche Finanzprobleme. Das WSO hatte 1994 Schwierigkeiten mit der Haushaltssicherung; zudem kürzten die Träger (Stadt Recklinghausen, Kreis Unna, Landschaftsverband Westfalen-Lippe und das Land NRW) ihre Zuwendungen in sechsstelliger Höhe. Die Stadt Gelsenkirchen wollte das ebenfalls in seiner Existenz gefährdete Orchester *Hungarica* kaufen und dafür das Philharmonische Orchester Gelsenkirchen (POG) auflösen.

Vor diesem Hintergrund schlugen die Kulturdezernenten der Städte Gelsenkirchen und Recklinghausen eine Kooperation zwischen beiden Orchestern vor. Diese hätte

Einige Praxisbeispiele stellen sich vor

jedoch keine Einsparungen gebracht. Von Seiten der beiden Orchester kam schließlich der Impuls für eine Fusion. Nachdem ein Stellen- und Finanzierungskonzept ausgearbeitet worden war, folgte ein langer Weg der Überzeugungsarbeit, da insgesamt fünf verschiedene Zuwendungsgeber überzeugt werden mussten (die vier Träger des WSO sowie die Stadt Gelsenkirchen).

Begründet wurde die Fusion künstlerisch und ökonomisch. Künstlerisch waren durch die Fusion nachhaltige Synergien zu erwarten. Durch das Anwachsen des Ensembles auf vorerst 138 Musiker nach der Fusion, konnten nun auch Stücke von MAHLER und BRUCKNER aufgeführt werden. Bis dahin gab es kein Orchester in NRW, das derartige Stücke ohne Aushilfen hätte spielen können (nach der Fusion wurde die NPhW das größte Orchester in NRW). Ökonomisch waren mehrere Motive anzuführen. Vor der Fusion hatten beide Orchester 148 Musikerplanstellen, von denen zehn nicht besetzt waren und nach der Fusion wegfallen würden, was in etwa einer Ersparnis von jährlich ca. 400.000 EUR plus Tariferhöhungen entspricht. Darüber hinaus wurde ein Personalsoll von insgesamt 123 Musikerstellen vereinbart. Ende 2003 wurde ein Stellensoll von 124 erreicht und ein Haustarifvertrag geschlossen. Letzterer ist besonders wichtig vor dem Hintergrund, dass ab einer Orchesterstärke von 99 Musikern diese eigentlich nach TVK Stufe A bezahlt werden müssen, was einer Höhergruppierung um vier Tarifstufen entsprechen würde! Im Falle der NPhW wurde mit der Deutsche Orchestervereinigung als Vertretung der Arbeitnehmer ein Haustarifvertrag ausgehandelt und mit dem Deutschen Bühnenverein abgeschlossen, nach dem das Orchester weiterhin nach Stufe B bezahlt wird. Außerdem konnten zusätzlich Aufführungen verkauft werden, da das große Ensemble bspw. parallel spielen kann. Des Weiteren mussten keine Aushilfen mehr eingestellt werden, was eine zusätzliche Ersparnis von jährlich ca. 250.000 EUR brachte. Nach zwei Jahren Vorarbeit wurde die Fusion mit diesen Argumenten in den politischen Gremien beschlossen.

Die NPhW ist heute ein anerkanntes und erfolgreiches Orchester, was vor allem die hohen Besucherzahlen beweisen. Es konnte die Tradition beider Orchester fortführen und sich weiterentwickeln. Es wird vom Publikum und auch von den Mitarbeitern als gemeinsames Orchester akzeptiert. Hierfür sind mehrere Gründe anzuführen:

- Vor der Fusion wurde von beiden Orchestern JOHANNES WILDNER als neuer GMD gewählt, der die Fusion anschließend sowohl intern (»beide Seiten« hatten eine neue gemeinsame künstlerische Führung), als auch extern künstlerisch vorantrieb (WILDNER ist auch beim Publikum hoch angesehen) und somit auch die Identifikation mit der NPhW steigerte.

- Beide Orchester standen unmittelbar vor der Schließung. Anders als bei den meisten Fusionen im Kulturbereich, begrüßten die Mitarbeiter die Fusion von Anbeginn: »Viele Kollegen hatten große Angst. Die Fusionspläne brachten dann eine große Erleichterung.« (zit. nach GROPP 1998), berichtet eine Musikerin des POG und durch diese Erleichterung eine automatische Akzeptanz der Fusionspläne in den Belegschaften (»Untergangsdrohung«). Allerdings gab es Musiker des POG, die trotz alledem skeptisch blieben, da sie Angst um ihre vertraglichen Besitzstände und vor den bevorstehenden Orchesterfahrten hatten (vorher mussten die Musiker fast ausschließlich Dienst im Musiktheater im Revier erfüllen). Durch einen Personalüberleitungsvertrag (u.a. wurden die Mitarbeiter des POG in diesem Vertrag in die Rechtsform des WSO, einem eingetragenen Verein, eingegliedert) konnten sie ihre Besitzstände jedoch wahren: u.a. Kündigungsschutz nach § 51 TVK und eine Jahreskarte für den öffentlichen Nahverkehr. Die Auflösung des POG hätte für die Musiker zur Konsequenz gehabt, dass sie in den städtischen Personalüberhang bzw. in andere städtische Tätigkeiten überführt worden wären. Die ehemaligen Mitarbeiter des WSO und die neuen Mitarbeiter der NPhW genießen dagegen keinen gesondert ausformulierten Kündigungsschutz.

- Die Fusion wurde solide geplant. Es wurden zwar keine konkrete Machbarkeitsstudie erstellt, aber immerhin ausführliche Finanzierungs- und Personalpläne. Außerdem wurden weitere entscheidende Kriterien wie Bahnanbindung (17 Min. Fahrtzeit), Entfernung (15 km, verschiedene Wegeführungen möglich) und Infrastruktur (z.B. ist an jedem Ort ein fast vollständiger Instrumentensatz vorhanden) von Anbeginn mitbedacht.

Bedauerlicher Weise steht auch das NPhW angesichts von 92% Personalkosten am gesamten Haushalt und entsprechend jährlich anfallenden Tariferhöhungen von ca. 170.000 EUR erneut vor Finanzierungsschwierigkeiten. Da die Träger ihre Zuwendungen zunehmend budgetieren, was für nahezu alle Kulturbereiche gilt bzw. diese sogar senken, ist ungewiss, wie die zusätzlich anfallenden Kosten gedeckt werden können. Der Verwaltungsleiter ist sich jedoch sicher, dass die NPhW auch dieses Problem lösen wird (vgl. ges. Kap. MARCUS 2003).

1.6.4 Vereinigte Städtische Bühnen Krefeld und Mönchengladbach: Deutschlands älteste »Theaterehe«

Der Impuls zur zweiten, bis heute bestehenden Fusion ging von den Krefelder und Mönchengladbacher Stadträten aus. Das Mönchengladbacher Theater hatte kurz zuvor eine Fusion mit dem Theater Rheydt aufgelöst und war aufgrund der defizitären Haushaltslage auf der Suche nach einem neuen Partner. Das Theater Krefeld versprach sich von der Fusion vor allem auch eine Steigerung des künstlerischen Potenzials. Zur selben Zeit wollte der Deutsche Städtetag achtzehn Theaterfusionen anbahnen, von denen nur wenige realisiert wurden und von denen keine bis heute gehalten hat (vgl. PESEL 2000, S. 27).

Die Fusion der Theater wurde mit einer äußerst knappen Mehrheit im Mönchengladbacher Rat (22:21 Stimmen) und mit eindeutiger im Krefelder Stadtrat (38:3) im April 1950 beschlossen. Das knappe Ergebnis zeigt, dass es sich – zumindest von Mönchengladbacher Seite – eher um eine »Vernunftehe«, als um einen gewollten Zusammenschluss handelte. Auch von Seiten der Presse wurde die Fusion abgelehnt und musste zudem in einer relativ angespannten Phase realisiert werden. Allerdings konnten die gegenseitigen Ressentiments innerhalb der Häuser während der ersten Jahre zu großen Teilen abgebaut werden. Auch das Publikum, das zuerst um die Identität seiner Theater besorgt war, nahm die Fusion an und nach sieben Jahren mussten die Vorstellungszahlen bereits verdoppelt werden. Aber selbst heute müssen noch Identitätsunterschiede berücksichtigt und mit Fingerspitzengefühl behandelt werden.

Die Politik bezeugte nach einer vierjähriger »Probezeit« ihre Zustimmung durch die Ratifizierung eines auf unbestimmte Zeit abgeschlossenen Vertrages. Dieser musste allerdings in der Zwischenzeit schon sechzehn mal neu ratifiziert werden, weil sich zumeist ein Vertragspartner unterrepräsentiert fühlte oder finanzielle Regelungen neu festgelegt werden mussten. Insbesondere die angespannte Haushaltslage seit Anfang der 1990er Jahre zog Streitereien über Zuschüsse, Personalkürzungen usw. nach sich. Durch die Fusion konnte jedoch auf diese Weise über 50 Jahre hinweg ein Dreispartentheater für beide Regionen erhalten bleiben, welches ohne einschneidende Maßnahmen mit Sicherheit unmöglich gewesen wäre. Das Theater der Stadt Mönchengladbach wäre voraussichtlich geschlossen worden.

Dieses Beispiel zeugt davon, dass Fusionen ein sinnvolles Struktur- und Veränderungskonzept darstellen und Kultureinrichtungen unter Umständen mit einer Verschmelzung langfristig gerettet werden können, wenn bestimmte Umstände gegeben sind. REINHARD ZEILEIS, Geschäftsführer der Vereinigten Städtischen Bühnen, führt als die drei besonderen Schlüsselfaktoren der Fusion seiner Körperschaft folgende Punkte an:

- Die räumliche Nähe,

- die ähnlichen Strukturen und

- die noch »relativ« geringen Mentalitäts- und Qualitätsunterschiede.

Neben diesen eindeutigen Vorteilen, müssen die fusionierten Theater dagegen mit anderen Problemen kämpfen. Wie schon angedeutet, muss vor allem die Theaterleitung der Vereinigten Städtischen Bühnen ständig zwischen den Gemeinden vermitteln. Außerdem ist es eine immer währende Gratwanderung, zwei städtischen »Kultur-Identitäten« gerecht zu werden (vgl. Kapitel 3.4.9). Bezug nehmend auf die Fusion als Ehegemeinschaft zitiert JENS PESEL, der GI der Vereinigten Bühnen, den französischen Schauspieler JEAN GABIN: »[...] die Ehe ist kein Fertighaus, sondern ein Gebäude, an dem ständig konstruiert und repariert werden muss.« (PESEL 2000, S. 39 und vgl. ges. Kap. ZEILEIS 2003 sowie PESEL 2000, S. 25–39).

1.6.5 Die ART for ART Theaterservice GmbH der Bundestheater-Holding in Wien

Im Jahre 1999 wurde der österreichische Bundestheaterverband in die Bundestheater-Holding sowie in ihre vier Tochtergesellschaften umgewandelt: Wiener Staatsoper GmbH, Burgtheater GmbH, Volksoper Wien GmbH und die ART for ART Theaterservice GmbH. Letztere umfasst die Kostüm- und Dekorationswerkstätten, den Kartenverkauf sowie die Gebäude- und Bühnentechnik für alle Bundestheater und weitere Auftraggeber aus dem Theater- und Filmbereich.

Die Ausgliederung der Werkstattbereiche wurde im österreichischen Kulturbetrieb und auch über dessen Grenzen hinaus als eine Fusion bzw. Ausgründung wahrgenommen. Genau genommen hat die Fusion jedoch schon Anfang der 1960er Jahre begonnen, als die Bundesregierung ein zentrales Gebäude für die Werkstätten aller Bundestheater bauen ließ. Damals wurden die räumlichen Voraussetzungen für eine gemeinsame Erfüllung der Aufgaben gelegt. 1971 wurden die Werkstätten auch organisatorisch zusammengeführt und einer Zentralstelle des Ministeriums unterstellt. Dabei gab es jedoch stets getrennte Räumlichkeiten innerhalb des besagten Zentralgebäudes für die jeweiligen Theater: Jedes Theater hatte seine eigenen Werkstätten – allerdings unter einem gemeinsamen räumlichen und organisatorischen »Dach«. Es gab jedoch keine gemeinsame Personalpolitik und in Spitzenzeiten wurden keine Mitarbeiter zwischen den Bereichen ausgetauscht.

Für die Aufteilung und Einhaltung der Budgets war die Zentralstelle zuständig. Wenn ein Regisseur mit einer besonderen Frage oder Idee kam, musste er mit dem Haus verhandeln, ob und wie etwas umzusetzen sei und dieses wiederum musste Rücksprache mit der Zentralstelle halten. In den Folgejahren wurde immer wieder über eine sinnvolle Aufteilung bzw. Veränderung der Aufgaben und organisatorischen Zuschnitte diskutiert.

Der Anstoß zur weiteren Organisationsentwicklung kam dann endgültig Ende der 1990er Jahre, als die Politik erkannt hatte, dass die bisherige Aufteilung betriebswirtschaftlich suboptimal war. Man entschied sich, dass sich die Organisationen erneut mit der Frage beschäftigen sollten, was aus künstlerischer Sicht dezentralisiert werden sollte bzw. was aus wirtschaftlicher Sicht eher zentralisiert werden müsste. Der Minister hatte die Theater aufgefordert, ein entsprechendes Konzept zu liefern, welches durch ein externes Gutachten unterstützt wurde. Im Jahr 1999 wurde dann eine größere Organisationsentwicklung begonnen, die in einem kurzen Zeitraum durchgeführt wurde. Dabei ging es im Wesentlichen darum, dass die Budgetverantwortung von den technischen Abteilungen auf die künstlerischen Bereiche überging.

Diese Übertragung der Verantwortung bedeutet, dass nun der kaufmännische Direktor dem Regisseur ein bestimmtes Budget für ein Stück zur Verfügung stellt. Zuerst muss der Regisseur die künstlerischen Ideen der Intendanz vorstellen und darüber verhandeln. Dann wird ein bestimmtes Budget zugewiesen und mit diesem können

Einige Praxisbeispiele stellen sich vor

dann bei den Werkstätten entsprechende »Leistungen« eingekauft werden. Teure technische Ausstattungen müssen auf diese Weise von der Direktion und nicht mehr von der Zentralstelle verantwortet werden. Der Regisseur ist nicht mehr »Bittsteller« um technische Ressourcen und die Zentralstelle ist nicht mehr Entscheidungsträger über künstlerische Ausstattungsfragen. Diese Veränderung hat eine klare Rollenteilung zwischen künstlerischem und technischem Bereich realisiert. Erst durch diesen Schritt wurden die Vorteile der räumlichen und organisatorischen Teilfusion aus dem Jahre 1971 wirklich realisiert.

Zeitgleich mit dieser Zusammenführung von budgetärer und sachlicher Verantwortung bei den eigenständigen Gesellschaften wurde die Theaterservice GmbH ausgegründet und unter dem Dach der Holding der Bundestheater als eine eigene GmbH eingeführt. Durch einen vertraglichen Kontrahierungszwang wurden die Bundestheater für fünf Jahre verpflichtet, den größten Teil ihrer Aufträge an die Theaterservice GmbH zu vergeben. Die Konzerngesellschaften bilden eine steuerrechtliche Körperschaft, so dass konzernintern keine Umsatzsteuer ausgewiesen werden muss.

Durch den temporären Kontrahierungszwang und das Wegfallen der Umsatzsteuer im internen Verkehr, hat die Theaterservice GmbH eine »Schonfrist« von fünf Jahren erhalten, in der sie sich als Partner der Theater etablieren konnte. Tatsächlich ist es der Theaterservice GmbH gelungen, der wichtigste Partner der Theater in allen technischen Fragen und damit Hauptauftragnehmer zu bleiben. Es gab zwar Versuche der Theater, sich anderweitig die gleichen Leistungen günstiger einzukaufen, aber alle Beteiligten haben schnell verstanden, dass die gleichen Leistungen nirgendwo anders besser oder billiger zu erhalten waren und dass die hohe Qualität nur durch die jahrelangen intensive Zusammenarbeit zwischen künstlerischem und technischem Bereich möglich war und ist. Auf diese Weise hat sich nach einiger Zeit wieder ein vertrauensvolles Miteinander entwickelt. Es verwundert nicht, dass die Theaterservice GmbH mit Abstand das beste Angebot unterbreitete, als bestimmte Leistungen etwa der Bühnentechnik öffentlich ausgeschrieben wurden. Durch die langjährigen Erfahrungen in diesem Bereich und die fundierten Kenntnisse der jeweiligen Theater war es der Theaterservice GmbH möglich, die Zuteilung dieser öffentlich ausgeschriebenen Aufträge zu erreichen.

Im Rahmen der Organisationsveränderung kam es zu keinen Kündigungen. Dennoch hat sich der Personalstand um knapp ein Drittel auf heute etwa 430 Mitarbeiter reduziert. Diese faktische Stellenreduzierung wurde jedoch ausschließlich durch natürliche Fluktuation und Pensionierung erreicht.

Die größten Veränderungen haben die Mitarbeiter einiger technischer Abteilungen durchgemacht, denn die Bündelung von budgetärer und sachlicher Zuständigkeit hat insbesondere ihren Einflussbereich deutlich verändert. Mussten zuvor Vertreter der Bühnengesellschaften hoffen, die erforderlichen Mittel von der Zentralstelle zu erhalten, so können sie nach der Verantwortungsneuverteilung entsprechend selbstbewusst als Kunden auftreten und werden von der Theaterservice GmbH entsprechend umworben. Dieser Strukturwandel bedurfte einer mitunter radikalen Veränderung der Mentalität und des Selbstverständnisses und war nicht immer einfach zu bewerkstelligen. Bis auf wenige Einzelfälle scheint der Wandel geglückt zu sein und die Mitarbeiter haben die neue, am Service orientierte Haltung des Betriebes und seiner Mitarbeiter verstanden und akzeptiert. Dies konnte durch ein aktives Einbinden der Meinungsführer in den Prozess der Organisationsentwicklung und durch eine professionelle Umsetzung gewährleistet werden.

Insgesamt kann die neue Organisationsstruktur der Theaterservice GmbH im Ganzen als ein Erfolg bezeichnet werden. Die »Vorarbeiten« in den 1960er und 1970er Jahren waren dabei hilfreiche Vorraussetzungen für die jüngste Organisationsveränderung ab 1999. Insgesamt kann diese Organisationsveränderung als eine Fusion der Funktionsbereiche, also als »Back-End-Merger« (vgl. Kap. 2.2.3.3) bezeichnet werden (vgl. für das ges. Kap. SCHÖGGL 2004).

Kapitel 2: Formen und Besonderheiten von Fusionen im öffentlichen Kulturbereich

Inhalt des Kapitels:

2.1 Der Begriff Mergers & Acquisitions: Ein Übertragungsversuch 52
2.2 Formen der Zusammenarbeit 54
    2.2.1 Von der Kooperation zur Fusion 54
    2.2.2 Strategische Allianz: formalisierte Zusammenarbeit 57
    2.2.3 Fusionsformen 60
    2.2.4 Joint Venture: Beispiel einer Teilfusion durch Ausgründung 64
    2.2.5 Weitere Entwicklung im öffentlichen Kultursektor 68
2.3 Zwischen welchen Kultureinrichtungen kommen »Totalfusionen« in Frage? 70
2.4 Gemeinsamkeiten und Unterschiede von Fusionen im privaten und öffentlichen Sektor 72
    2.4.1 Fusionen unter Gleichen 73
    2.4.2 Künstlerische, strategische und politische Fusionsmotive 74
    2.4.3 Langwieriger politischer Vorlauf 76
    2.4.4 Der Bürger »entscheidet« mit 77
2.5 Übersicht: Die drei Phasen einer Fusion 80

2.1 Der Begriff Mergers & Acquisitions: Ein Übertragungsversuch

Wenn im privatwirtschaftlichen Sektor von »Fusionen« die Rede ist, benutzt man auch im deutschsprachigen Raum vorrangig den englischen Sammelbegriff »Mergers & Acquisitions« (M & A). Dieser fasst alle wirtschaftlichen Transaktionen zusammen, die stets eine Veränderung der Verfügungs- und Herrschaftsstruktur in zwei oder mehreren Unternehmen bewirken (vgl. JANSEN 2001, S. 44 und HUEMER 1991, S. 5f.). Eine deutsche Übersetzung zur besseren Verständlichkeit bilden die Wortpaare »Unternehmenszusammenschlüsse und Unternehmensübernahmen« (vgl. PICOT 2002, S. 19).

So eindeutig die Begriffspaare scheinen mögen, so unterschiedlich und vielfältig sind ihre Erscheinungsformen. JANSEN legt die umfangreichste Erfassung aller Erscheinungsformen vor. Er unterteilt die klassischen Kernaktivitäten von M & A in fünf Oberkategorien, die sich jeweils in zahlreiche Unterkategorien aufteilen. Von Bedeutung für die Begriffsklärung in dieser Arbeit sind zunächst lediglich die Oberkategorien:

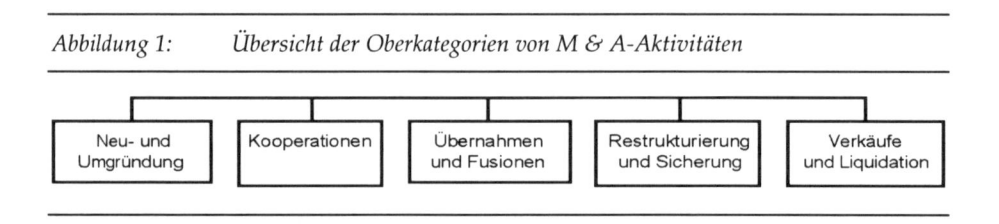

Abbildung 1: *Übersicht der Oberkategorien von M & A-Aktivitäten*

Neu- und Umgründung	Kooperationen	Übernahmen und Fusionen	Restrukturierung und Sicherung	Verkäufe und Liquidation

Quelle: Auszug JANSEN 2001, S. 46.

Überträgt man dieses Schema in die kulturelle Praxis und erweitert das Spektrum um weitere Kategorien, die im öffentlichen Kulturbereich generell möglich scheinen sowie um dementsprechend in Frage kommende Unterkategorien, ergibt sich folgende minimierte Übersicht:

Abbildung 2: Übersicht von möglichen M & A-Aktivitäten im öffentl. Kulturbereich

```
                    ┌──────────────┐    ┌──────────────┐    ┌──────────────────┐
                    │ Kooperationen│    │   Fusionen   │    │ Restrukturierung │
                    │              │    │(und Aufnahme)│    │                  │
                    └──────┬───────┘    └──────┬───────┘    └────────┬─────────┘
              ┌────────────┴──────┐            │                     │
    ┌─────────┴──────┐  ┌─────────┴─────┐  ┌───┴────────────┐  ┌─────┴──────────┐
    │ Joint Ventures │  │  Strategische │  │ Einvernehmliche│  │Rechtsformwechsel│
    │                │  │   Allianzen   │  │  echte Fusion  │  │                │
    └────────────────┘  └───────────────┘  └───┬────────┬───┘  └────────────────┘
                                    ┌─────────┴──┐  ┌──┴──────────┐
                                    │    durch   │  │ Neugründung │
                                    │  Aufnahme  │  │             │
                                    └────────────┘  └─────────────┘
```

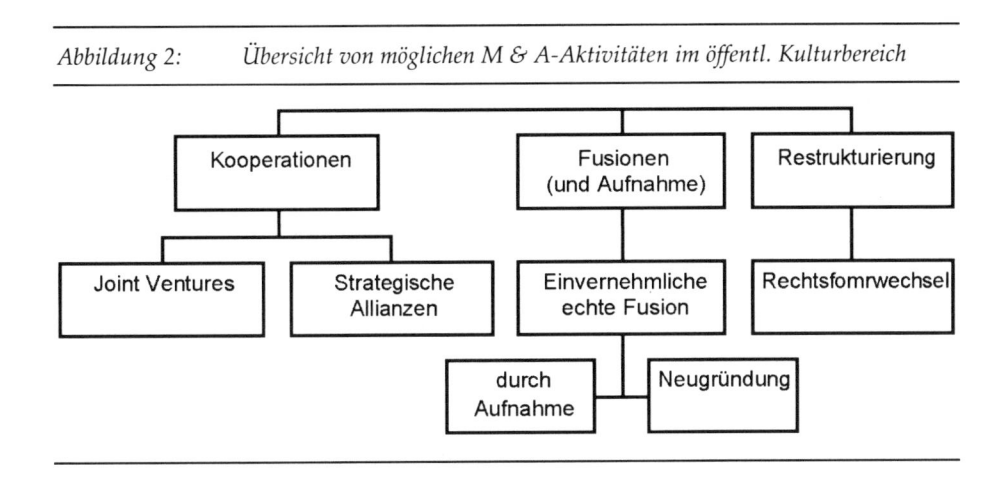

Quelle: eigene Abb. in Anlehnung an JANSEN 2001, S. 46.

Die anderen Formen der M & A kommen für den öffentlichen Kulturbereich nicht in Frage. Der Firmenaufkauf (Akquisition) bleibt bspw. die häufigste Form von M & A im Privatsektor, der sich jedoch für den öffentlichen Kultursektor ausschließt. Öffentliche Einrichtungen haben schließlich keinen börsenorientierten Marktwert und können in der Regel nicht erworben werden (vgl. HUBER 2003, S. 119).

Im öffentlichen Sektor lassen sich daher überwiegend die oben aufgeführte »einvernehmlich echte Fusion« und der »Rechtsformwechsel« finden. Der »Rechtsformwechsel« ist unter dem Gesichtspunkt der Restrukturierung zu sehen, wenn etwa ein Museum nachhaltige Reformvorhaben verfolgt und im Zuge dessen einen Rechtsformwechsel (z.B. von einem Regiebetrieb in eine GmbH) nutzt, um bspw. eine betriebswirtschaftliche Buchführung und eine von der Gemeindeverwaltung unabhängige Personalwirtschaft einzuführen.

Die »einvernehmlich echte Fusion«, also die durch beide Seiten gewollte, ist in zwei verschiedenen Verfahren durchführbar. Die im Kulturbereich gängigste Form ist die Fusion durch »Neugründung«, d.h., wenn zwei vorher eigenständige Organisationen durch eine Neugründung zu einer rechtlichen Einheit verschmelzen (z.B. in einer GmbH oder einem e.V.). Das zweite Verfahren ist die Fusion durch »Aufnahme« (auch »Annexion« genannt), wie es bspw. bei der Fusion der Stiftung Weimarer Klassik (SWK) mit den Kunstsammlungen zu Weimar (KuSa) verlaufen ist. Hier wurden die KuSa durch einen Zustiftungsvertrag und einen separaten Personalüberleitungsvertrag mit der SWK zusammengeführt (vgl. SWKK 2002 A & B, jew. S. 1–3).

Die Begrifflichkeiten beider Verfahren wurden auf den öffentlichen Kulturbereich angepasst. Im privatwirtschaftlichen Sektor kommt, da es sich zumeist um Aktiengesellschaften handelt, bei beiden Verfahren das AktG zur Geltung, das die genauen Parameter bzw. den Gesetzesrahmen festlegt (Entschädigungen, Aktientausch etc.; vgl. JANSEN 2001, S. 51).

Im Gegensatz zu den »einvernehmlich echten Fusionen« findet man im Privatsektor häufig auch so genannte »Hostile Takeovers«, zu deutsch »feindliche Übernahmen«: ein Unternehmen wird von einem anderen gegen den Willen des Managements aufgekauft (Akquisition) und anschließend in die Strukturen des kaufenden Unternehmens »zwangs«-eingegliedert (vgl. JANSEN 2001, S. 60–62).

Die in der oben aufgeführten Kooperationsformen »Joint Venture« und »Strategische Allianz« sind im Kulturbereich ebenfalls zunehmend zu finden und können unter gewissen Umständen als Alternative, insbesondere zu einer Fusion wahrgenommen werden.

2.2 Formen der Zusammenarbeit

Fusionen sind einschneidende Strukturveränderungen, die nicht zwangsläufig zum Erfolg führen müssen. Bevor über die Durchführung einer Fusion diskutiert wird, sollte über alternative Kooperationsformen beraten werden. Außerdem können Fusionen in sehr verschiedenen Konstellationen und Intensitäten auftreten (generell treffen alle Aussagen und Empfehlungen dieser Publikation auch auf Teilfusionen zu, da sie für sich genommen die gleichen bzw. ähnliche Prozesse durchlaufen wie eine Totalfusion). Die diesbezüglichen Definitionen stellen sich mitunter aber noch uneinheitlich bzw. interpretationsoffen dar.

2.2.1 Von der Kooperation zur Fusion

Im Privatsektor werden mehrere Modelle der Zusammenarbeit erfolgreich angewendet. Sie unterscheiden sich von der »Totalfusion« durch ihre geringere Integrationstiefe. So können auch Körperschaften kooperieren, die nicht fusioniert werden können (oder wollen). Es können auch einzelne Bereiche ausgegliedert und mit affinen Abteilungen einer Partnereinrichtung verschmolzen werden, was dann für sich genommen auch wieder eine (Teil-) Fusion, mit all ihren Anforderungen darstellt.

Die drei wesentlichen Modelle aus der Privatwirtschaft, die auch im Kulturbereich zu finden sind:

(1.) Strategische Allianz (formalisierte Zusammenarbeit).

(2.) Joint Ventures (Teilfusion durch Ausgründung).

(3.) Funktionale Teilfusionen (u.a. Back-End- oder Front-End-Merger).

Formen und Besonderheiten von Fusionen im öffentlichen Kulturbereich

Angesicht der auch künftig zu erwartenden Kürzungen durch die öffentliche Hand, sollten alle diese Möglichkeiten für die öffentlichen Kultursparten in Betracht gezogen werden. Im Folgenden werden Kooperationsformen sowie »Teilfusionsmodelle« dargestellt, die bereits ansatzweise im Kulturbereich zu finden sind bzw. einen Gewinn bringenden Ansatz offerieren.

Diese unterschiedlichen Integrationstypologien eröffnen zahlreiche Kooperations- bzw. Fusionsmöglichkeiten. Dies gilt gerade für Kultureinrichtungen, die den äußeren Machbarkeitskriterien (Entfernung, Struktur, ähnliches Produkt etc.) entsprechen, jedoch keinen künstlerischen Zusammenschluss anstreben bzw. diesen aufgrund von Widerständen im eigenen Haus oder von Seiten des Publikums nicht umsetzen können.

Die verbindliche und formalisierte Zusammenarbeit von Organisationen ist kein neues Phänomen und erreicht auch heute schon einen beträchtlichen Umfang. Neu kommt hinzu, dass einerseits die Grenzen für die Zusammenarbeit der Organisationen flexibler werden und sich sehr schnell verschieben können. Andererseits wird der Druck der wirtschaftlichen und gesellschaftlichen Verhältnisse weiter zunehmen. Die interorganisationale Zusammenarbeit kann die unterschiedlichsten Formen annehmen: von der ad-hoc geprägten strategischen Zusammenarbeit über formalisierte Kooperationen (Strategische Allianzen) in Einzelfragen, bis hin zu gemeinsamen Serviceeinheiten im Vertrieb oder der Produktion (Teilfusionen) bzw. bis hin zur eigentlichen Zusammenlegung von ganzen Organisationen (Totalfusion).

Für die Einteilung der Zusammenarbeit je nach unterschiedlichem Intensitätsgrad bietet sich folgendes Modell an:

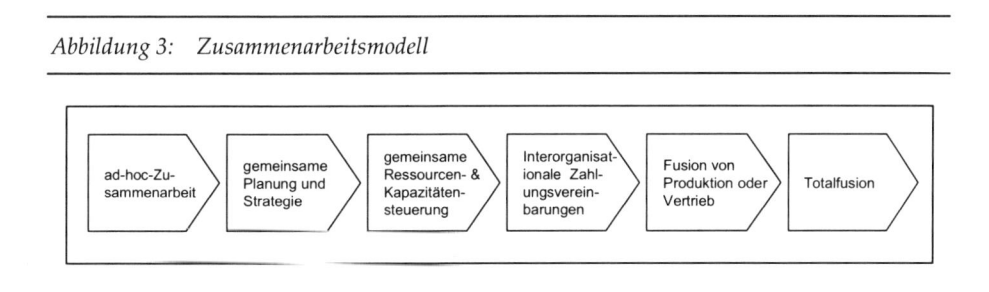

Abbildung 3: Zusammenarbeitsmodell

ad-hoc-Zusammenarbeit → gemeinsame Planung und Strategie → gemeinsame Ressourcen- & Kapazitätensteuerung → Interorganisationale Zahlungsvereinbarungen → Fusion von Produktion oder Vertrieb → Totalfusion

Bei dieser Einteilung steigt der Grad an Verbindlichkeit zwischen den Organisationen immer weiter an. Die interorganisationelle Zahlungsvereinbarung – etwa in Form von verbindlich geregelten Kompensations- und Entgeltzahlungen für erbrachte Dienstleistungen – ist dabei die intensivste Kooperationsform, bei der zwei oder mehr Organisationen bzw. Teile davon noch nicht verschmolzen werden. Durch eine darüber hinausgehende Verschmelzung von Organisationen sollen weitere Synergien und

Formen der Zusammenarbeit

Einspareffekte realisiert und dadurch die politische und wirtschaftliche Handlungsfähigkeit garantiert werden. Das intensive Kooperieren bis hin zu einer Verschmelzung gemeinsamer Funktionsbereiche oder auch ganzer Körperschaften wird wahrscheinlich in den nächsten Jahren aufgrund des Kostendrucks auf den öffentlichen Kultursektor noch erheblich zunehmen.

Zunächst können dabei die einzugehenden Kooperationen gemäß dem oben genannten Zusammenarbeitsmodell von der informellen Kooperation bis zur Totalfusion reichen. Gleich um welche Art von Fusion es sich handelt, wird man stets versuchen, Einsparungen durch die Realisierung von Synergiepotenzialen zu erreichen. Dabei sind erhoffte Synergieeffekte bei ihrer Realisierung nur selten in der erwarteten Höhe vorzufinden. Meist bleiben die Einsparungseffekte weit hinter den Erwartungen zurück, weil verschiedene Faktoren nicht einberechnet worden waren: etwa das komplizierte Dienstrecht mit Kündigungsausschluss, die notwendigen hohen Integrationskosten (Integration von Mitarbeitern, Infrastruktur, Gebäude etc.) und die Abwicklung bzw. Umgestaltung von Altverträgen. Unüberbrückbare (Identitäts-) Unterschiede bei den Belegschaften, dem Publikum und der Politik sowie weite Entfernungen, können eine Fusion zudem erschweren bis ausschließen.

Oft entpuppen sich insbesondere die kurzfristig erhofften Einsparungen als nicht realisierbar. Gleichzeitig waren gerade diese kurzfristigen Einsparungen Hauptbestandteil der Diskussion, ob eine Fusion durchgeführt werden soll oder nicht.

Wenn man den öffentlichen Sektor und den Dritten Sektor insgesamt betrachtet, kann man dort neben den Kooperationen eine ganze Reihe von durchgeführten bzw. geplanten Fusionen vorfinden. In folgenden Bereichen und Sektoren wird es auch zukünftig zu Fusionen kommen:

- Gemeinde- und Kreisreformen (mecklenburgischen Landkreise), insbesondere beim Zusammenschluss kreisfreier Städten mit den sie umgebenden Landkreisen zu Regionen (z.B. Region Hannover, Region Cottbus-Spree-Neiße).
- Verbände, Nonprofit-Organisationen und Sozialversicherungsträger (ver.di, LVA Baden-Württemberg, LVA Nord etc.).
- Öffentliche Unternehmen im Bereich Strom, Wasser, Telekom, Gas, Infrastruktur (u.a. Salzburg AG, Linz AG, HERA/Bologna).
- Hochschulen, Forschungsinstitute und weitere Einrichtungen aus dem Bildungs- und Kulturbereich (z.B. Universität Duisburg-Essen, Universität und Fachhochschule Lüneburg, Hebbel am Ufer in Berlin).
- Dienstleistungseinheiten (z.B. Datenzentralen S-H und LIT Hamburg).
- Einrichtungen aus dem Sozial- und Gesundheitsbereich (bspw. Zieglersche Anstalten, Charité, Klinik Lübeck-Kiel, Gesundheitsbetrieb Empoli, Italien).

Formen und Besonderheiten von Fusionen im öffentlichen Kulturbereich

2.2.2 Strategische Allianz: formalisierte Zusammenarbeit

Strategische Allianzen sind Kooperationen von Unternehmen, die in direkter Konkurrenz stehen, das gleiche oder ein ähnliches Produkt anbieten bzw. ähnliche Interessen verfolgen. Die Kooperation beschränkt sich auf klar umgrenzte Bereiche, in denen sich Wettbewerbsvorteile bzw. Einsparpotenziale erzielen lassen. Diese könnten sonst nicht oder nur mit einem evtl. unverhältnismäßig hohen Aufwand realisiert werden. Strategische Allianzen berücksichtigen die Kernkompetenzen des Kooperationspartners und vernetzen diese miteinander (vgl. GRUBE 2002, S. 22f. und JANSEN 2001, S. 125). Sie sind dadurch bestimmt, dass die kooperierenden Einrichtungen rechtlich voneinander unabhängig sind und kooperationsvertragliche Regelungen zumeist schon bestehen. Allerdings kann die Zusammenarbeit auch in einem losen Verbund, wie etwa einer Arbeitsgruppe erfolgen.

Im Kulturbereich lassen sich bereits zahlreiche Strategische Allianzen feststellen, auch wenn sie weniger unter diesem Begriff geführt werden. Zumeist wird der weite Begriff der Kooperation oder der Zusammenarbeit verwendet. So können bspw. Wanderausstellungen als Strategische Allianz betrachtet werden. Mehrere Museen teilen sich die Kosten und die Wissenschaftler erarbeiten gemeinsam Ausstellungskonzept und -katalog. Die Wechselausstellung ist dann nacheinander in den beteiligten Museen zu sehen, wobei ein Museum allein diese Wechselausstellung aufgrund der hohen Kosten wahrscheinlich nicht hätte durchführen können.

Auch in den Sparten Schauspiel, Oper, Ballett und Musical gibt es bereits seit langem eine Fülle von Programm- und Betriebskooperationen. Im Programmbereich wird vor allem der Austausch in Form von Gastspielen oder Koproduktionen praktiziert. Letzteres ist eine Produktion, die von zwei oder mehr Theatern verantwortet, durchgeführt und finanziert wird. Darüber hinaus gibt es bei den Theatern bereits auf das Programm bezogen unabhängige Betriebskooperationen. Hier werden u.a. Fundusbestände sowie gemeinsame Lagerhallen genutzt oder Einkäufe gemeinschaftlich durchgeführt, um höhere Rabatte zu erzielen (vgl. RÖPER 2001, S. 428–435).

Darüber hinaus sind der »Kooperationskreativität« der verantwortlichen Kulturakteure keine Grenzen gesetzt: in Hildesheim kooperieren seit mehreren Jahren das Stadttheater (Dreispartenbetrieb), die Freie Szene und die Universität (besonders die Fakultät »Kulturwissenschaften und ästhetische Praxis«). Neben verschiedenen Varianten der künstlerischen Zusammenarbeit in gemeinsamen Produktionen oder Koproduktionen, werden etwa die Lehrpläne der Universität mit den Spielplänen des Theaters koordiniert, Spielorte für die »Freie Szene« zur Verfügung gestellt, gegenseitige Hilfestellung bzgl. Produktion, Ausstattung, technischen Support, Fundus, Marketing usw. geleistet. URS BIRCHER, Intendant des Stadttheaters Hildesheim, konstatiert vor allem folgenden Nutzen dieser intensiven Kooperationen:

- Die Zuschauerzahlen sind in der Freien Szene als auch im Stadttheater stark gestiegen, da sich u.a. das Publikum sehr verjüngt hat.

Formen der Zusammenarbeit

- Kulturpolitische Gräben verschwinden und die knappen Ressourcen können effektiver in mehr und bessere Theaterprojekte investiert werden.
- Das Theater profitiert von dem Forschungswissen und der Innovationskraft der Universität. Diese wiederum profitiert von der Praxiserfahrung und Professionalität des Theaters. Die Freie Szene schließlich bringt wertvolle Erfahrungen mit Theaterexperimenten und alternativen Arbeitsweisen ein.

Dieses innovative Kooperationskonzept hat als »Hildesheimer Modell« bereits einen verbürgten Namen und ist insbesondere für Mittelstädte ein Gewinn bringendes Beispiel, kulturelle, wissenschaftliche und weitere Bereiche zusammenzuführen. Die Kooperationen in Hildesheim leben von der »win-win Situation« für alle Partner, welche die Langfristigkeit und die durchweg gute Motivation und Produktivität aller Beteiligten erklärt und garantiert (vgl. ges. Abs. BIRCHER 2004, S. 227–230).

Zudem werden zahlreiche weitere Beispiele im Kultur- und Bildungsbereich praktiziert, wie bspw. die Onlinekataloge VOEBB und KOBV, die eine einheitliche und weit reichende Recherche in den Berliner bzw. den Berliner und Brandenburger Bibliotheken ermöglicht.

Der Vorteil der vielfältigen Kooperationsformen liegt eindeutig in dem Erhalt der jeweiligen Identitäten bzw. Kulturen. Aufwändige Integrationsprozesse sind nicht zwingend notwendig und hängen von der tatsächlichen Kooperationstiefe ab. Auch können Strategische Allianzen schneller wieder aufgelöst bzw. intensiviert werden. Die Einspareffekte fallen im Vergleich zur Fusion hingegen in der Regel deutlich geringer aus, da meist keine nachhaltige Zusammenlegung der Ressourcen oder Maßnahmen zur Umstrukturierung erfolgen. Doch zeigt das »Hildesheimer Modell« eindringlich, dass Kooperationen zahlreiche weitere Synergien freisetzen können und sich der Blick auch »neben« die möglichen Einsparpotenziale lohnt.

Gleichzeitig sind Strategische Allianzen aber auch gut geeignet, eine Fusion vorzubereiten und gewissermaßen die Partnerschaft zu testen (»Verlobungszeit«) oder »voneinander zu lernen« und sinnvollere Prozessabläufe des Kooperationspartners zu übernehmen. Das gilt im besten Falle auch für Abteilungen, in denen nicht kooperiert wird.

Zu beobachten ist auch die starke Zunahme an Kooperationsvorhaben nach einer gescheiterten Fusion bzw. nach dem nicht zustande kommen einer geplanten Fusion. So werden bspw. nach dem Scheitern der achtjährigen Fusion zwischen den Theater Eisenach und Rudolstadt (Thüringer Landestheater GmbH) die Schauspielvorstellungen seit der Spielzeit 2003/2004 vom Südthüringischen Staatstheater in Meiningen bezogen, da die Schauspielvorstellungen aus Rudolstadt wegfielen (1993 wurde das Schauspiel in Eisenach geschlossen). Das Theater Meiningen, mit den Schwerpunkten Oper und Sprechtheater, übernimmt zur Gewährleistung des Drei-Sparten-Angebotes Aufführungen aus Eisenach entsprechend der dortigen Spezialisierung (u.a. Kinder- und Tanztheater). Diese Allianz könnte wiederum in eine Fusion münden, allerdings wäre hier der Interessenkonflikt nicht zu verhindern, da beide Theater Musiktheater orientiert sind und beide wohl kaum auf ihre großen Orchester verzichten würden. Deswegen haben sich die Politik und die Theaterleitungen nach langem hin und her für den Weg einer intensiven Kooperation entschieden. Allerdings ist auch die Beschreibung diesen Weges aufgrund der verschiedenen Interessen noch nicht ganz klar (vgl. MDR 2003A). Das Theater Rudolstadt wird zukünftig zur Gewährleistung des Drei-Sparten-Angebotes Musiktheater-Angebote aus Nordhausen übernehmen und soll in Nordhausen insbesondere Sprech-, Kinder- und Jugendtheater-Inszenierungen anbieten: eine weitere Theaterkooperation in Thüringen (vgl. SCHIPANSKI 2002).

Nach dem vorläufigen Scheitern der Fusionspläne, die durch eine Theaterkommission für das Staatsschauspiel, das Theater Junge Generation und die Staatsoperette (alle in Dresden) sowie für die Mittelsächsische Theater- und Philharmonie GmbH, die Landesbühne Sachsen in Radebeul sowie die Elbland-Philharmonie Sachsen Novum – Neue Orchesterverwaltungs- und Marketinggesellschaft mbH erarbeitet und vorgeschlagen wurden, sollen nun tief greifende Kooperationsmodelle erarbeitet werden. U.a. sollen die vom Land betriebenen Werkstätten gegen Bezahlung einer gemeinsamen Nutzung zugeführt werden (vgl. KLASSIK.COM 2004), was unter Umständen die Zusammenlegung aller Werkstätten (durch Ausgründung) in einem Joint Venture nahe legen könnte (vgl. Kap. 2.2.4). Die folgende Abbildung gibt einen Überblick der vier typischen Phasen einer Strategischen Allianz:

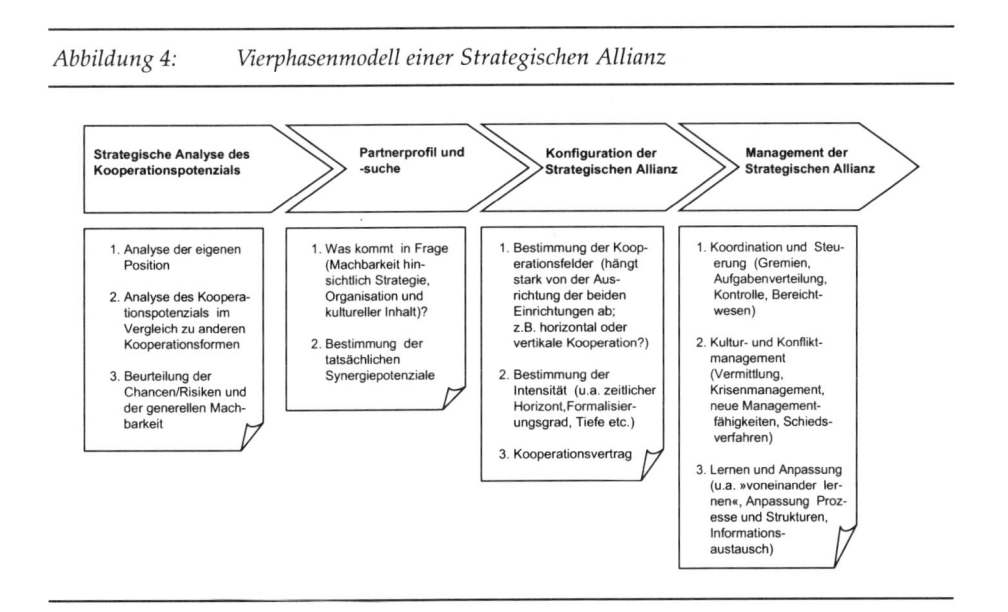

Abbildung 4:   Vierphasenmodell einer Strategischen Allianz

Strategische Analyse des Kooperationspotenzials	Partnerprofil und -suche	Konfiguration der Strategischen Allianz	Management der Strategischen Allianz
1. Analyse der eigenen Position 2. Analyse des Kooperationspotenzials im Vergleich zu anderen Kooperationsformen 3. Beurteilung der Chancen/Risiken und der generellen Machbarkeit	1. Was kommt in Frage (Machbarkeit hinsichtlich Strategie, Organisation und kultureller Inhalt)? 2. Bestimmung der tatsächlichen Synergiepotenziale	1. Bestimmung der Kooperationsfelder (hängt stark von der Ausrichtung der beiden Einrichtungen ab; z.B. horizontal oder vertikale Kooperation?) 2. Bestimmung der Intensität (u.a. zeitlicher Horizont, Formalisierungsgrad, Tiefe etc.) 3. Kooperationsvertrag	1. Koordination und Steuerung (Gremien, Aufgabenverteilung, Kontrolle, Berichtwesen) 2. Kultur- und Konfliktmanagement (Vermittlung, Krisenmanagement, neue Managementfähigkeiten, Schiedsverfahren) 3. Lernen und Anpassung (u.a. »voneinander lernen«, Anpassung Prozesse und Strukturen, Informationsaustausch)

Quelle: eigene Abb. in Anlehnung an JANSEN 2001, S. 132.

2.2.3 Fusionsformen

Wenn man das oben vorgestellte Kooperationsmodell dahingehend betrachtet, ab wann es für die Organisationen zu größeren strukturellen Veränderungen kommt, dann kann lässt sich dies bereits ab der internen bzw. interorganisationalen Verschmelzung von Abteilungen feststellen. Vier Fusionsformen können dabei unterschieden werden:

(1.) Zusammenarbeit einzelner Abteilungen innerhalb der Organisation.

(2.) Bündelung von Marketing und Vertrieb

(3.) Bündelung von Funktionsbereichen.

(4.) Totalfusion zweier kompletter Organisationen.

Bis auf die Totalfusion sind diese Kooperationsformen nur innerhalb der eigenen Organisation denkbar. Die Bündelung von Vertrieb, Marketing oder Funktionsbereichen kann dabei sowohl als Ausgründung oder innerhalb einer Organisation stattfinden. Eine derartige Ausgründung kann z.B. in der Gestalt eines Joint Venture auftreten.

2.2.3.1 Zusammenschluss von einzelnen Abteilungen

Zusammenschlüsse einzelner Abteilungen sind immer wieder zu beobachtende organisationsinterne Fusionen. Hier handelt es sich um eine eher »klassische« Organisationsentwicklung und um Neu- bzw. Umverteilung von Aufgaben und Zuständigkeiten. Bei größeren dezentralen Organisationen kann diese Neuorganisation im Binnenverhältnis genauso viel Unruhe und Unsicherheit hervorrufen wie eine Fusion zwischen mehreren Organisationen. Im Unterschied zu den Totalfusionen kommt es in der Regel nicht zu Namens- oder Rechtsformänderungen. Die verschmolzenen Abteilungen agieren weiterhin als Teil derselben Körperschaft. Der Zusammenschluss von Abteilungen kann als die »leichteste« Form der Fusion bezeichnet werden, da die politischen und administrativen Widerstände vergleichsweise gering sein werden. Gleichwohl werden die Organisationen bei der Fusion vermutlich alle Höhen und Tiefen eines normalen Fusionsprozesses durchlaufen.

2.2.3.2 Marketing und Vertrieb (Front-End-Merger)

Die Bündelung von Marketing und Vertrieb öffentlicher Kulturleistungen kann als ein weiterer Fusionstyp angesehen werden. Die meisten Funktionsbereiche der Ursprungsorganisationen bleiben in diesem Fall getrennt und nur das »Vertriebsnetz« wird gemeinsam betrieben. Dazu gehören etwa gemeinsame Ticketservices von Theatern, gemeinsame Museumsshops, Dachmarkenmarketing, gemeinsame Vertretungen im Ausland, typische Verkaufs- und Fördergesellschaften unter anderem aus den

Bereichen Tourismus, regionale Wirtschaftsförderung und Gewerbeflächen, gemeinsame Messeauftritte von Universitäten und Forschungseinrichtungen.

Eine Fusion von derartigen »Verkaufs- bzw. Vertriebsstellen« wird als »Front-End-Merger« bezeichnet, weil die Kundenschnittstellen zusammengefasst werden, ohne dass im Hintergrund sehr viel Veränderung notwendig wird. Auch hier gilt, dass der Erfolg der Fusion maßgeblich an der Wahl der Integrationsstrategie hängt. Als Teilbeispiele können hierfür die Opernstiftung Berlin (vgl. Kap. 2.2.4) und die Museum Store Association USA als Dachorganisationen ebenso genannt werden wie die KBB GmbH, deren Fusion allerdings Elemente eines Front- und eines Back-End-Mergers beinhaltet (vgl. Kap. 2.2.3.3).

2.2.3.3 Zusammenlegung von Funktionsbereichen (Back-End-Merger)

Ein aktueller und perspektivisch häufig auftretender Fusionstyp ist die Bündelung von Funktionsbereichen und Eigenbetrieben. Dabei werden einzelne Funktionsbereiche der Körperschaften herausgelöst (z.B. Teile der Verwaltung und Werkstätten) und zumeist in eine andere bzw. neue Gesellschaft bzw. Körperschaft übertragen. Dies kann innerhalb einer Organisation geschehen oder auch zwischen Organisationen. In manchen Organisationen wird nicht mehr nur über die gemeinsame Erbringung von Dienstleistungen diskutiert, sondern schon über das (Aus-) Gründen von öffentlichen Unternehmen aus ehemaligen Funktionsbereichen und Eigenbetrieben.

Als Beispiele seien die Theaterservice GmbH Wien oder Bühnenservice gGmbH der Opernstiftung in Berlin genannt. Hier werden die Themen Outsourcing und Public Private Partnership gestreift. Die Organisationen wollen durch die Fusion Größenvorteile realisieren und durch die gemeinsame Aufgabenerbringung deutlich an Kosten sparen. Die Fusion von Funktionsbereichen wird oft »Back-End-Merger« genannt. Eine Teilfusion der Hintergrundbereiche könnte bspw. bedeuten, dass zwei Opernhäuser oder Theater einer Stadt als solche erhalten bleiben. Ihre gesamten Werkstätten werden hingegen in eine neue Körperschaftsform ausgegliedert und übertragen, wie es etwa in Wien und Berlin geschehen ist. Oder zwei Bibliotheken betreiben ein gemeinsames Bücherlager nebst Datenbank, bleiben aber rechtlich getrennt, weil sie etwa in zwei benachbarten Städten in zwei unterschiedlichen Bundesländern liegen. Die Kunden bzw. Besucher merken bei derartigen Fusionen von Hintergrunddiensten keinen Unterschied und aus diesem Grund ist diese Form der Fusion politisch vergleichsweise einfach durchzuführen. Es ist durchaus zu erwarten, dass in den nächsten Jahren die Zahl der Back-End-Merger um ein mehrfaches stärker ansteigen wird als die Zahl der Vollfusionen.

Im Jahre 2002 fusionierten die »Berliner Festspiele GmbH« (BFS; Schwerpunkt: Festivals, große Ausstellungen u.ä.), die »Haus der Kulturen der Welt GmbH« (HKW; Schwerpunkt: internationaler Kulturaustausch) und die »Internationalen Filmfestspiele Berlin« (Schwerpunkt: Durchführung der Berlinale) zur KBB (Kulturveranstaltungen des Bundes in Berlin GmbH). Zwischen den einzelnen Einrichtungen bestanden vereinzelte Schnittstellen im Programmangebot (vor allem zwischen dem HKW und den BFS). Diese Schnittstellen sind jedoch als rudimentär zu bezeichnen, weshalb diese Fusion lediglich als lateraler Zusammenschluss zu verstehen ist. Diese Feststellung wird von der neuen Organisationsstruktur der KBB bestätigt. Die drei Geschäftsgebiete wurden autark erhalten und alle drei Intendantenstellen blieben besetzt. Diese führen ihren Sektor weiterhin alleinverantwortlich. Zudem wurden Namen (Marken) und Standorte nicht zusammengeschlossen. Einzig die Bereiche Organisation, Technik, Finanzen und einzelne Serviceabteilungen (also Back-End und Front-End Bereiche) wurden in einer zentralen Geschäftsstelle fusioniert (vgl. MAIER 2003).

Es handelt sich um einen rechtlichen Zusammenschluss der drei vorher selbstständigen Einrichtungen. Im Falle der KBB wurden nämlich die künstlerischen Produktionsabteilungen bewusst nicht fusioniert. Diese Strategie ist dadurch zu begründen, dass die KBB mit dieser Struktur eine veränderte Zielsetzung verfolgt, als die bisher behandelten Fusionen. Die KBB zielt primär auf die Profilierung der einzelnen Einrichtungen, um an den gemeinsamen Schnittstellen Konkurrenzsituationen zu vermeiden und das Engagement des Bundes in Berlin zu bündeln (vgl. MAIER 2003). Daraus folgend werden Synergie- und Einspareffekte in den zusammengeführten Abteilungen erwartet.

In diesem speziellen Fall können allerdings große Integrationsschwierigkeiten gerade in den fusionierten Bereichen erwartet werden. Es bedarf eines aktiven »Markenaufbaus«, damit sich bspw. ein Techniker der BFS mit der »Dachmarke« KBB identifizieren sowie für alle drei Einrichtungen gleich engagiert tätig sein wird. Es bleibt zu vermuten, dass die Identifikation mit der BFS bestehen bleibt, was sich nachteilig auf die Arbeit in den anderen Einrichtungen auswirken könnte.

Ein weiteres aktuelles Beispiel für einen Back-End-Merger ist die Zusammenlegung der Ballettsparten der Theater in Freiburg und Heidelberg. Auf diese Weise sollen Kosten gespart werden, da zusätzlich auch das Städtische Theater Heilbronn Vorstellungen einkaufen wird. Die Ballettsparte kann damit für beide Theater langfristig erhalten bleiben (vgl. FRANKENBERG 2004, S. 307).

Eine weitere Form der Teilfusion ist der so genannte »Operational-Merger«. Diese Fusionsform bezieht sich primär auf die Zusammenlegung von Produktionsplattformen, der Produktentwicklung und einer gemeinsamen Einkaufstrategie. Diese Form ist besonders häufig in der Automobilindustrie zu finden. Obwohl dieser Terminus im öffentlichen Sektor bisher kaum verwendet wurde und die Verschmelzung von »Produktionsbereichen« bisher zu den Back-End-Mergern gezählt wurde, sollte auf diesen Terminus hingewiesen werden, denn er bietet die Möglichkeit, in Zukunft weitere terminologische Differenzierungen vorzunehmen. So könnte man eine Zusammenlegung von Verwaltungen weiterhin als Back-End-Merger verstehen, eine Zusammenlegung von Theaterwerkstätten aber durchaus als Operational-Merger interpretieren bzw. bezeichnen.

2.2.3.4 Totalfusion

Bei einer Totalfusion gehen zwei oder mehr komplette Organisationen zusammen. Diese Art birgt das größte Veränderungspotenzial aber auch die meiste politische Brisanz und verlangt genügend Vorbereitungs- und Diskussionszeit. Die Verschmelzung kann wie bereits in Kapitel 2.1. aufgeführt durch Aufnahme der (zumeist) kleineren Organisation (z.B. Stiftung Weimarer Klassik und Kunstsammlungen, Neue Philharmonie Westfalen und Zieglersche Anstalten) oder Neugründung (z.B. Theater Altenburg Gera GmbH und Dataport) geschehen.

Meist kommt es bei einer Totalfusion zu einem Rechtsform- und Namenswechsel. Auf diese Weise kann die Tatsache des Neuanfangs signalisiert werden. Totalfusionen wirken sich auf alle Bereiche der Organisationen aus. Sie erfordern die größte organisatorische Anstrengung, besitzen damit jedoch auch das größte Veränderungspotenzial, weil die gesamten Organisationen »in Bewegung« sind. Auf diese Weise können überholte Strukturen gleich mit entwickelt und an die geänderten Anforderungen angepasst werden.

Die verschiedenen Fusionsformen »Front-End«, »Back-End« und »Operational-Merger« bzw. die »Totalfusion«, die letztendlich alle drei Formen beinhaltet, sind nicht immer scharf von einander abzugrenzen. Gewissermaßen hängt dies auch von der Perspektive ab: aus Sicht etwa des Landes Hamburg ist die Fusion der Dataport ein Back-End-Merger, aus Sicht der Datenzentrale Schleswig-Holstein eine Totalfusion. Je nach dem, aus welchem Blickwinkel man eine Fusion betrachtet, wird man eine andere Wahrnehmung haben. Auch die Unterscheidung in Joint Ventures (vgl. Kap. 2.2.4) und funktionale Teilfusionen kann mitunter schwer fallen, da sie letztendlich größtenteils die gleichen Elemente beinhalten. Was damit verdeutlicht werden soll ist der Ansatzpunkt und die Zielrichtung einer Fusion. Die Methoden der Vorbereitung und Umsetzung werden sich ähneln. Was sich unterscheidet ist der Grad an Politisierung, Emotionalisierung und Integrationstiefe.

Formen der Zusammenarbeit

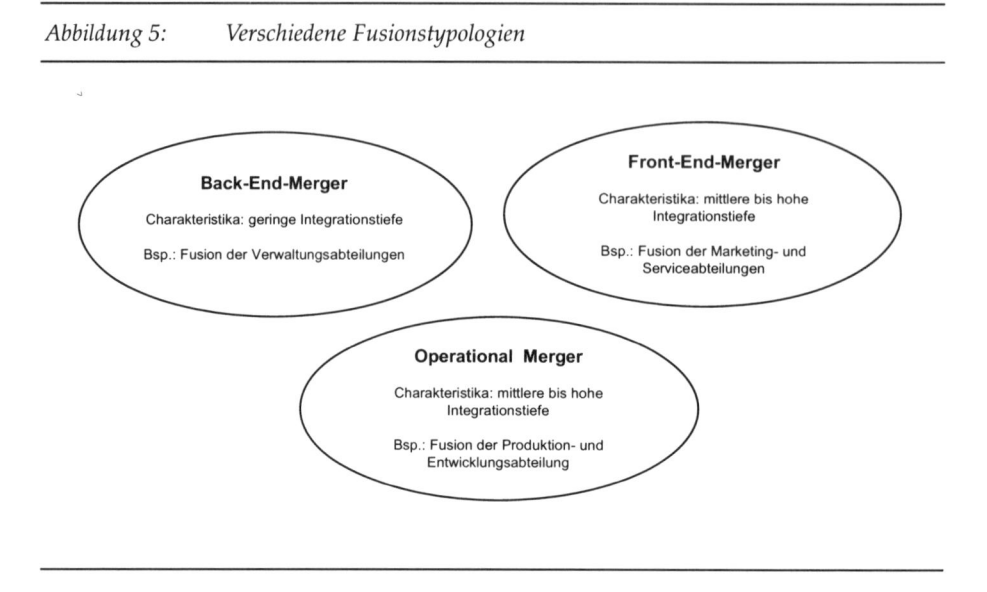

Abbildung 5:	Verschiedene Fusionstypologien

Back-End-Merger
Charakteristika: geringe Integrationstiefe
Bsp.: Fusion der Verwaltungsabteilungen

Front-End-Merger
Charakteristika: mittlere bis hohe Integrationstiefe
Bsp.: Fusion der Marketing- und Serviceabteilungen

Operational Merger
Charakteristika: mittlere bis hohe Integrationstiefe
Bsp.: Fusion der Produktions- und Entwicklungsabteilung

Quelle: eigene Abb. in Anlehnung an JANSEN 2001, S. 235.

2.2.4 Joint Venture: Beispiel einer Teilfusion durch Ausgründung

Die funktionalen Teilfusionen »Front-End-Merger«, »Back-End-Merger« und »Operational-Merger« können im einzelnen bzw. in einer Mischform in Form eines sog. Joint Ventures auftreten.

Das Joint Venture ist eine Kooperationsform, bei der ein neues Unternehmen für gemeinsame Produkte von zwei bzw. mehreren Körperschaften gegründet wird. Diese Kooperationen beschränken sich auf einen klar umgrenzten Anteil der Unternehmensaktivitäten. Das Fahrzeug SMART ist bspw. ursprünglich aus einem solchen Joint Venture zwischen Daimler-Benz und Swatch hervorgegangen (mittlerweile gehört die Marke SMART nur noch zur DaimlerChrysler AG).

Ein Joint Venture ist im Kulturbereich besonders für die Servicesparte interessant. Speziell auf vertikaler Ebene (um Konkurrenzsituationen zu vermeiden), bspw. zwischen einem Museum und einem Theater, erscheint dieser Gedanke sinnvoll und Gewinn bringend. So könnten diese bspw. ein gemeinsames Kundencenter in zentraler Stadtlage aufbauen und sich die Kosten für den generellen Betrieb und bspw. die

Maßnahmen für das »Customer Relationship Management« teilen sowie gemeinsame Kundendateien pflegen.

Aber auch auf horizontaler Ebene scheinen Joint Ventures im Kulturbereich realisierbar: So könnten Museen etwa ihre Artikel aus dem Museumsshop in einem oder mehreren gemeinsamen Läden in der eigenen oder auch fremden Städten anbieten. In den USA gibt es Museen, die gemeinsame Läden in unterschiedlichen Städten erfolgreich betreiben und ein gemeinsames Marketing aufgebaut haben (Website, Flyer, Branding usw.).

Bei entsprechender Präsentation und Abgrenzung ist die Gefahr der Vermischung der Inhalte als gering einzuschätzen. Mit diesem Joint Venture könnten ebenso Kosten eingespart und gegenseitige Synergieeffekte erzeugt werden. Je nach Zuschnitt des Joint Venture handelt es sich dann schon um eine Funktionalfusion.

Unter diesem Gesichtspunkt ist auch das erstmals 2003 vom Berliner Senat vorgeschlagene Opernkonzept zu betrachten. Dieses Konzept ist als Ergebnis einer langen Debatte zu verstehen, die im Jahre 2000 durch den damaligen Kultursenator CHRISTOPH STÖLZL mit entsprechenden Fusionsplänen angeregt worden war. Seitdem gab es viele Überlegungen hinsichtlich der zukünftigen Finanzierung und Betriebsform der drei Berliner Opernhäuser. Das von dem Senator für Wissenschaft, Forschung und Kultur FLIERL 2003 vorgestellte Konzept versucht, der Schließung einer Oper (am wahrscheinlichsten der Deutschen Oper im Westteil der Stadt) oder der Fusion mehrerer Häuser entgegenzuwirken. Die Komische Oper steht wegen ihres speziellen Profils hinsichtlich Schließung oder Fusion nicht zur Debatte, obgleich sie seit Jahren anhaltende Schwierigkeiten mit der Haushaltssicherung hat und eine abnehmende Auslastung von unter 60% verkraften muss. Eine tatsächliche Fusion der drei Opern war und ist aber weder bundespolitisch noch von den Intendanten, den Belegschaften und dem Publikum gewollt (vgl. ges. Abs. BERLINER SENAT 2003, S. 5f. und S. 35).

Das oberste Ziel der neuen Stiftung ist laut FLIERL der »Erhalt von drei modernen, künstlerisch eigenständigen Opernbetrieben und einer selbständigen Ballettkompanie in Berlin« (zit. nach VULT 2003). Das vorgestellte Konzept sieht im Kern vor, die drei Berliner Opernhäuser unter dem Dach einer öffentlich-rechtlichen Stiftung zusammenzuführen. Die drei Opernhäuser sowie das Ballett-Ensemble sollen jeweils in der Rechtsform einer gGmbH zu Töchtern der Stiftung werden, dabei künstlerisch und wirtschaftlich eigenständig agieren und jeweils von einem Intendanten und kaufmännischen Geschäftsführer geleitet werden. Zugleich sollen die nicht-künstlerischen Aufgaben der drei Opern, vor allem die Deko- und Kostüm-Werkstätten, das Facility Management sowie das die Institutionen übergreifende Marketing räumlich und organisatorisch in eine Bühnenservice gGmbH zusammengefasst werden, die ebenfalls als Tochter der Stiftung geführt, durch einen kaufmännischen Geschäftsführer geleitet werden soll (vgl. ges. Abs. VULT 2003).

Diese »gemeinnützige« GmbH stellt als Joint Venture im Wesentlichen ebenfalls eine Mischform aus »Front-End-Merger« und »Back-End-Merger« dar, ist jedoch aufgrund der betrieblichen Ausgliederung als selbstständige und somit als »Totalfusion« zu betrachten.

Der Bühnenservice gGmbH werden zunächst durch einen befristeten Kontrahierungszwang die Aufträge der Opern-gGmbHs zugesichert. In dieser »Schonzeit« muss sich die Bühnenservice gGmbH auf den »Wettbewerb« einstellen (dies entspricht den Forderungen des NPM nach Wettbewerbsfähigkeit öffentlicher Leistungen), um weiterhin von den Opern Aufträge zu erhalten und – im besten Falle – weitere Auftraggeber zu akquirieren. Sollte dies nicht oder nur unzureichend gelingen, müssen langfristig weitere Stellen abgebaut werden.

Die »Oper in Berlin«-Lösung beabsichtigt, die künstlerische und die wirtschaftliche Freiheit der einzelnen Opernhäuser zu gewährleisten. Zudem sollen im Sinne einer »kooperativen Konkurrenz« Spielplanabstimmungen (»Ergänzung statt Konkurrenz«; vgl. LAUSBERG 2002, S. 82) realisiert werden, um direkte Konkurrenzsituationen auszuschließen und vor allem den Werkstättenbetrieb zu optimieren (stetige Auslastung des Personals; vgl. BERLINER SENAT 2003, S. 15f.). Der Ballett gGmbH sowie den Opern gGmbHs sollen mit fünfjährigen Verträgen Planungssicherheit in den künstlerischen Bereichen verschafft werden. Im Gegenzug ist beabsichtigt, die Zuschüsse des Landes zur Stiftungsgründung (die Stiftung wurde am 1. Januar 2004 gegründet und befindet sich seitdem im Aufbau nach den Richtlinien des hier vorgestellten Konzeptes) um ca. 10 Mio. EUR zu senken. Diese Mindereinnahmen sollen vorwiegend durch Stellenkürzungen aus dem Personalüberhang, das Aussetzen von Vertragsverlängerungen und altersbedingte Fluktuationen vor allem in den Abteilungen Werkstatt, Ballett und Verwaltung aufgefangen werden (insgesamt über 200 Stellen). Zudem sollen in einem Großteil der einzelnen Sparten langfristig Haustarifverträge vereinbart werden.

Besonders die Bühnenservice gGmbH ist ein sehr interessanter Ansatz, der speziell für Großstädte mit mehreren Theatern bzw. Opernhäusern Vorbildcharakter bekommen kann, zumal solche Kooperationen schon bestehen, bisher jedoch nicht in einer rechtlich selbstständigen Form. Des Weiteren wird angestrebt, die regionale, nationale und internationale Vermarktung aller drei Opern wesentlich zu vereinfachen. Allerdings ist auch in diesem Fall mit besonderen Reibungsverlusten an den Schnittstellen zu den einzelnen Opernhäusern und zwischen den Mitarbeitern zu rechnen.

Das Modell der Opernstiftung an sich ist als Konstrukt mit postuliertem Vorbildcharakter gleichwohl noch nicht wirklich überzeugend: Angesichts der starken Profile und der Lobbygruppen der einzelnen Opernhäuser wird ein sehr hohes Maß an Abstimmungsarbeit zu tätigen sein, was das Prozessmanagement zwischen bzw. in den Opern eher erschweren als erleichtern wird. Zusätzlich besteht die Gefahr durch die Existenz einer »Opern in Berlin« Stiftung die nicht gewollte Vermischung der einzelnen Profilstränge zu begünstigen, denn schließlich handelt es sich um eine horizontale Kooperation (anders als bei der KBB GmbH). Zudem werden durch das generalisierte

Stiftungsmodell womöglich keine Einsparungen zu realisieren sein (vgl. LAUSBERG 2002, S. 80f.). Umstrukturierungsmaßnahmen zur Verbesserung der Abläufe könnten in den Opern aber auch ohne die Gründung einer Dachstiftung durchgeführt werden. Insbesondere bzgl. der Bühnenservice gGmbH wäre eine verstärkte Kooperation (Einkauf, Produktion, Transport etc.) wahrscheinlich genauso effektiv (oder genauso uneffektiv) gewesen und hätte als »Kennenlern-Phase« verstanden werden können, um nach ersten Erfahrungen über eine Fusion oder andere Maßnahmen zu entscheiden. Die ersten Querelen um den – bisher noch nicht gefundenen – Generaldirektor für die Opernstiftung, verheißen bisher nichts gutes. Es bleibt abzuwarten, wie sich das Konzept in den ersten zwei Jahren entwickeln wird.

Ein Joint Venture lässt sich ähnlich wie die Strategische Allianz in ein Vierphasenmodell unterteilen:

Abbildung 6:   Vierphasenmodell eines Joint Ventures

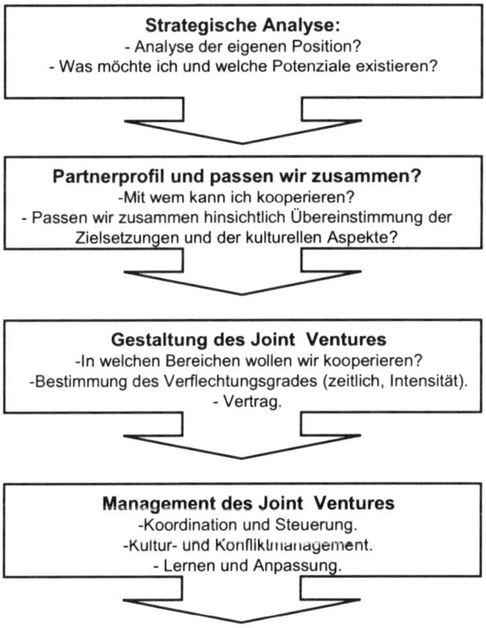

Strategische Analyse:
- Analyse der eigenen Position?
- Was möchte ich und welche Potenziale existieren?

Partnerprofil und passen wir zusammen?
- Mit wem kann ich kooperieren?
- Passen wir zusammen hinsichtlich Übereinstimmung der Zielsetzungen und der kulturellen Aspekte?

Gestaltung des Joint Ventures
- In welchen Bereichen wollen wir kooperieren?
- Bestimmung des Verflechtungsgrades (zeitlich, Intensität).
- Vertrag.

Management des Joint Ventures
- Koordination und Steuerung.
- Kultur- und Konfliktmanagement.
- Lernen und Anpassung.

Quelle: eigene Abb. in Anlehnung an JANSEN *2001, S. 120.*

2.2.5 Weitere Entwicklung im öffentlichen Kultursektor

Fusionen im öffentlichen Kultursektor unterliegen besonderen politischen Gesetzen: Was im Privatsektor eine sinnvolle und notwendige Fusion wäre, kann im öffentlichen Sektor aus politischen Gründen ausgeschlossen oder nahezu unrealisierbar sein. Wenn man sich die jahrelange Diskussion um die Berliner Opernhäuser unter diesem Gesichtspunkt betrachtet, so erhält der Diskussionsverlauf einen neuen Aspekt. Ohne hier auf den Sinn und Unsinn einer Opernfusion in Berlin einzugehen, kann nachvollzogen werden, dass die Diskussionen emotional und teilweise in höchstem Maße irrational geführt wurden. Am Ende wurden nicht unbeträchtliche Teile der Organisationen in die Bühnenservice gGmbH ausgelagert, was faktisch einer Teilfusion entspricht. Diese Ausgliederung hat jedoch bei weitem nicht die öffentliche Aufmerksamkeit erlangt wie die diskutierte Totalfusion.

Abgesehen von der Frage, ob eine Totalfusion überhaupt sinnvoll wäre, liegen Organisationen im öffentlichen Kulturbereich häufig in zu unterschiedlichen politischen Räumen und Einflusssphären bzw. manchmal sogar in unterschiedlichen Bundesländern. Bei Fusionen im öffentlichen Kultursektor hat man es daher meist mit zwei oder noch mehr »Politikarenen« und mehreren Körperschaften zu tun. Die Komplexität des politischen Prozesses wächst jedoch exponentiell mit der Anzahl der Akteure. Selbst wenn sich also die Akteure vor Ort einig wären, dass eine Fusion die Wahl der Stunde sei, bedürfte es noch der Einigkeit auf den übergeordneten Ebenen.

Es spricht jedoch nichts dagegen, dass beide Organisationen auch ohne eine Fusion eng zusammenarbeiten und mögliche Synergien realisieren, wie sie bereits bei den »Strategischen Allianzen« thematisiert wurden. Auch die bereits vorgestellten Teilfusionen in Form eines Zusammenschlusses von Funktionsbereichen und Service- und Unterstützungsleistungen sind politisch wesentlich »unverdächtiger« und unproblematischer als tatsächliche Totalfusionen. Und dies, obgleich die Teilfusionen (Front-End-, Back-End- oder Operational-Merger) in den zu fusionierenden Bereichen die gleichen Anstrengungen und Strategien verlangen, wie ein kompletter Zusammenschluss.

Zusammenfassend kann gesagt werden, dass Kooperationen aufgrund der strukturellen Entwicklung eher zu- als abnehmen werden. Dabei werden insbesondere die verbindlichen Kooperationen zunehmen, bei denen sich die Organisationen auf eine bestimmte Form festlegen. Die Gründung eines Joint Venture oder andere Teilfusionen sind dabei als Versuche der Organisationen zu werten, eine Verschmelzung mit einer anderen Organisation als Ganzes zu vermeiden. Dieser Versuch ist legitim und nur zu verständlich wenn man sich insbesondere die Identifikationsfunktion von öffentlichen Kulturbetrieben für die Öffentlichkeit vor Augen führt. So irrational und emotional dieser Grund auch sein mag, er ist gerade bei Fusionen im Kulturbereich und anderen wertehaltigen Organisationen ein ernst zu nehmender Faktor. Dessen ungeachtet, kann sich dann auch aus solchen loseren bis tiefen Kooperationen eine Totalfusion entwickeln, wenn die Partner die Möglichkeiten der engeren Zusammenarbeit zu schätzen gelernt haben und weitere (Einspar-) Potenziale freisetzen wollen, die nur durch eine Totalfusion realisierbar sind.

Die verschiedenen Bilder der Zusammenarbeit können aber noch weiter geführt werden: Man stelle sich vor, dass eine Organisation wie etwa die Berliner Opernhäuser nicht nur bestimmte Bereiche ihrer Dienstleistungen an einen Eigenbetrieb wie die Bühnenservice gGmbH auslagern, sondert nahezu alle Leistungen. Die ursprüngliche Organisation verbliebe dabei nur noch eine Art Holding und Dachmarke gegenüber den Hauptkunden und Auftraggebern. Dieser neue Service-Betrieb könnte dann im nächsten Schritt mit einem ähnlichen oder komplementären Funktionsbetrieb einer anderen Einrichtung zu einem neuen großen Kultur-Dienstleister fusionieren. Die kommunalen Eigenbetriebe etwa der Region Bologna-Rimini in Italien haben das in ihrem Sektor vorgemacht, als sie gemeinsam den Konzern HERA gründeten, der nun auch über die Kommunalgrenzen hinaus Dienstleistungen anbieten kann. Denkbar sind hier alle möglichen Bereiche und Branchen.

Selbst wenn die ursprüngliche Organisation nur noch als Holding funktioniert, legt sie Quantität und Qualität der bezogenen Leistungen fest. Damit kann ein Hauptargument der Politik entkräftet werden, nämlich dass sich eine Körperschaften durch eine Fusion ihrer politischen Steuerungsfähigkeit beraubt.

Die große internationale Unternehmensberatung PRICEWATERHOUSECOOPERS hat vor kurzem folgende Ansicht über öffentliche Dienstleistungen publiziert: »Der Staat kauft nur noch die Dienstleistung ›geklärtes Wasser‹ oder ›beleuchtete Straßen‹ ein. Wozu braucht eine Kommune auch ein eigenes Klärwerk – oder gar eine Abteilung, die Glühbirnen in die Straßenlaternen dreht? Diese Dinge müssen nur funktionieren!«

Es gibt (noch) keine wissenschaftlichen Belege für oder gegen diese Ansicht. Grundsätzlich kann man jedoch davon ausgehen, dass die Auslagerbarkeit von Dienstleistungen um so größer sein wird, je standardisierter diese sind. Im Umkehrschluss bedeutet dies insbesondere für den öffentlichen Kulturbereich, dass es wahrscheinlich um so schwieriger sein wird, einen Bereich auszulagern – und damit auch im Rahmen eines Back-End-Mergers mit einem vergleichbaren Bereich einer anderen Organisation zu fusionieren – je komplexer und aufwändiger die Aufgaben sind. Wenn man sich etwa den Restaurierungsbereich einer Kulturstiftung wie der Stiftung Preußischer Kulturbesitz anschaut, dann wird man dort hoch spezialisierte Fachleute vorfinden, die an Einzelteilen mitunter monate- und jahrelang arbeiten. Prinzipiell ist es möglich, derartige Leistungen nach außen zu vergeben. Es ist jedoch zu vermuten, dass die Leistungen nicht billiger werden, weil zum einen nicht nur die reine Arbeitszeit des Spezialisten zu bezahlen ist, sondern auch Overheadkosten der Organisation, Steuern sowie unternehmerische Risikoaufschläge auf den Lohn, und andererseits die Qualität darunter leidet könnte. Dies ist ein wichtiger und sensibler Punkt in der Wirtschaftlichkeitsberechnung von (Teil-) Fusionen und sollte einen entsprechenden Stellenwert erhalten.

2.3 Zwischen welchen Kultureinrichtungen kommen »Totalfusionen« in Frage?

Im Kulturbereich kommen fast ausschließlich die sog. »horizontalen Fusionen« vor. In der Privatwirtschaft versteht man darunter den Zusammenschluss von zwei oder mehr Unternehmen aus einer Branche, deren Produkte sachlich verwandt sind, wie etwa die Fusion von Daimler und Chrysler.

Darüber hinaus unterscheidet man im privatwirtschaftlichen Sektor zwischen vertikalen und lateralen Fusionen. Für diesen Integrationstypus gibt es vielfältige Bezeichnungen; neben lateral sind vor allem heterogen, konglomerat, diversifiziert und branchenfremd häufig anzutreffen (vgl. NEUMANN 1994, S. 71).

Vertikale Fusionen beziehen sich auf Unternehmen, deren Produkte auf einer vor- oder nach gelagerten Wertschöpfungskette angesiedelt sind, wie z.B. die Fusion eines Waldbesitzers mit einem Papierhersteller. Unter lateralen Fusionen versteht man einen Zusammenschluss von Unternehmen, deren Produkte keinen bzw. nur einen sehr geringen Bezug zueinander aufweisen. Ein Beispiel ist die Fusion von Preussag und Hapag Lloyd zur TUI (vgl. GRUBE 2002, S. 26 und NEUMANN 1994, S. 66f.).

Da Fusionen im öffentlichen Kulturbereich nicht darauf ausgerichtet sind, neue Märkte zu akquirieren bzw. mit ihren vor- oder nach gelagerten Unternehmen zu fusionieren (z.B. Fusion eines Theaters mit einem Taxiunternehmen), überwiegen die horizontalen Fusionen im öffentlichen Kulturbetrieb.

Des Weiteren muss für das Gebiet der Kultur der Begriff der »sachlichen« Verwandtheit enger gefasst werden. Fusionen sind hier nur möglich bzw. viel versprechend hinsichtlich künstlerischer sowie struktureller Synergien und Einspareffekte, wenn beide dasselbe kulturelle Angebot offerieren und somit eine vergleichbare Infrastruktur aufweisen. Mit kulturellen Produkten bzw. Angeboten sind hier kulturelle Aktivitäten und Kulturangebote von Institutionen gemeint, die kulturelle Dienstleistungen und/oder Sachgüter anbieten. So bietet bspw. ein Museum als kulturelle Dienstleistung eine Ausstellung und als Sachgut den dazugehörigen Ausstellungskatalog an (vgl. HEINRICHS 2001, S. 322 und KOTLER 2001, S. 716).

Eine Fusion zwischen einer Bibliothek und einem Theater würde gegebenenfalls nur geringfügige Synergien in der Verwaltung, der EDV-Abteilung und dem Gebäudemanagement freisetzen. Alle anderen Abteilungen müssten aufgrund fehlender Schnittstellen nach wie vor weit gehend selbstständig agieren. Zudem erscheint eine Zusammenführung der künstlerischen Inhalte bzw. des kulturellen Angebots nicht zu realisieren. Eine Fusion könnte in diesem Fall sogar Gefahr laufen, zusätzliche Kosten zu verursachen.

Einzig die »Kulturveranstaltungen des Bundes in Berlin GmbH« (KBB) ist bisher den Weg einer lateralen Fusion gegangen. Allerdings handelt es sich hier um keine klassische »Totalfusion«, sondern um eine Mischform aus den vorgestellten »Front-End« und »Back-End-Mergern«.

Für eine »Totalfusion« kommen demzufolge generell alle Kultureinrichtungen und auch kulturnahe Einrichtungen in Frage, die eine hohe Affinität hinsichtlich ihres kulturellen Angebotes und somit auch ihrer Struktur aufweisen. Das bedeutet nicht, dass z.B. nur Theater fusionieren können, die gleiche Sparten bedienen. Wenn ein Theater etwa Ballett, Musiktheater und Schauspiel anbietet und ein anderes lediglich Ballett und Musiktheater, ist eine Fusion keineswegs ausgeschlossen. Schließlich ist die Infrastruktur des Zweispartentheaters höchstwahrscheinlich auch für Schauspielaufführungen geeignet. Es handelt sich hier jedoch um Detailfragen, die von Fall zu Fall abzuwägen sind. Darüber hinaus sind auch Faktoren wie die Entfernung, die Bahnanbindung etc. zwischen den möglichen Fusionspartnern entscheidende Machbarkeitskriterien einer Fusion, auf die bereits eingegangen wurde und die im späteren Verlauf nochmals aufgegriffen werden. Für den Bereich der Sprech- und Musiktheater wird in diesem Buch von der gängigen Einteilung in vier Sparten ausgegangen (Operette/Oper, Schauspiel, Ballett und Tanztheater, Kinder- und Jugendtheater). Ein Großteil der Theater in Deutschland bedienen zumeist zwei bis drei dieser Sparten (außerdem gibt es weitere Sparten, wie bspw. das Puppentheater; vgl. BRAUNECK 1992).

Auch innerhalb des Orchesterbereiches ist eine Fusion zwischen einem Sinfonie-, einem Kammer- oder einem Philharmonischen Orchester in jeglicher Konstellation generell denkbar. Dasselbe gilt auch für wissenschaftliche und nicht-wissenschaftliche Museen sowie Bibliotheken und weitere Einrichtungen des Kulturbetriebes.

Allerdings ist gerade für den Bereich der Theater- und Musikbetriebe die Begrifflichkeit der Verwandtheit zu erweitern bzw. zu differenzieren. Ein Musiktheater kann nicht ohne ein Orchester funktionieren. Im Bereich der Sprech- und Musiktheater werden die zugehörigen Theaterorchester und auch Theaterchöre zumeist mit fusioniert. In vereinzelten Fällen wurden Orchester auch ausgegliedert. Es ist jedoch generell auch denkbar, bei einer großen Theaterfusion, wenn z.B. die Opernsparte ausgebaut werden soll, einen vorher eigenständigen Chor mit zu fusionieren, um in diesem Bereich über ausreichende Kapazitäten zu verfügen. Da in diesen Konstellationen das Theater, der Chor und das Orchester zur Erstellung eines gemeinsamen Produktes zusammenwirken, sind dies generell Fusionen auf horizontaler Ebene, können aber ebenso als vertikale Fusionen interpretiert werden.

Wie immer lohnt es sich generell, über den eigenen Tellerrand hinaus zu blicken. So wurde in Weimar nach der Wende zeitweise die Fusion oder etwas vorsichtiger formuliert: der Zusammenschluss der Bibliotheken der Bauhaus Universität und der Herzogin-Anna-Amalia-Bibliothek (SWKK) unter einem Dach diskutiert. Auch eine Zusammenlegung dieser beiden Bibliotheken mit den kleineren Beständen der Musikhochschule »Franz Liszt« war in diesem Kontext im Gespräch. Das hätte zur Folge haben können, dass die Weimarer Universitäten mit der SWKK z.B. ein Joint Venture gegründet hätten, um ihre Bibliotheken gemeinsam zu betreiben. Leider haben sich die Pläne vor allem wegen der derzeitigen Gebäude- bzw. Bausituation auf unabsehbare Zeit zerschlagen. Derzeit entstehen parallel zwei Ersatz- bzw. Erweiterungsbauten, die jeweils mit Neubaukomponenten im Rahmen bestehender Altbausubstanzen ergänzt werden. Das Stammgebäude der Herzogin-Anna-Amalia-Bibliothek wird anschließend 2006/07 saniert. Die beiden großen Bibliotheksstandorte der neuen Herzogin-Anna-Amalia-Bibliothek und der Bauhaus-Universität liegen dabei in der Luftlinie kaum 400 Meter auseinander. Es bleibt zu hoffen, dass hier zumindest eine engere Zusammenarbeit stattfinden wird, die langfristig auch über den Bibliotheksbereich hinauswachsen könnte (vgl. »Hildesheimer Modell«).

2.4 Gemeinsamkeiten und Unterschiede von Fusionen im privaten und öffentlichen Sektor

Nach dem längeren Exkurs zu den Begrifflichkeiten einer Kooperation, einer Teilfusion sowie einer Fusion, widmet sich dieser Abschnitt vor allem den Unterschieden zwischen privaten und öffentlichen Zusammenschlüssen. Wie bereits mehrfach angedeutet, bestehen erhebliche Unterschiede zwischen Fusionen im privaten und öffentlichen Sektor. Andererseits gibt es auch hier Erfahrungswerte, die für den öffentlichen Kultursektor relevant bzw. vergleichbar sind.

Seit der zweiten Hälfte des 19. Jahrhundert lassen sich in der Privatwirtschaft M & A beobachten. Trotz des zu vermutenden Erfahrungshorizontes müssen im Hinblick auf die Umsetzung der mit der Fusion verbundenen Ziele ein Großteil aller M & A-Aktivitäten im privaten Sektor der letzten Jahre als gescheitert betrachtet werden. Immer häufiger werden die Gründe des Scheiterns in den »soften Faktoren« einer Fusion lokalisiert. Insbesondere die Zusammenführung bzw. Integration der Menschen und der Unternehmenskulturen stellt sich als schwierige Aufgabe heraus, die häufig über Erfolg oder Misserfolg einer Fusion entscheidet.

Vergleichbare Erfahrungen wurden diesbezüglich im öffentlichen Kultursektor gemacht, die wichtige Übereinstimmungen zwischen privaten und öffentlichen Zusammenschlüssen darstellen. Darüber hinaus gibt es Strategien aus der Privatwirtschaft, die sich auch bei Fusionen öffentlicher Kulturbetriebe anwenden lassen. Diese Parallelen zwischen dem Privat- und dem Kultursektor werden im weiteren Verlauf sichtbar, wenn privatwirtschaftliche Modelle auf den Kulturbereich übertragen werden (z.B. das 7 K-Modell von JANSEN).

An dieser Stelle ist jedoch der Blick auf die Unterschiede bzw. die Besonderheiten von Fusionen im Kulturbereich besonders interessant. In den folgenden Kapiteln werden die wesentlichen vier Punkte erörtert.

Formen und Besonderheiten von Fusionen im öffentlichen Kulturbereich

2.4.1 Fusionen unter Gleichen

Im Privatsektor werden selten »einvernehmlich echte Fusionen« bzw. die sog. »Mergers of Equals«, Fusionen unter Gleichen, durchgeführt. Häufig handelt es sich um Aufkäufe, teilweise sogar um »feindliche Übernahmen«. Bei diesen M & A-Aktivitäten stehen ökonomische Entscheidungen im Vordergrund und der Verschmelzungsprozess wird zumeist durch die aufkaufende Firma bestimmt, die eine Monokulturstrategie verfolgt.

Im öffentlichen Kulturbereich hingegen finden generell nur »einvernehmliche Fusionen« statt. Fusionen im weiten Umfeld der öffentlichen Kultur beruhen auf Gegenseitigkeit, da für beide Seiten die Fusion gleichermaßen von Bedeutung ist. Tendenziell handelt es sich in den allermeisten Fällen um Fusionen unter Gleichen, weil kaum eine Fusion ohne den Willen des Besitzers durchgeführt werden kann: Die Stadt Frankfurt bspw. kann Berlin nicht aufkaufen, ausschlachten und die guten Teile dann weiter verkaufen. Es bedarf also immer des mehr oder weniger gemeinsamen Willens auf der Ebene der Entscheidungsträger der Betroffenen und Politiker für eine Fusion. Die beteiligten Parteien sind damit zumindest gleich berechtigte Verhandlungspartner, wenn auch ihre womöglich unterschiedliche Größe am Ende dem einen häufig doch ein Stimmenmehrgewicht ermöglicht. Allerdings muss der größere Partner (bezogen auf die Zuwendungsgeber) zumeist die größeren Belastungen tragen. Sie wirken sich bspw. in der Aufführungsanzahl einer Fusionsoper aus. So kann etwa eine Trägergemeinde mit mehr Einwohnern als die andere Kommune durchaus eine vertraglich fixierte größere Anzahl an Aufführungen erhalten als die kleinere. Dem gegenüber entrichtet diese größere Kommune in der Regel auch höhere Abgaben für die Einrichtung. So wird die Deutschen Oper am Rhein zu 63% durch die Stadt Düsseldorf und zu 37% durch die Stadt Duisburg getragen. Dem entsprechend fanden in der Spielzeit 2000/2001 rund 230 Aufführungen in Düsseldorf und rund 130 Aufführungen in Duisburg statt. Dies ist auf die unterschiedlichen Einwohnerzahlen und Zuwendungsbeträge zurückzuführen (vgl. DEUTSCHE OPER AM RHEIN 2003).

Die Überlegenheit an Mitarbeitern und Ressourcen kann auf der anderen Seite ebenfalls ein Ungleichgewicht erzeugen. Diesem Umstand wurde bspw. bei der Fusion zur SWKK gegengesteuert durch die überproportionale Vergabe von höheren Stellen bzw. neuen Abteilungsleiterfunktionen an die ehemaligen Mitarbeiter der KuSa, die ungleich weniger Angestellte in die Fusion einbrachten (vgl. FÖHL 2003A).

Außerdem beteiligen sich die Stakeholder (»als Stakeholder eines Unternehmens kann eine Person oder eine Gruppe bezeichnet werden, die ein Interesse an diesem Unternehmen und dessen Tätigkeit hat, weil sie auf dieses selber aktiven Einfluss nehmen kann oder weil sie von dessen Tätigkeit berührt wird«, TRZICKY 2001, S. 37) der jeweiligen Kultureinrichtung, insbesondere die (Kultur-) Politik und die Bürger im öffentlichen Diskurs in der Regel durch die aktiv vorgetragene Einforderung von Partizipation an der Mitgestaltung einer Fusion. Diese lassen durch ihre Teilhabe ein Absorbieren »ihrer« Kultureinrichtung nicht zu. Allerdings zeigt das Beispiel der Vereinigten Städtischen Bühnen Krefeld und Mönchengladbach, dass ein wirklicher Konsens Zeit beansprucht: Der Fusionsvertrag wurde seit 1953 bereits sechzehn Mal novelliert.

Resümierend lässt sich feststellen, dass beiden Partnern daran gelegen ist, einen annehmbaren Konsens zu finden, um eine reibungslose Fusion und ein effektives Zusammenarbeiten zu ermöglichen. Die Chance der Gleichberechtigung liegt im gemeinsamen Entscheidungs- und Konsensprozess. Dies bedeutet, dass nur Entscheidungen getroffen werden, die für beide Seiten vertretbar sind sowie anschließend auch umgesetzt und gelebt werden können.

Ein großes Risiko im öffentlichen Sektor besteht darin, dass sich die Entscheidungsträger aus Kultur und Politik zu viel Zeit für den Diskussionsprozess bis zu einer Fusionsentscheidung nehmen. Bisweilen kommt es dann zu überhaupt keinem Abschluss oder die möglichen Synergieeffekte sind nicht mehr realisierbar.

2.4.2 Künstlerische, strategische und politische Fusionsmotive

Im Privatsektor bestimmen vor allem ökonomische Überlegungen und Motive die Realisierung einer Fusion. Typische Motive für privatwirtschaftliche Fusionen sind etwa folgende (vgl. BUCHNER 2002, S. 23 und GRUBE 2002, S. 5f.):

- Zugang zu neuen Kompetenzen und Technologien.
- Diversifikation in neue Länder oder Produkte (Reaktion auf Globalisierung).
- Wertsteigerung des Unternehmens bzw. des Shareholder Values.
- Synergiepotenziale.
- Steigerung der Effektivität und damit der Erträge, u.a. durch »economies of scale« und »economies of scope«.
- Stärkung der Marktposition.
- Positionierung in Wachstumsmärkten (Benchmarking).

Auch im öffentlichen Kultursektor spielen ökonomische Gesichtspunkte bei Fusionen eine zentrale Rolle. Ohne den Druck, auf fehlende öffentliche Gelder reagieren zu müssen, hätte es in Deutschland womöglich noch kaum Fusionen im öffentlichen Kulturbereich gegeben. Ökonomische Überlegungen bilden jedoch nur den Grundstein, auf dem im Fusionsverlauf bzw. in der Diskussion um eine mögliche Fusion weitere Motive aufbauen müssen.

Auf den Kulturbereich bezogen, spielen insbesondere auch künstlerische Motive eine Ausschlag gebende Rolle. Und: Eine Fusion ist der Öffentlichkeit im hochsensiblen Bereich der Kulturpolitik nicht allein über ökonomische Überlegungen zu begründen.

Formen und Besonderheiten von Fusionen im öffentlichen Kulturbereich

Während ein Privatunternehmen seine Aktionäre durch das Anwachsen ihres Shareholder Values von einer Fusion überzeugen kann, muss im öffentlichen Kultursektor dieselbe Diskussion breitflächiger geführt werden. So bestätigen beinahe alle fusionierten Kultureinrichtungen, dass gerade im Bereich der Kulturpolitik und der Öffentlichkeit die Gegner einer Fusion durch das Hervorheben künstlerischer Fusionseffekte überzeugt oder zumindest beschwichtigt werden konnten. Künstlerische Synergieeffekte können z.B. durch die Vergrößerung eines Orchesters eintreten, indem nach der Fusion aufwändigere Stücke mit mehr Musikern aufgeführt werden können, wie es z.B. bei der NPhW der Fall ist.

Des Weiteren muss darauf hingewiesen werden, dass sich Einsparungen durch Synergieeffekte meistens nur mittel- bis langfristig realisieren lassen. Das liegt vor allem daran, dass im öffentlichen Sektor meist kein großflächiger und zügiger Stellenabbau durchgeführt werden kann, sondern dass besonders auf die Sozialverträglichkeit geachtet werden muss. Vor diesem Hintergrund kann man vermuten, dass es bei Fusionen im öffentlichen Sektor primär um die Erreichung strategischer und politischer Ziele unter dem Deckmantel vermeintlich schneller Einsparpotenziale geht.

Von Seiten der verantwortlichen Kulturakteure ist dagegen das zentrale strategische Motiv einer Fusion die langfristige Sicherung ihrer an der Fusion beteiligten Kultureinrichtungen. Nicht selten werden Kultureinrichtungen vor kaum zu überwindende Sparmaßnahmen seitens der Zuwendungsgeber gestellt, die teilweise sogar eine Schließung bedeuten würden, wie es in Berlin der einen oder anderen Kultureinrichtung droht. Eine Fusion ist in diesem Kontext das klares Signal an die Politik, dass die Bereitschaft zum Sparen bzw. zu einschneidenden Strukturveränderungen besteht. Nach einer Verschmelzung unterliegen die fusionierten Einrichtungen zwar immer noch den Sparzwängen der öffentlichen Hand. Durch die Fusion konnte oftmals aber auch eine Bündelung verschiedener Zuwendungsgeber und Stakeholder vollzogen werden, die bei einem Großteil der bisherigen Fusionen eine Schließung verhindert hat.

Der eben beschriebene Vorgang lässt sich ebenso in der Politik wieder finden. So kann man der Kulturpolitik unterstellen, dass ihr politisch-strategisches Motiv die langfristige Erhaltung der betroffenen Kultureinrichtungen ist, wenn der Fusionsimpuls von dieser Seite kam.

Die besondere Potenz einer Fusion im öffentlichen Kulturbereich liegt, über das ökonomische Ziel hinausreichend, in den Möglichkeiten der künstlerischen Neuausrichtung bzw. Verdichtung. Darüber hinaus könnte ein Fusionseffekt vielleicht auch darin bestehen, dass die im Kulturbereich nur ungern diskutierten ökonomischen Ziele vorerst aus der öffentlichen Diskussion gedrängt werden, um Raum zu schaffen für gründliche Überlegungen abseits der öffentlichen Meinungsbilder.

Negativ kann sich die Vermischung künstlerischer und ökonomischer Ziele gestalten, wenn beide nicht voneinander getrennt betrachtet und erörtert werden. Hierbei gehen die eben beschriebenen Effekte verloren und es besteht die Gefahr, dass Einfluss auf das künstlerische Produkt bzw. die Inhalte genommen wird. Dies wird negativ gesehen und öffentlich wie politisch als Gefahr wahrgenommen. Eine solche Vermischung lässt sich als einen der hauptsächlichen Gründe für das Scheitern der Fusion des Schillertheaters NRW anführen.

2.4.3 Langwieriger politischer Vorlauf

In der Privatwirtschaft können Fusionen innerhalb weniger Tage oder Wochen beschlossen werden. Im öffentlichen Sektor bzw. im Kulturbereich wird die Entscheidungsfindung über eine Fusion immer einen mehr oder weniger langwieriger Diskussionsprozess darstellen, bei dem Politik und Öffentlichkeit als weitere Akteure auftreten.

Die Kommune – Städte und Gemeinden – bildet die wichtigste kulturpolitische Handlungsebene. Diese hat nach dem GG, Art. 28, Abs. 2, »alle Angelegenheiten der örtlichen Gemeinschaft im Rahmen der Gesetze in eigener Verantwortung zu regeln«.

NORBERT SIEVERS sieht durch diese gesetzliche Regelung Folgen für den Reformprozess im Kulturbereich. Während in anderen Politikfeldern Richtlinien oder gar Gesetze auf Bundes- bzw. Landesebene zu berücksichtigen sind, kann jede Kommune nach eigenem Ermessen Kulturpolitik gestalten und Reformmaßnahmen durchführen. Diese Besonderheit hat für SIEVERS vor allem zwei Auswirkungen (vgl. SIEVERS 1997, S. 128f.):

(1.) Reformideen haben einen besonders hohen Argumentations- und Begründungsbedarf, da sie immer ein individuelles Modell und keine bereits erprobte Musterlösung darstellen und

(2.) brauchen deswegen lange, bis sie tatsächlich implementiert werden.

Diese Feststellungen decken sich mit den Erfahrungsberichten der vorgestellten Kultureinrichtungen. So benötigte die Vorbereitung der Fusion der Wuppertaler Bühnen mit dem Musiktheater im Revier (MIR) zum später wieder geschiedenen Schillertheater NRW bis zum politischen Beschluss ein Jahr. Die Fusion des WSO mit dem Orchester des MIR zur Neuen Philharmonie Westfalen (NPhW) brauchte zwei Jahre und die Fusion der SWK mit den KuSa zur SWKK gar mehr als zweieinhalb Jahre. Dies lässt sich, wie SIEVERS folgerichtig feststellt, auf den besonderen Argumentations- und Begründungsbedarf ebenso zurückführen, wie auf die Fülle von Stakeholdern der jeweiligen Einrichtungen, die überzeugt werden müssen. Hier sind in erster Linie die Querschnittsämter zu nennen wie etwa das Personal- und Hauptamt, die Kulturämter, diverse Kuratorien oder Vereinsvorstände, die Arbeitnehmer- und Arbeitgebervertreter sowie die Kultureinrichtungen selbst. Wenn der Impuls dagegen von der Politik ausgeht, sind teilweise die Kultur- bzw. Kultusministerien der Länder sowie ausdrücklich, egal von welcher Seite die Fusion initiiert wurde, auch die eigenen Mitarbeiter beteiligt, die Freundes- und Förderkreise und – nicht zu vergessen – die Besucher bzw. die mündigen Bürger, auf die in folgendem Kapitel eingegangen wird. Eine Vielzahl von Stakeholdern hat stets Anteil an den Entscheidungsprozessen, allen voran die politischen Gremien, die als Träger der öffentlichen Kultureinrichtungen letztlich die Beschlüsse fassen müssen. Auf die Vor- und Nachteile dieses demokratischen Diskussionsprozesses wird am Ende des folgenden Kapitels eingegangen.

2.4.4 Der Bürger »entscheidet« mit

Das deutsche Kulturpublikum reagiert äußerst sensibel auf Veränderungen seines kulturellen Angebotes. Dies betrifft vor allem den Theater- und Orchesterbereich. Hier ist das »kulturelle Produkt«, d.h. die künstlerische Leitung besonders stark durch die »Gunst« des Publikums geprägt. Dass das Publikum, der »Motor« einer kulturellen Einrichtung, keine zu unterschätzende Entscheidungsgröße darstellt, zeigte bereits das vorgestellte Beispiel der gescheiterten Fusion des Schillertheaters NRW sowie nachfolgendes Beispiel.

Die im Jahr 2001/02 mit aktiver Unterstützung des Deutschen Bühnenvereins (!) durch das Thüringer Ministerium für Wissenschaft, Forschung und Kunst angestrebte Fusion des Deutschen Nationaltheaters Weimar (DNT) mit dem Theater Erfurt, wurde letztlich durch die Bürger der Stadt Weimar zu Fall gebracht. Angesichts einer eigens gegründeten »Stiftung Deutsches Nationaltheater und Staatskapelle Weimar«, zahlreichen Bürgerversammlungen und Bekundungen der Generalintendanz des DNT, eine andere Lösung vor allem durch eine neue Tarifpolitik zu finden, sah sich der Weimarer Stadtrat außer Stande, den Fusionsplänen zuzustimmen. Die Reaktion der Weimarer Bürger lässt sich einerseits auf selbst bewusstes Prestigedenken, vor allem aber auf die Angst vor dem Verlust der spezifischen kulturellen Identität »ihres« Theaters bzw. »ihrer« Stadt zurückführen, da bspw. die Staatskapelle ihren Sitz nach Erfurt verlegen sollte.

Der Identitätsunterschied zwischen zwei Kommunen wird besonders von fusionierten Stadttheatern immer wieder als eine der Hauptschwierigkeiten in Verlauf einer Fusion artikuliert (vgl. ZEILEIS 2003).

Das Weimarer Beispiel zeigt eindringlich, wie stark die Bürger bei einer finanz- bzw. kulturpolitischen Entscheidung Einfluss nehmen können. In Anbetracht der Haushaltsnotlage Thüringens, der steigenden Personalkosten aufgrund der Tarifverträge (für beide Theater werden die Personalkosten bis zum Ablauf des Finanzierungspaktes im Jahr 2008 um mehrere Millionen EUR steigen) und der günstigen Voraussetzungen dieser Fusion, ist diese Option jedoch keineswegs vom Tisch, berücksichtigt man die Erfolg versprechenden Faktoren wie etwa eine Entfernung von 20 km, den jüngst eingeweihten Opernhaus-Neubau in Erfurt, gleiche Bühnenabmessungen im Weimarer DNT wie im Erfurter Neubau und andere mehr (vgl. für den ges. Abschnitt MEU-

SCHEL 2002, S. 1f., KÖNIGSDORF 2002 und SPAHN 2003). Für eine Fusion spricht auch, dass die Theater Erfurt und Weimar perspektivisch verstärkt Stücke aus den jeweilig anderen Theater übernehmen sollen (vgl. SCHIPANSKI 2002). Durch den »Weimarer Streit« wurde auf der anderen Seite eine fruchtbare Debatte um die bisher praktizierte Tarifpolitik im Theater- und Musikbereich losgetreten (vgl. hierzu ausführlich BOLWIN 2004 und MÄRKI 2004, S. 155–158).

Im Museumsbereich reagiert das Publikum bisher zurückhaltender, wie die Fusion der SWKK exemplarisch zeigt. Hier sahen die Bürger künstlerische Inhalte nicht gefährdet; es stehen vielmehr die positiven Seiten der Fusion im Vordergrund bzw. die Bürger verhalten sich der Fusion gegenüber gleichgültig, zumal die Fusion als Verschmelzung von Partnern kommuniziert wurde, die ohnehin zusammengehören. Auch die auf der Hand liegenden Einsparpotenziale spielen hier stärker mit. Einzig die Freundeskreise einzelner Teilbereiche (z.B. des Goethe-Nationalmuseums) hatten Bedenken, dass durch eine Fusion die durch sie unterstützen Museen künftig vernachlässigt würden. Aufklärung und verstärkte Öffentlichkeitsarbeit konnten diesen Irritationen weit gehend entgegenwirken.

Dem gegenüber kann sich der Sachverhalt bei anderen Museumsfusionen gegenteilig darstellen, z.B. wenn die Freundeskreise eine besonders starke Lobby haben und eine Fusion nicht befürworten. Ein aktuelles Beispiel ist die für 2005 geplante Verschmelzung des Berliner Brücke-Museums mit der Stiftung Stadtmuseum Berlin und der Berlinischen Galerie – wahrscheinlich – in einer Dachstiftung. Hier bäumen sich neben den Bürgern und Medien (allen voran die BERLINER ZEITUNG) vor allem die Mäzene und der Freundeskreis des Brücke-Museums gegen die Fusion ihrer Einrichtung auf. Sie sehen durch die Aufgabe der Eigenständigkeit des kleinen Brücke-Museums die künstlerische Freiheit des berühmten Hauses bedroht und die Grundlage für ihre Schenkungen entzogen. Alleine HANS GEISSLER, Großneffe und Nachlassverwalter des Brücke-Mitbegründers ERICH HECKEL würde über tausend Kunstwerke (überwiegend Grafiken und Gemälde) zurückfordern. LUTZ VON PUFENDORF, Vorsitzender des Freundeskreises und langjähriger Kulturstaatssekretär sieht durch die Fusion eine »verkappte Abwicklung von Teilen des Berliner Museumswesens, bei der Einrichtungen sterben werden« (zit. nach KNÖFEL 2004, S. 128). PUFENDORFS Befürchtungen sind berechtigt, denn einerseits wurden die Verantwortlichen der drei Einrichtungen nicht ernsthaft vom »fusionswütigen Kultursenator« THOMAS FLIERL in die Planung einbezogen (vgl. für ges. bisherigen Abschnitt KNÖFEL 2004, S. 128). Anderseits wurde 1994 bspw. das Berlin Museum bei der Fusion mit dem Märkischen Museum zur Stiftung Stadtmuseum (zu der inzwischen viele weitere Museen gehören), weitestgehend »absorbiert«. Ähnliches müsste das Brücke-Museum und auch die Berlinische Galerie befürchten.

Dieser Zustand widerspricht grundsätzlich der zuvor aufgestellten Behauptung, dass Fusionen von Kultureinrichtungen immer unter »gleich berechtigten« Partnern stattfinden. Allerdings ist in Berlin das Gegenteil der Fall, weil die ohnehin schon große

Formen und Besonderheiten von Fusionen im öffentlichen Kulturbereich

Stiftung Stadtmuseum seit ihrer Gründung unter akutem Geldmangel leidet und neu aufgenommene Einrichtungen in diesen Strudel ziehen muss. Notwendige Mittel für Wechselausstellungen und andere wichtige Veranstaltungen müssen aus dem ohnehin schon knappen Verwaltungshaushalt der Einrichtungen herausgespart werden. Die einzige Chance für die Stiftung Stadtmuseum und die – falls es tatsächlich zu einer Fusion kommt – aufgenommen Einrichtungen, besteht darin, dass die Fusion für bislang verabsäumte, Grund legende und nachhaltige Strukturveränderungen besonders im Personalbereich aller dann fusionierten Museen genutzt wird. Der Berlinischen Galerie und dem Brücke-Museum müssen dabei gewisse Besitzstände gewährleistet werden, um ihre besonderen und teilweise einzigartigen Profile zu erhalten. Man kann sich allerdings auch fragen, warum man die Berlinische Galerie nicht längst mit der Stiftung Stadtmuseum oder mit der Neuen Nationalgalerie vereinigt hat, denn ihr Daseinszweck hat sich ebenso wie der des Berliner Bauhaus-Archives mit dem Fall der Mauer und dem Ende der Teilung Deutschlands eigentlich weit gehend erledigt.

Das Beispiel des Brücke-Museums spricht noch einen weiteren Faktor an. Oft unterliegen Schenkungen und Leihgaben strengen Abmachungen, die bspw. durch eine Fusion tangiert werden. Das zeigt, wie stark gewisse Stakeholdergruppen in einer Fusion zu beachten und im besten Falle einzubeziehen sind.

Die Chance aktiver Bürgerbeteiligung durch die verschiedenen Stakeholder liegt darin, dass die Einrichtungen ihre Beweggründe und Ziele eindeutig formulieren müssen. Sie sind damit gehalten, diese ausgiebig auf ihre Realisierbarkeit prüfen und reflektieren zu lassen. Die »Fusionspartner« müssen sich in hohem Maße der öffentlichen Meinung stellen, was weitere Synergien freisetzen kann. Diese breite Beteiligungskultur kann unter Umständen zu einer höheren Erfolgsquote von Fusionen im öffentlichen Sektor gegenüber dem privaten Sektor führen, da letztendlich eine beschlossene Fusion in einem demokratischen Prozess eingebettet ist.

Auf der anderen Seite besteht die Gefahr, dass notwendige und durchdachte Konzepte politisch nicht umgesetzt werden, da man seine Wählerschaft bzw. sein Publikum nicht verärgern möchte. Auch ist die Gefahr nicht von der Hand zu weisen, dass durch den langen internen sowie den externen politischen Diskussionsprozess mögliche Potenziale verschleppt werden, die man bei einer schnelleren Entscheidung hätten mobilisieren können.

Wendet man den Blick von den »Besonderheiten« der Kulturfusionen zurück zum eigentlichen Fusionsprozess, lohnt ein genereller Blick auf die Phasen einer Verschmelzung von Kultureinrichtungen, bevor in den nächsten großen Kapiteln die Fusionsabschnitte einzeln und ausführlich dargestellt werden.

2.5 Übersicht: Die drei Phasen einer Fusion

Vor der ersten Idee über den Entscheidungsprozess bis hin zur Durchführung und Nachsorge einer Fusion im öffentlichen Sektor wird eine mehr oder weniger lange Zeit verstreichen, in der sich die Politiker, die verantwortlichen Kulturschaffenden, die Bürger und die Verwaltungsmitarbeiter mit den Vor- und Nachteilen der möglichen Fusion beschäftigen. Im Privatsektor kann diese Phase in einigen Tagen oder Wochen durchlaufen sein. Im öffentlichen Sektor wird es nur in wenigen Fällen zu einer plötzlichen Fusionsentscheidung kommen (»big bang merger«).

Fusionen lassen sich sowohl im öffentlichen als auch im privatwirtschaftlichen Sektor grob in drei Phasen einteilen:

(1.) Vorbereitung (Pre-Merger).

(2.) Durchführung (Merger).

(3.) Integration (Post-Merger).

GERHARD PICOT beschreibt die erste Phase als »Planungsphase«, STEPHAN A. JANSEN als »strategische Analyse- und Konzeptionsphase« und UELI LOOSER als »Kauf- bzw. Fusionsentscheid«. Diese drei Definitionen lassen sich als Phase der »konzeptionellen Anbahnung einer Fusion und deren Entscheidung« zusammenfassen. Die genauen Definitionen der zweiten Phase unterscheiden sich ebenfalls nur geringfügig, was sich generell auf die unterschiedlichen Schwerpunkte der Untersuchungen zurückführen lässt. Zusammenfassend lässt sich die zweite Phase als »strategische Planung und Durchführung einer Fusion« beschreiben. Die dritte und letzte Phase wird zumeist »Integrationsphase« bzw. »Post-Merger-Integration« genannt (vgl. ges. Abschnitt PICOT 2002, S. 17, JANSEN 2001, S. 165 und LOOSER 1999, S. 266).

Da diese gängige Dreiteilung auch bei Fusionsprozessen im öffentlichen Kultursektor nachzuvollziehen ist, eine begriffliche Vermischung mit der Problematik der Akquisition jedoch vermieden werden soll, wird die wertfreieste Definition der drei Phasen gewählt. Denn durch die gängige Anwendung des weiten Begriffs der M & A im Privatsektor kommt es häufig zu Abgrenzungs- bzw. Definitionsschwierigkeiten, was die genaue Unterscheidung von »echten« Fusionen, Akquisitionen usw. betrifft.

Für Fusionen im Kulturbereich können demnach die folgenden drei Phasen unterschieden werden.

Formen und Besonderheiten von Fusionen im öffentlichen Kulturbereich

Abbildung 7: Die drei Phasen einer Fusion im öffentlichen (Kultur-) Sektor

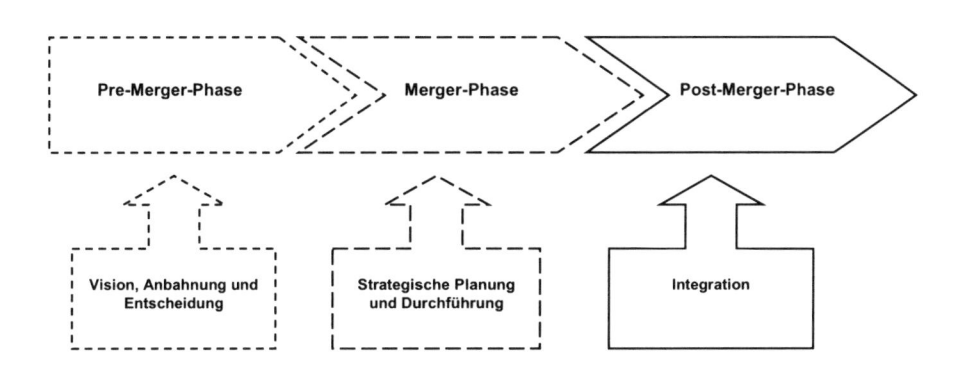

```
┌──────────────────┐   ┌──────────────┐   ┌──────────────────┐
│ Pre-Merger-Phase │ > │ Merger-Phase │ > │ Post-Merger-Phase│ >
└──────────────────┘   └──────────────┘   └──────────────────┘
         ↑                    ↑                    ↑
┌──────────────────┐   ┌──────────────────┐   ┌──────────────────┐
│ Vision, Anbahnung│   │ Strategische     │   │   Integration    │
│ und Entscheidung │   │ Planung und      │   │                  │
│                  │   │ Durchführung     │   │                  │
└──────────────────┘   └──────────────────┘   └──────────────────┘
```

Die spezifischen Abläufe und Anforderungen der einzelnen Phasen werden in den folgenden Kapiteln erörtert. Bei Fusionen im öffentlichen Kultursektor wird der vorbereitenden Pre-Merger-Phase eine viel wichtigere Rolle zukommen als im Privatsektor. Dem entsprechend wird dieser Aspekt hier auch ausführlicher behandelt als die beiden folgenden Phasen, weil es hierzu schon weiterführende Management-Literatur gibt.

Es gibt allerdings zentrale Faktoren, die es für den gesamten Fusionsprozess zu beachten gilt. Für den öffentlichen Kultursektor empfiehlt sich hier besonders das heuristische Modell. Es handelt sich hierbei um Planungstechniken, die keine optimale Lösungen, sondern vorerst lediglich Näherungen anbieten, die auch als »Faustregeln« bezeichnet werden (vgl. SCHNECK 2003, S. 468); konkret sprechen wir hier mit STEPHAN A. JANSEN über dessen »7 K-Modell der Integration« (vgl. JANSEN 2001, S. 229–231). Diese sieben Punkte beziehen sich eigentlich auf den privatwirtschaftlichen Sektor und dort hauptsächlich auf die Post-Merger-Phase; allerdings können zahlreiche Anknüpfungspunkte mit dem öffentlichen Bereich festgestellt werden. Bei Fusionen im öffentlichen (Kultur-)Sektor sollte das Modell allerdings im gesamten Fusionsprozess, also bereits in der »Pre Merger-Phase« Beachtung finden (vgl. HUBER 2003, S. 126–129). Die 7 K's werden in Kapitel 4.2.6 ausführlich vorgestellt.

Kapitel 3: Vorbereitung: Politikmanagement

Inhalt des Kapitels:

- 3.1 Übersicht Pre-Merger-Phase 84
- 3.2 Visionen und Ziele 87
  - 3.2.1 Die Umbruchsituation vorbereiten 87
  - 3.2.2 Partnersuche 91
  - 3.2.3 Zusammenführung verschiedener künstlerischer Inhalte und kultureller Identitäten 92
- 3.3 Machbarkeitsstudie 93
  - 3.3.1 Die Machbarkeitsstudie im Privatsektor 93
  - 3.3.2 Die Machbarkeitsstudie zur Unterstützung der politischen Diskussion 96
  - 3.3.3 Welche Untersuchung sollte wann durchgeführt werden? 100
  - 3.3.4 Fazit zur Machbarkeitsstudie 104
- 3.4 Entscheidungsfindung 105
  - 3.4.1 Vorbereitung der Entscheidung 105
  - 3.4.2 Gemeinsames Treffen der Entscheidungsträger 106
  - 3.4.3 Hauptsitz und Standortschwerpunkte 108
  - 3.4.4 Klare Ziele und Verträge: Nachhaltigkeit und Integrationstiefe 109
  - 3.4.5 Eingebrachtes Vermögen und Stimmrechte 112
  - 3.4.6 Umwelt und Infrastruktur 113
  - 3.4.7 Interne und externe Kommunikation in der Findungsphase 114
  - 3.4.8 Die gemeinsame Namensfindung 116
  - 3.4.9 Der Umgang mit regionalen Identitäten 116
  - 3.4.10 Vorvertragliche Kooperation als Probephase? 117

3.1 Übersicht Pre-Merger-Phase

Eine Fusion ist ein aufwändiges Unterfangen, das über einen längeren Zeitraum politische, administrative und soziale Energie kostet. Es stellt sich deshalb immer die Frage, warum gerade diese Fusion durchgeführt werden soll und was die konkreten Erwartungen im Hinblick auf die Resultate sind? Ist diese Fusion überhaupt sinnvoll, wie und was soll fusioniert werden? Sollen alle Abteilungen verschmolzen werden oder nur einige wenige? Mit wem soll überhaupt eine Verschmelzung stattfinden? Gibt es Alternativen? Weshalb sollen die Beteiligten sich diesen Aufwand »antun« und wie sollen sie die Kraft raubende Zeit der Veränderung durchstehen?

Dies sind nur einige der Fragen, die in der Vorbereitungsphase zu einer Fusion gestellt werden müssen. Diese Phase wird auch »vorvertragliche Phase« oder »Pre-Merger« genannt. Insbesondere die folgenden Aspekte sollten dabei betrachtet und zielgerichtet angegangen werden.

Abbildung 8:   *Pre-Merger-Phase – Vision, Anbahnung und Entscheidung*

Pre-Merger-Phase

Vision, Anbahnung und Entscheidung

Hauptaktivitäten:
Visionen und Ziele (Politikmanagement)
↓
Machbarkeitsstudie der Fusion
(Synergiepotenzial und Partnersuche)
↓
Entscheidungsfindung (Verhandlung und Vertragsentwurf)

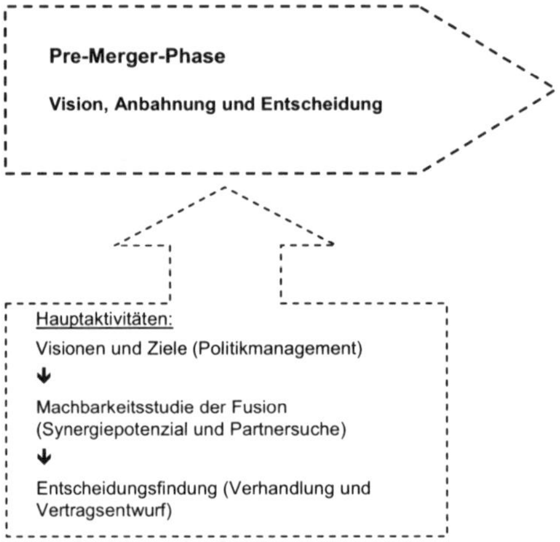

Vorbereitung: Politikmanagement

Zur Vorbereitung einer Fusion empfiehlt es sich, zumindest die folgenden drei Aspekte zu betrachten:

(1.) Der erste Schritt auf dem Weg zu einer Entscheidung, ob eine Fusion sinnvoll oder nicht sinnvoll ist, sollte immer eine Diskussion über die Visionen und Ziele der Fusion sein.

(2.) Diesem folgt die Erarbeitung einer ersten Machbarkeitsstudie, die über Synergieeffekte und Aspekte der Partnersuche Aufschluss gibt.

(3.) Daraufhin können konkrete Verhandlungen über Art und Weise und die Vertragsgestaltung geführt werden.

Organisationen sind die Konkretisierung und Umsetzung von Wertvorstellungen, Ideen, Idealen, Wünschen und Hoffnungen ihrer Gründer. Wenn man sich geschichtliche Organisationsgründungen anschaut, etwa die Gründung der Universität Bologna, der Schweiz, die deutsche Sozialversicherung oder die Ausrufung der Republik während der Badischen Revolution, dann kann man erkennen, dass die Gründer und Pioniere bei den ersten Schritten der noch jungen Idee immer voller Elan, Energie und Wagemut waren. HERMANN HESSE drückt das in seinem bekannten Gedicht *Stufen* sehr treffend aus: »Und jedem Anfang wohnt ein Zauber inne, der uns beschützt und der uns hilft zu leben.« Dieser Satz charakterisiert, was Gründungen besonders auszeichnet, nämlich eine ungeheure Energetisierung und Vitalisierung der Beteiligten, die bis hin zu Selbstaufgabe reichen kann und auch persönliche Opfer einschließt.

Dieses hohe Energieniveau ist auf Dauer nicht zu halten. Ansonsten bestünde die Gefahr, dass die Organisationen gleichsam an der eigenen Hitze der Ideen und des Idealismus »verbrennen«. Der Sturm und Drang der Gründung wird normalerweise schwächer und die bisweilen überbordende emotionale Beteiligung ein Stück weit abnehmen. Die Organisationen werden sich etablieren, den gesellschaftlichen Gegebenheiten anpassen und irgendwie »bürgerlicher« werden; ein natürlicher und notwendiger Vorgang.

Der Impuls zu einer Fusion kann von Seiten der Kultur- und Finanzpolitiker, der Bundes-, Landes- oder Kommunalverwaltung, der Trägerorganisationen oder von den Kultureinrichtungen selbst ausgehen. Wird eine Fusion von der übergeordneten Organisation impulsiert und durchgeführt, dann kann man von einer politisch induzierten Fusion oder »Top-Down-Fusion« sprechen. Wenn hingegen die Organisationen auf der gleichen Ebene zu einer Fusionsentscheidung gelangen, dann handelt es sich um eine unternehmerisch induzierte Fusion.

In den letzten Jahren konnte beobachtet werden, dass immer häufiger die Kultureinrichtungen selbst den Schritt einer engen Kooperation oder Fusion gewählt haben. Bei den zahlreichen Theater- und Orchesterfusionen in den Neuen Ländern wurden die Impulse zu einer Fusion jedoch zumeist von Kultur- und Finanzpolitikern angeregt und letztendlich auch durchgesetzt. In einer ganzen Reihe von Fällen wurden die

Übersicht Pre-Merger-Phase

Verhandlungen größtenteils unter Ausschluss der verantwortlichen Kulturschaffenden geführt, was nicht wirklich zum Erfolg beitragen konnte.

Eine Fusion zieht immer einschneidende Maßnahmen und einen Verlust von Unabhängigkeit nach sich (z.B. bei einem Mehrspartentheater die Konzentration einzelner Sparten auf jeweils einen Standort). Ohne die Einbindung der Führung in den Prozess, wird diese eher gegen die Fusion arbeiten. Spätestens für die Durchführung der Fusion benötigt man die Mithilfe der Organisation, denn eine konkrete Planung muss von innen heraus durchgeführt werden und vorhandenes Detailwissen anwenden. Außerdem ist es eine der Aufgaben der Leitung, die Mitarbeiterschaft und in Teilen auch die Bevölkerung über die Fusion zu informieren und auch zu gewinnen. Wenn die Fusion aufoktroyiert wird, steht diese – mangels Identifikation, umfassender Planung etc. – von Anbeginn auf einem tönernen Fundament (vgl. RÖPER 2001, S. 443f.).

Vor diesem Hintergrund könnten die nachträgliche Auflösung der Fusion zwischen den Theatern Eisenach und Rudolstadt im August 2003 oder die ganz erheblichen Startschwierigkeiten der Fusion der Theater Altenburg und Gera bzw. der Theater Stralsund und Greifswald (vgl. LINZER 2002, S. 40f.) in einem anderen Licht erscheinen. Eine Fusion kann nur erfolgreich durchgeführt werden, wenn sie von allen Beteiligten zumindest akzeptiert wird, insbesondere von denen, die sie letztendlich umsetzen müssen.

Dafür muss regelmäßig eine Vielzahl politischer Entscheidungsträger auf unterschiedlichen Ebenen überzeugt werden, insbesondere wenn die Fusionsidee von Seiten der Kultureinrichtungen ausgeht. Die genauen Konstellationen unterscheiden sich von Fall zu Fall und sind im Wesentlichen von der Trägerschaft abhängig. Bei der Fusion der Stiftung Weimarer Klassik (SWK) mit den Kunstsammlung (KuSa) musste bspw. auf drei staatlichen bzw. kommunalen Ebenen verhandelt werden, wurde doch die SWK durch den Bund, den Freistaat Thüringen und die Stadt Weimar getragen, die KuSa durch den Freistaat Thüringen und die Stadt Weimar.

Der Großteil der Verhandlungen beschränkt sich jedoch auf die kommunalen Partner sowie die Kultur- und Kunstministerien der Länder. Da der Bund nur in den seltensten Fällen als Träger auftritt, sind die Kommunen und zumal die Landesregierungen in ihrer oftmals koordinierenden Funktion schneller mit einem ausgearbeiteten Konzept zu überzeugen.

Ein erfolgreiches Politikmanagement zeichnet sich durch die nachfolgenden Besonderheiten aus.

Vorbereitung: Politikmanagement

Tabelle 4: *Besonderheiten und Kernpunkte von erfolgreichem Politikmanagement*

Besonderheiten	Erläuterung
»kulturelle Identität« und Machterhalt	Die besondere Nähe der politisch Verantwortlichen zu den Kultureinrichtungen bewirkt, dass neben den möglichen Einsparpotenzialen vor allem auch Faktoren wie »kulturelle Identität«, Machterhalt usw. diskutiert und zahlreiche Vereinbarungen getroffen werden müssen (siehe unten Ziele).
Warum sollten alle kommunalen Fraktionen überzeugt werden?	(1.) um die politische Mehrheit bei entsprechenden Abstimmungen zu garantieren; (2.) um die Zuwendungsgeber in die eigene Kommunikationsstrategie zu integrieren. D.h., unter dem Stichwort »Eigentümer-Lobbying«, sollten möglichst alle Fraktionen von der Fusion überzeugt werden, um diese als »Werbeträger« für die Fusion zu gewinnen (vgl. KÄMMERER 2003, S. 105f.). Politiker tun sich bekanntermaßen schwer, gesagtes wieder revidieren zu müssen. Dies gilt insbesondere für die Phasen, in denen die anstehende Fusion nicht oder noch nicht den Vorstellungen der Beteiligten bzw. der Öffentlichkeit entspricht.
Kernpunkte	**Erläuterung**
Ziele	Die Kultureinrichtungen müssen sich hinsichtlich ihrer realistischen Ziele (vor allem künstlerisch, finanziell und strukturell) einig sein, um eine geschlossene Kommunikationsstrategie umsetzen zu können. Die Diskussion unrealistischer Ziele sollte vermieden werden.
Zeit	Für die Überzeugungsarbeit der kommunalen Politik muss viel Zeit eingeplant werden, da in den Gremien, Einzelgesprächen, am Stammtisch etc. mit viel Überzeugungs- und vor allem Kompromissarbeit auf beiden Seiten zu rechnen ist.

3.2 Visionen und Ziele

3.2.1 Die Umbruchsituation vorbereiten

In Krisen- und größeren Umbruchsituationen eines Menschen ist es allzu normal, sich über Sinn und Unsinn des eigenen Lebens Gedanken zu machen, Herkunft und Zukunft zu bedenken. Was kann ich gut? Was ist meine Aufgabe? Warum bin ich in diese Situation gelangt usw.? Die Beschäftigung mit Sinnfragen und womöglich philosophischen, ethischen oder religiösen Themen wird gerade in solch einer Situation als natürliche Reaktion auf die bevorstehende Veränderung erachtet.

Visionen und Ziele

Wenn man dieses jedem aus eigener Anschauung bekannte Verhalten auf eine Einrichtung überträgt, die sich in einer Umbruchsituation wie einer Fusion befindet, dann kann man einen aufschlussreichen Einstieg in die Fusionsthematik bekommen. Eine Institution setzt sich aus sichtbaren und unsichtbaren Teilen zusammen: einerseits die konkret greifbare Ablauf- und Aufbauorganisation und andererseits die Gesamtheit von Werten, Normen, Regeln und Glaubenssätzen, die das Verhalten der Organisationsmitglieder prägt (vgl. hier und für das ges. Kap. FINK 2004, S. 143). Nach dem amerikanischen Organisationspsychologen EDGAR H. SCHEIN gibt es eine Hierarchie vom Unbewussten zum Bewussten, nach der so etwas wie eine Organisationskultur unser Verhalten beeinflusst und lenkt (vgl. SCHEIN 1985 zit. nach FINK 2004, S. 143).

Abbildung 9: Kultur in Organisationen

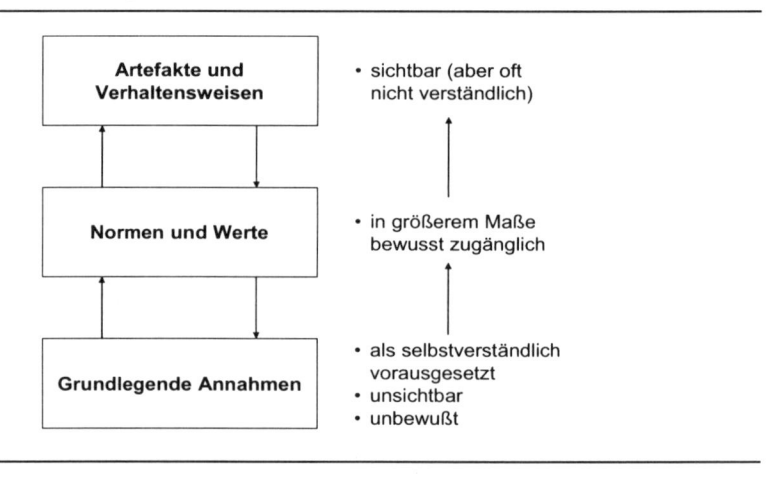

Artefakte und Verhaltensweisen	• sichtbar (aber oft nicht verständlich)
Normen und Werte	• in größerem Maße bewusst zugänglich
Grundlegende Annahmen	• als selbstverständlich vorausgesetzt • unsichtbar • unbewußt

Quelle: nach SCHEIN 1985.

Wenn sich nun Institutionen in Umbruch- und Krisensituationen befinden, wird es auf einer nicht direkt greifbaren bzw. abstrakten Ebene zu einer zumeist unbewussten Auseinandersetzung mit den Veränderungen kommen. Die Unterscheidung von »Organisationskultur« in Grund legende Annahmen, Normen und Werte sowie Artefakte und Verhaltensweisen als einzelne Elemente wird damit in der Vorbereitung einer Fusion im Kulturbereich von Nutzen sein.

In Umbruchphasen werden Emotionen und Ängste mobilisiert. Wenn es in einer solchen Situation gelingt, wieder Anschluss an die Gründungsideen und die gemeinsamen Werte und Motivationsmomente zu finden (hier etwa die Arbeit mit dem »Künstlerischen« an sich), dann kann das der Organisation und den einzelnen Mitarbeitern

Vorbereitung: Politikmanagement

ein Stück weit Zuversicht, Kraft und Energie für die schwierige Zeit geben. Mit einer erhöhten Klarheit im Bereich der Visionen und Ziele können diese häufig wenig beachteten oder gar unbewussten Bereiche aufgewertet und gestärkt werden. Das kann sehr positive Impulse auf den Fusionsprozess haben.

Gerade im Kulturbereich arbeitet man sehr dicht an dieser Ebene der Gründungsideen und dem Künstlerischen an sich. Deshalb können die Fragen hier womöglich einfacher beantwortet werden als in anderen Branchen und Bereichen im öffentlichen Sektor. Weshalb gibt es diese Organisation überhaupt? Mit welchen Zielen wurde sie gegründet? Was wollten die Gründer damit erreichen und ist das heutige Ziel noch das gleiche? Was ist eigentlich die Daseinsberechtigung dieser Einrichtung? Was brauchen wir heute und in Zukunft für die Verwirklichung unserer Gründungsidee? Hat sich die Idee bereits überlebt oder besteht sie weiterhin?

In Berlin gibt es eine Stiftung für Schiffsbauerwitwen und -waisen, aber seit Jahrzehnten schon keine Schiffsbauer mehr. Der Stiftungszweck ist damit gewissermaßen hinfällig geworden. Was kann diese Stiftung zukünftig tun?

Durch Interviews, Workshops und Klausursitzungen sollen sich die Verantwortlichen aus Politik, Kultureinrichtungen und Verwaltung intensiv mit den Zielen und Visionen beschäftigen, um die Beweggründe für die Fusion nicht nur herauszufinden, sondern auch zu formulieren. Das Ziel dieses ersten Teils ist neben der Auseinandersetzung mit sich selbst am besten schon die Formulierung eines Auftrags zur vertiefenden Untersuchung, ob eine Fusion das richtige Mittel für die Zukunftssicherung ist. Im günstigsten Fall wird diese Machbarkeitsstudie dann im weiteren Verlauf des Fusionsprozess erstellt. Besonders positiv ist es, schon hier ein gemeinsames »Missionstatement« für die eigene Organisation und am besten schon für das Vorhaben bzw. die neue Institution zu erarbeiten.

Mögliche Fragen für den Zielprozess:
- Was sind die Motive und die Visionen der beteiligten Institutionen?
- Was erwarten die Akteure von der Fusion?
- Können durch eine Fusion die »Mission« und der Auftrag besser erfüllt werden?
- Welche strategischen Gründe sprechen für eine Fusion?
- Welches Interesse haben die Organisationen an der Fusion: Konsolidierung, Wachstum oder Zugewinn an Einfluss und Macht?
- Stehen die Entscheidungsträger und Verantwortlichen hinter der Fusionsidee?
- Wie belastbar sind die Beziehungen der Entscheidungsträger untereinander?
- Wie stark sind die strukturellen bzw. finanziellen Krisen der beteiligten Körperschaften?

Visionen und Ziele

- Wie werden die Mitarbeiter und die Kunden bzw. Besucher voraussichtlich auf die Fusion reagieren?
- Haben die Institutionen bzw. die Entscheidungsträger bereits früher Erfahrungen mit Fusionen gemacht?
- Wie ist die jeweilige Organisationskultur: wird die Übernahme von Verantwortung und das Eingehen von Risiko belohnt oder nicht?

Es erscheint wichtig, die Gründe für das Interesse an einer Fusion zu erkennen und auch offen zu benennen. Je früher im Fusionsprozess dies beide bzw. alle Partner tun, umso besser. Manchmal entwickeln Fusionsprozesse ein Eigenleben und driften von der Ausgangssituation scheinbar unkontrolliert weg. In diesem Fall ist es gut, einen schriftlichen Nachweis der Vorsätze und Visionen zu haben, um sich immer wieder gegenseitig daran zu erinnern. Die Motive mögen einstmals wertegetrieben, ökonomisch, politisch, historisch, sozial oder von allem etwas gewesen sein. Kurz: man sollte besonders die Gründe für eine strategische Organisationsentwicklung im allgemeinen und bei einer Fusion im speziellen beachten.

Was soll mit der Fusion konkret erreicht werden? Die Durchführung einer Konsolidierung, der Ausbau des Leistungsangebots oder die Ergänzung und Unterstützung bei der Auftragserfüllung? Es kann ein legitimes Motiv sein, wenn sich zwei finanzschwache Organisationen zusammentun, ihre internen Prozesse bereinigen und verschlanken, um anschließend besser dastehen (so etwa geschehen bei der Theaterservice GmbH in Wien; ähnliches möchte die jüngst gegründete Bühnenservice gGmbH der Opernstiftung in Berlin erreichen). Es kann auch sein, dass eine finanzschwächere und inhaltlich diversifizierte Organisation, wie etwa eine Volkshochschule sowie eine kommunale Fortbildungseinrichtung, zusammengehen und beide durch die Fusion Vorteile erzielen.

Durch eine Fusion kann auch ein größeres Angebot an Produkten oder ein besserer Vertrieb sichergestellt werden. So können bspw. die Präsenz in den Medien erhöht (ver.di) und hoheitliche Grenzen überschritten werden (Fusionen innerhalb von Verkehrsverbünden). Die Wahrnehmung der Bürger einer Region kann verändert werden (Region Hannover, Salzburg AG) und die fusionierten Partner können leichter spezialisiertes Personal einstellen bzw. umschulen. Darüber hinaus können mehr lokale und regionale Akteure eingebunden und informiert werden (etwa bei regionalen Wirtschaftsverbänden wie der Region Stuttgart). In diesem Fall könnte ein »Front-End-Merger«, also die Fusion der Vertriebskanäle, der erste oder vielleicht auch ausreichende Schritt sein.

Vorbereitung: Politikmanagement

3.2.2 Partnersuche

Im öffentlichen Kulturbereich verläuft die Suche nach einem potenziellen Fusionspartner meist in einem sehr überschaubaren Rahmen, weil die Auswahlmöglichkeiten aufgrund von maximalen räumlichen und inhaltlichen Entfernungen beschränkt sind und sich auf das direkte bzw. nähere Umfeld beziehen müssen. In den meisten Fällen wird – anders als im Privatsektor – ein potenzieller Fusionspartner feststehen.

Ist ein potenzieller Partner gefunden und haben die Entscheidungsträger ihr grundsätzliches Interesse gezeigt, muss – wenn noch nicht geschehen – die oben benannte Diskussion über die Visionen und Ziele erneut und/oder vertieft geführt werden. Als nächster Schritt sollte dann die Machbarkeitsstudie der geplanten Fusion durchgeführt werden. Neben dem Hauptkriterium, das gleiche bzw. ein ähnliches Kulturprodukt bzw. -dienstleistung anzubieten, müssen sich die Kultureinrichtungen deshalb in einer relativen Nähe befinden, um die Kosten für notwendige Sach- und Personaltransporte (vor allem bei Theatern und Orchestern) möglichst niedrig zu halten. Zudem müssen beide Kultureinrichtungen an dem Punkt angelangt sein, eine Fusion anstreben zu wollen (Vision). Nicht selten befindet sich in dieser Phase zumindest einer der beiden potenziellen Partner bereits in einer prekären finanziellen Lage.

Damit dieser größtenteils politische Diskussionsprozess beschleunigt und fokussiert werden kann, empfiehlt es sich, schon sehr früh ein umfassendes Projekt- und Changemanagement zu konzipieren. Dieses muss sich dann um die Fragen des Politikmanagements, der Meinungsbildung und -veränderung, der Erstellung von verlässlichen Machbarkeitsstudien und Zeitplänen und dergleichen mehr kümmern. Dies bedeutet, dass eine »fusionswillige« Körperschaft schon vor der eigentlichen Entscheidung eine oder mehrere Personen (intern und/oder extern) mit dieser strategischen Entscheidungsvorbereitung beauftragen sollte.

Immer wieder ist zu erleben, dass die Entscheidungsträger in einer gemeinsamen Sitzung über das Thema Kooperation oder gar schon Fusion beraten, aber ganz unterschiedliche Voraussetzungen und Vorstellungen allein von dem Begriff haben und deshalb einander nicht verstehen können. So besteht gerade im öffentlichen Sektor aufgrund der komplexen rechtlichen Regelungen häufig nur ein Halbwissen, was einfach bzw. was nur sehr schwer erreichbar ist. Manches wird vielleicht vor diesem Hintergrund gar nicht erst begonnen, weil das Thema als zu komplex empfunden wird. Wegen fehlender Sach- und Managementkenntnis der einen Seite werden dann womöglich sinnvolle nächste Schritte blockiert.

3.2.3 Zusammenführung verschiedener künstlerischer Inhalte und kultureller Identitäten

Fusionen werden aufgrund finanzieller, in seltenen Fällen aufgrund inhaltlicher oder künstlerischer Überlegungen geschlossen. Dieser Schritt zieht jedoch notwendigerweise eine Reihe weiterer, insbesondere künstlerischer Zieldefinitionen vor einer Fusionierung nach sich. Dies heißt etwa: welche künstlerischen Möglichkeiten ergeben sich durch den Zusammenschluss (z.B. durch die Vergrößerung der Ensembles)? Welche Wege müssen beschritten werden, um neue Besucher zu aktivieren und das bisherige Publikum von der Fusion zu überzeugen?

Die Beispiele der NPhW und des Schillertheaters NRW haben eindeutig bewiesen, wie Ausschlag gebend die behutsame Zusammenführung der künstlerischen Inhalte für den Erfolg einer Fusion sind. Während in Wuppertal und Gelsenkirchen beide Intendantenstellen besetzt blieben, wählten die Orchester in Gelsenkirchen und Recklinghausen *vor* ihrer Fusionierung einen neuen gemeinsamen GMD. Durch diesen Neuanfang, auch auf künstlerischer Ebene, konnte das Publikum, die Zuwendungsgeber und auch die eigenen Mitarbeiter schnell von dem Fusionsorchester überzeugt und die neue Marke NPhW etabliert werden (vgl. MARCUS 2003 und GROPP 1998, S. 7). Das Schillertheater NRW erzielte mit seiner Strategie den gegenteiligen Effekt. Durch die Beibehaltung beider Intendantenposten (diese Verfahrensweise des Schillertheaters NRW ist nicht repräsentativ, denn bei nahezu allen Fusionen im Kulturbereich werden die Führungspositionen zusammengelegt) und deren individuelles künstlerisches Profilierungsbestreben, konnte weder eine interne noch eine externe Akzeptanz der Fusion erzielt werden. Die Produktionen aus der jeweils anderen Stadt wurden nicht akzeptiert und vor allem konnte kein sensibler Umgang mit der jeweiligen Identität der beiden Städte erreicht werden (vgl. LOSKILL 2001). Neben der neuen künstlerischen Führung ist der feste Wille zu einer Veränderung und die konzeptionelle Zieldefinition in den Vordergrund zu stellen. Um nochmals das Beispiel der NPhW zu bemühen: Bereits vor der Fusion war klar definiert, was sich verändern muss und welche künstlerischen Ziele erreicht werden sollen.

Kultureinrichtungen definieren sich durch ihre künstlerischen und gesellschaftlich-inhaltlichen Werte, ihre unterschiedlichen Missionen. Ein Museum hat grundsätzlich die Aufgabe folgende Tätigkeiten umzusetzen: sammeln, bewahren, erschließen und vermitteln. Jedes Museum wird daneben durch Sammlungsschwerpunkte und durch seinen Kommunikations- und Marketinggedanken (z.B. wie stark öffne ich mich dem Besucher oder einem umfassenden CI-Konzept hinsichtlich Corporate Behaviour, Corporate Communication und Corporate Design) bestimmt und charakterisiert. Diese spezifischen Merkmale machen aus jeder Kultureinrichtung einen unverwechselbaren Betrieb mit künstlerischen Inhalten und kulturellen Identitäten, der sehr unterschiedliche, aber immer besonders hohe Anforderungen an seine Mitarbeiter stellt.

Vorbereitung: Politikmanagement

Eine Folge von Fusionen im Kulturbereich ist vor allem auch immer die notwendige Verschmelzung dieser künstlerischen Missionen bzw. Inhalte und das Zusammengehen von unterschiedlichen kulturellen Identitäten. Bisher gab es im öffentlichen Kulturbereich nahezu ausschließlich horizontale »Vollfusionen«, die eine Verschmelzung aller Ebenen und Bereiche bezweckten und die auch den Ausgangspunkt dieser Arbeit darstellen.

Deshalb ist gerade die Verschmelzung künstlerischer Inhalte und kultureller Identitäten als das wohl größte und wichtigste Problemfeld bei Fusionen im Kulturbereich anzusehen. Denn hier fallen Berufsarbeit bzw. Interesse, das besondere Engagement für individuelle Werte und Inhalte sowie die persönliche kulturelle Identität zusammen. Bezüglich der jeweiligen Belegschaften ist deshalb davon auszugehen, dass die Angst um den Verlust ihres einzigartigen Profils bei einer Fusion höher ist als bei Unternehmen in der Privatwirtschaft. Neben den bereits bekannten Ängsten, dem »Merger-Syndrome« usw., liegt die Vermutung nahe, dass Fusionen im öffentlichen Kultursektor schwerer durchzuführen sind, da die Bindung der Mitarbeiter an ihre Einrichtung wesentlich stärker zu sein scheint. Im Kulturbereich ist breitflächig festzustellen, dass den Mitarbeitern stets ein überdurchschnittlicher Arbeitsaufwand bei vergleichsweise geringer Bezahlung abverlangt wird. Zudem werden inzwischen hohe Anforderungen an die Kundenorientierung der Mitarbeiter gestellt. Die dennoch feststellbare hohe Motivation der Mitarbeiter lässt sich vor allem mit der starken Identifikation der Belegschaft zu ihrer Einrichtung erklären, die weit über den geschäftlichen Bereich hinausgeht.

Diesen Ängsten lässt sich am besten mit einer gezielten Kommunikationspolitik begegnen, aber auch mit einer klugen Bestimmung der neuen Führung und durch optimale Koordination der fusionsspezifischen Abläufe, um keine Unsicherheiten bei der Belegschaft aufkommen zu lassen.

3.3 Machbarkeitsstudie

3.3.1 Die Machbarkeitsstudie im Privatsektor

In der Privatwirtschaft nennt man eine vorab erstellte Machbarkeitsstudie »Due Diligence«, was soviel wie »Sorgfaltspflicht« heißt. Diese »Sorgfaltspflicht« soll bei der Ermittlung des Wertes eines Unternehmens zum Tragen kommen, um eine vertrauenswürdige Verhandlung über den Kaufpreis zu gewährleisten. In dieser Due Diligence werden Erträge, Kosten, Vermögenswerte, Verbindlichkeiten und sonstige betriebswirtschaftlich interessante Werte erfasst und bewertet.

Zu einer solchen Machbarkeitsstudie gehören:

- Bestandsaufnahme über den aktuellen Zustand/Sachstand der Organisationen.
- Analyse der Entwicklungsfähigkeit der Organisationen.
- Analyse der Stärken, Schwächen, Chancen und Gefahren einer Fusion (SWOT).
- Analyse der Synergiepotenziale.

Bei Fusionen in der Privatwirtschaft werden mit dem Fusionsakt die Eigentumsanteile der beteiligten Unternehmen zusammengeführt. Dies geschieht zumeist durch Kauf oder Tausch von Unternehmensanteilen. Bei größeren Unternehmen werden dabei hohe Kaufsummen gezahlt bzw. große Mengen an Aktien getauscht. Für die Kaufverhandlungen ist es deshalb erforderlich, möglichst genaue Informationen über den tatsächlichen Wert der Unternehmen zu ermitteln. Auch bei Fusionen im öffentlichen Sektor werden in vielen Fällen Eigentumsanteile und Besitztümer in die neue Körperschaft übertragen. Dies kann durch Aufnahme des betreffenden Teiles der anderen Organisation in die eigene (siehe Bsp. SWKK) oder durch Ausgründung (»Joint Venture«) geschehen.

Der Wert eines Unternehmens setzt sich dabei nicht nur aus den (reellen) Vermögenswerten zusammen, sondern beinhaltet auch (ideelle und immaterielle) Werte und Aspekte wie etwa Marken- und Rechtebesitz, Patente, spezielles Wissen. Diese Aspekte werden ebenfalls in die Bewertung einbezogen und zusammen mit den zu erwartenden Veränderungen in der Zukunft in einem komplexen Dokument den Verhandlungspartnern als Gutachten präsentiert.

Viele dieser Aspekte lassen sich nur schwerlich in Geldbeträgen auszudrücken, sondern müssen auf der Ebene qualitativer Ausführungen bleiben, was ihre Aussagekraft jedoch nicht zu schmälern braucht. Gerade auch die qualitativen Aspekte sagen in ihrer Gesamtheit etwas über die Zukunfts- und Erfolgsaussichten der jeweiligen Organisation aus. JANSEN führt eine Vielzahl möglicher Machbarkeitsstudien an, die sich mit den Aspekten Finanzen, Kultur, Umwelt, Recht und weiteren mehr beschäftigen (vgl. JANSEN, 2001, S. 188–222 und 245–249). Je nach Fall und Erfordernis der spezifischen Fusion wird man die unterschiedlichsten Aspekte heranziehen und in einer auf die jeweilige Situation zugeschnittenen Mischung anwenden.

In einer Due Diligence werden auch die Kosten für die Planung und Umsetzung einer Fusion und im besten Falle auch die anschließende Integration berechnet. Entgegen allen Vermutungen werden bei Fusionen im Privatsektor weit seltener umfangreiche Machbarkeitsstudien erstellt. Man versucht sogar, ohne derartige Voruntersuchungen auszukommen oder sich auf nur wenige Kennzahlen aus der Bilanz und dem Controlling zu beschränken. Vielleicht ist auch damit (neben den »weichen« und anderen Faktoren) die hohe Rate gescheiterter Zusammenschlüsse im Privatsektor zu erklären.

Vorbereitung: Politikmanagement

Dies verwundert umso mehr, als das für jede kleinere Anschaffung in der Regel ein Betriebskosten- und Renditeplan erstellt wird, der die Sinnhaftigkeit der Anschaffung belegen muss, während für Fusionen als Großinvestitionen in teilweise Milliardenhöhe ein gutes »Bauchgefühl« ausreichen soll, wie JANSEN konstatiert. Wenn die Machbarkeitsstudie auch noch ergibt, dass der Wert des neuen Unternehmens plus die zu erwartenden Gewinnsteigerungen höher sind als der Kaufpreis des gegenwärtigen Unternehmens zuzüglich der Integrationskosten, dann ist einer Fusion umso gelassener entgegenzusehen.

Abbildung 10: Kalkül der Synergien und Integrationskosten

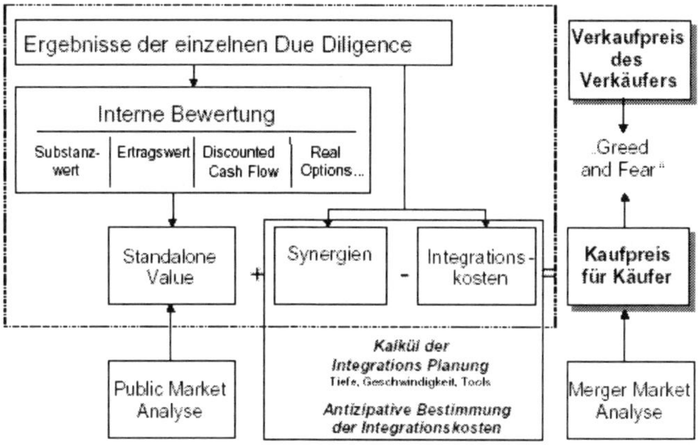

Quelle: JANSEN 2003, S.136.

Interessant wäre eine detaillierte Untersuchung, aus welchen Gründen so viele Fusionen in der Privatwirtschaft den Erwartungen nicht gerecht werden: Wegen der zu hohen Erwartungen oder wegen zu naiver bzw. unterlassener Durchführung der Machbarkeitsstudie und unterlassenen oder unvollständigen Gutachten? Oder werden bei den Gutachten einige eigentlich wichtige Aspekte, wie etwa die Integrationskosten, zu wenig oder gar nicht beleuchtet? Oder verhält es sich so, dass die Verantwortlichen den Empfehlungen der Gutachten nicht folgen?

Mit ziemlicher Sicherheit spielen mehrere Aspekte eine Rolle. Grundsätzlich kann aber festgehalten werden, dass die vorbereitenden Gutachten für Fusionen im privaten und öffentlichen Sektor gleichermaßen gut konzipiert und durchgeführt sein müssen, um die relevanten und bedeutsamen Aspekte angemessen abzubilden. Nur dann kann das

Gutachten vor einer Fusion die tatsächliche spätere Entwicklung ein Stück weit vorausahnen und den Akteuren als Anhaltspunkt für den Projektverlauf dienen.

Es gibt keinen Grund, weshalb der öffentliche Sektor diese Fehler des Privatsektors nachmachen sollte! Viele Fusionen im öffentlichen Sektor werden womöglich generell mehr aus politischen denn aus wirtschaftlichen Gründen angestrebt. Hierin sind sich Fusionen im privaten und öffentlichen Sektor ähnlich, denn auch dort wird mit vermeintlichen Einsparungseffekten argumentiert, etwa durch Größenvorteile, die nicht selten aus »dem Bauch heraus« benannt werden. Die Größe einer Körperschaft allein macht diese nicht effizienter und kundenfreundlicher als eine kleine. Gerade große Organisationen wissen, wie aufwändig der Betrieb sein kann und welche »Begleitkosten« dabei entstehen.

Vielleicht wollen die Verantwortlichen gar nicht wissen, ob eine aus politischen Gründen geplante Fusion wirtschaftlich sinnvoll ist. Aber auch wenn eine Fusion mittel- bis langfristig (politisch) sinnvoll ist, jedoch kurzfristig (wirtschaftlich) sinnlos erscheint, müssen die Entscheidungsträger über diese Tatsache Bescheid wissen. Nur so können sie abwägen, ob der politische Erfolg über den (kurzfristigen) wirtschaftlichen Misserfolg zu stellen ist. Es ist in jedem Fall besser, übertriebene kurzfristige Fusionserwartungen zu begraben, als unrealistische Erwartungen zu erwecken, die dann wie bei den Fusionen im Privatsektor in über 70% der Fälle enttäuscht werden.

In Kenntnis der womöglich niedrigen kurzfristigen Einspareffekte kann in der Kommunikation nach Innen und Außen genau darauf verwiesen werden, dass es sich um ein strategisches Projekt handelt, welches die Zukunft dauerhaft sichern soll und nicht die Kassen kurzfristig füllen bzw. konsolidieren wird. Letztendlich stellt sich hier die Frage, wie viel eine politische Idee kosten darf und wie hoch der politische »Preis« dafür ist. In allen Fällen sollte es jedoch im Interesse einer gründlichen Entscheidungsabwägung stehen, die vermutlichen Kosten und Erträge einer Fusion zu kennen.

3.3.2 Die Machbarkeitsstudie zur Unterstützung der politischen Diskussion

Es empfiehlt sich, auch bei einer Fusion im öffentlichen Kultursektor eine Machbarkeitsstudie zu erstellen, um die Entwicklung und den Fusionsprozess besser einschätzen zu können. Der Prozess wird sich ohnehin immer anders entwickeln als zunächst erwartet. Mit einer Machbarkeitsstudie können jedoch bestimmte Tendenzen, Chancen und Gefahren vorab erkannt und zielgerichtet bearbeitet werden. Dieses Kapitel kann nur einen kleinen Einblick geben in die komplexe Erstellung einer Machbarkeitsstudie. Allein die Anfertigung einer solchen Untersuchung ist ein eigener Prozess innerhalb eines Fusionsverlaufes.

Eine Machbarkeitsstudie im öffentlichen Kultursektor soll die politische Diskussion unterstützen und politische sowie rein sachliche Argumente soweit wie möglich objektivieren. Damit sollen Argumentszusammenhänge bestärkt oder abgemildert werden und Behauptungen be- oder entkräftet werden. Es geht vor allem auch darum, elementare Faktoren in Betracht zu ziehen, zu vergleichen und hinsichtlich ihrer Machbarkeit bzgl. einer Fusion zu bewerten (Entfernung, Kompatibilität usw.).

Gleichzeitig wird mit der Untersuchung selbst Handlungsdruck erzeugt, denn erstens entstehen je nach Detailgrad der Studie nicht unerhebliche Kosten und zweitens stellt das Erstellen der Studie bereits eine Intervention in das innere System einer Organisation und auch deren Beziehungen zur Außenwelt dar. Während der Studie werden bekannte und unbekannte, offene und verdeckte Informationen über die betreffende Organisation zu Tage gefördert und in ein Gutachten eingebettet. Dieses Gutachten wird den aktuellen Sachstand, die Entwicklungsmöglichkeiten und weitere Aspekte enthalten, die für die Fusion relevant erscheinen. Das Resultat der Studie wird ein mehr oder weniger aussagekräftiger Text über die zu fusionierenden Institutionen sein, mit dessen Hilfe die politischen Gremien sowie die Verantwortlichen in Politik, den Kultureinrichtungen und der Verwaltung über deren Zukunft diskutieren können.

Natürlich hat die Öffentlichkeit ein großes Interesse an dieser Machbarkeitsstudie. Bei der Diskussion um die Opernfusion in Berlin etwa konnte man eine Zeit lang so etwas wie eine Machbarkeitsstudie (Opernstrukturkonzept) von der Website des Senats herunter laden. Später wurde diese Studie dann wieder von der Website entfernt. Aber zumindest für eine gewisse Zeit wurden die Ergebnisse auch der Öffentlichkeit zur Verfügung gestellt.

Wenn das Ergebnis einer Studie lautet, dass eine Fusion notwendig und durchführbar ist, haben die Fusionsgegner einen schwereren Stand, im umgekehrten Falle die Befürworter einer Fusion. Je nach Überzeugung und Standpunkt kann die Machbarkeitsstudie eine gewisse politische Brisanz entwickeln und wird dem entsprechend auch als politisches Mittel eingesetzt. Eine zentrale Frage für die Politik, die Träger sowie die verantwortlichen Kulturmanager und -lenker ist der Umfang des tatsächlichen Synergieeffekts. In der politischen Debatte dominiert dabei meist die betriebswirtschaftliche Betrachtungsweise der Zusammenarbeit: Wie viel Euro sparen wir durch eine Zusammenarbeit konkret? Was kostet die Umsetzung in Wirklichkeit?

Die tatsächlich interessanten Fragen sind jedoch kaum geldwert umzurechnen: Um wie viel sicherer wird die Zukunft der Einrichtung durch diese strategische Veränderung? Wie sehr erhöhen sich die internen Steuerungsmöglichkeiten in der Organisation? Um wie viel besser können Budgets geplant und dezentral verantwortet werden? Wie verbessern sich die Aspekte Wirtschaftlichkeit, Auftragserfüllung sowie Mitarbeiter- und Kundenzufriedenheit? Wie gravierend wird die Fusion zur Sicherung der Kultureinrichtung beitragen und werden die künstlerischen Inhalte keinen Schaden nehmen?

Machbarkeitsstudie

Gerade auch diese letzten Fragen sollten von entscheidender Bedeutung sein. Es erscheint daher notwendig, den Begriff des Synergiepotenzials für die Anwendung im öffentlichen Kultursektor zu analysieren bzw. um eine Reihe qualitativer und politischer Aspekte zu ergänzen.

Tabelle 5: Übersicht zu den Machbarkeitskriterien einer Fusion im Kulturbereich

Analyse	Definition/Beispiele
Künstlerische Ziele	Was sind unsere künstlerischen Ziele bzw. was wollen wir in den nächsten Jahren erreichen (z.B. eher klassisches oder modernes Theater)? Lassen sich diese Ziele verschmelzen bzw. gemeinschaftlich umsetzen?
Kompatibilität der Infrastrukturen	Beispiel Theater: Haben die Bühnen ähnliche Abmessungen und Anforderungen hinsichtlich Technik etc. bzw. lässt sich die Produktion eines Bühnenbildes für die Spielstätten beider Theater realisieren? Sind die EDV-Systeme kompatibel etc. und gibt es ausreichend Transportfahrzeuge?
Arbeitsabläufe	Wie sind z.B. die Produktions- bzw. die Transportabläufe und -bedingungen (etwa beim Aufbau einer Wechselausstellung oder der Vorbereitung einer Theateraufführung)?
Entfernung und Verkehrsanbindung	Wie sind die Entfernungen zwischen den Spielstätten; Werkstätten oder zwischen den Museen? Wie ist die Zug- bzw. Busverbindung zwischen den Einrichtungen und wie hoch sind die Fahrpreise, Ermäßigungen etc.?
Publikum und politisches Umfeld	Wie sind die Besucherstrukturen? Welche Produktionen bzw. Sparten werden jeweils am meisten besucht? Lassen sich diese Strukturen vereinen? Wie ist das politische Umfeld?
Personal	In welchen Bereichen hat es bzw. wird es Personalüberhänge geben? Gibt es Bereiche (z.B. im Transport), wo zukünftig mehr Mitarbeiter benötigt werden? Wie sieht der endgültige Personalbedarf aus? Wie viele Angestellte werden durch altersbedingte Fluktuation das Unternehmen in den nächsten Jahren verlassen etc.?
Betriebsformen	Welche strukturellen Unterschiede bzw. Gemeinsamkeiten bestehen zwischen den Häusern aufgrund der unterschiedlichen (oder gemeinsamen) Betriebsformen? Welche Betriebsform könnte den gemeinsamen Anforderungen gerecht werden (also Fusion durch »Neugründung« oder »Aufnahme«)?
Kostenvergleich	In welchem Verhältnis stehen die zusätzlich anfallenden Kosten (z.B. Transporte etc.) zu den wegfallenden Kosten (u.a. durch gemeinsame Produktionen und Bühnenbilder sowie durch Personalabbau)? D.h., lohnt sich langfristig eine Fusion monetär überhaupt?

Vorbereitung: Politikmanagement

Analyse	Definition/Beispiele
Finanzierung	Wer bringt welche Einnahmenarten bzw. Fördersummen durch welche Träger in die potenzielle Fusion mit ein? Wie lange sind die Zuwendungssummen garantiert und wie werden die Tariferhöhungen aufgefangen? Wie hoch sind die Eigeneinnahmen, Besucherzahlen etc.? Welche Potenziale wurden bisher nicht ausgeschöpft?

Mit einer derartigen Studie können die Kultureinrichtungen bzw. die Entscheidungsträger zu einem relativ hohen Grad von Gewissheit über die Fusion gelangen. Die Studie löst zwar keine Probleme, die bei der Umsetzung zu erwarten sind, aber sie ermöglicht es, die Entscheidungsdiskussionen klarer, zielgerichteter und damit objektiver zu führen. Potenziale und Risiken können systematisch erfasst und übersichtlicher dargestellt werden; auch können die Diskussionen vielleicht etwas weniger emotionalisiert ablaufen, wie dies üblicherweise der Fall ist.

Eine Befragung der Fallbeispiele und weitere Recherchen haben ergeben, dass bei den bisherigen Fusionen in den wenigsten Fällen wirkliche Machbarkeitsstudien durchgeführt worden sind. Die Analysen beschränkten sich zumeist auf Personalentwicklungs- und Finanzierungspläne. Das lässt sich vielleicht darauf zurückführen, dass die verantwortlichen Akteure zu wenig Zeitkapazität zur Verfügung stellen konnten oder wollten. Die Gründung spezieller Projektgruppen zur Fusion mit dem Auftrag, eine entsprechende Studie zu erstellen, erscheint den meisten befragten Verantwortlichen hingegen nicht als Alternative, da sie einerseits verfrüht wäre und andererseits die Mitarbeiter erst intensiv einbezogen werden sollen, wenn feststeht, dass eine Fusion durchgeführt wird. Diesem Ansatz kann nicht gefolgt werden und es bleibt zu hoffen, dass in Zukunft erstens grundsätzlich eine Machbarkeitsstudie erstellt wird und die verantwortlichen Akteure sich zweitens frühest möglich Hilfe durch eine interne Arbeitsgruppe oder externe Moderatoren und Experten suchen, falls entsprechende Mittel zur Verfügung gestellt werden. Im Falle einer Fusion sind die öffentlichen Zuwendungsgeber gelegentlich (jedoch nicht oft genug) bereit, durch die Fusion bedingte Mehrkosten zu tragen bzw. zu bezuschussen (Wirtschafts- bzw. Unternehmensberatung, CI-Ausschreibung, Abfindungen, Personalüberhänge bis das Stellensoll erreicht wird), um sich für das Entgegenkommen bzw. die Initiative erkenntlich zu zeigen. Die NPhW hatte bspw. eine Bezuschussung von 4,2 Mio. DM für »fusionsbedingte Mehrkosten« durch das Land NRW erhalten (vgl. MARCUS 2003).

Außerdem sollte bedacht werden, dass durch unterlassene Machbarkeitsstudien bestimmte Gefahrenquellen übersehen werden können, die im Nachhinein einen wesentlich höheren Personal- und Finanzbedarf zeitigen, als wenn sie bereits zu Beginn beachtet worden wären. Für zukünftige Fusionen ist dringend anzuraten, dieses Mindestmaß an Vorarbeit zu leisten. In vielen Fällen würde sich bereits im Vorfeld herausstellen, dass eine Fusion nicht realisierbar bzw. nicht sinnvoll ist. Außerdem ist eine solche Studie der elementare Grundstein für die weitere Konzeption und auch die

Machbarkeitsstudie

Begründung der Fusion. Im Idealfall würde der Machbarkeitsstudie eine vertiefende SWOT-Analyse folgen, um die Stärken und Schwächen sowie die Chancen und Risiken der möglichen Fusion detailliert herauszuarbeiten. Kommt die Untersuchung zu dem Ergebnis, dass durch eine Fusion bestimmte Synergiepotenziale realisierbar sind, kann an die Planung der nächsten Schritte gegangen werden.

Nach dieser ersten Analysephase und der positiven Erkenntnis, dass durch eine Fusion sinnvolle Effekte freigesetzt werden können, sollte ein erstes Vorkonzept folgen. Hier ist darauf zu achten, dass die Planungen immer unter besonderer Berücksichtigung der zwei folgenden Phasen (Durchführung und Integration) erarbeitet werden (vgl. PICOT 2002, S. 26). Diese müssen auf den Ergebnissen der Machbarkeitsstudie bzw. der durchgeführten Analysen aufbauen. Insbesondere sind hier die Aufgabenfelder »künstlerische Inhalte«, »Kostenvergleich« und »Finanzierung« als Argumentationsgrundlagen (was wollen und können wir erreichen) aufzuarbeiten.

Mindestens alle oben genannten Aspekte und Bereiche sollten deshalb unter folgenden Gesichtspunkten hinsichtlich Effizienz und Effektivität genauer betrachtet und untersucht werden.

(1.) Wirtschaftliche Qualität (Kosten-Nutzen).

(2.) Fachlich-künstlerische Qualität (Auftragserfüllung).

(3.) Service-Qualität (Kundenzufriedenheit).

(4.) Führungs-Qualität (Leadership).

(5.) Team-Qualität (Mitarbeiterzufriedenheit).

(6.) Umsetzbarkeit und Zeitraum (Projektmanagement).

(7.) Aufwand und Wahrnehmung (Öffentlichkeitswirksamkeit).

3.3.3 Welche Untersuchung sollte wann durchgeführt werden?

Die Machbarkeitsstudie für den öffentlichen Kultursektor (»Public Due Diligence«) unterscheidet sich von der Machbarkeitsstudie für den Privatsektor darin, dass sie als ein eigener Teilprozess innerhalb der Fusion betrachtet werden kann, denn sie besitzt bereits Interventionscharakter. Sie wird nicht in einem Zug angefertigt und für die Fusionsverhandlungen sowie die Kaufpreisermittlung verwendet, sondern es wird sinnvoller Weise mit einer kleinen Vorstudie begonnen, die immer weiter konkretisiert werden sollte. Je nach Fortschritt der Fusion im öffentlichen Kultursektor werden dann weitere Aspekte hinzukommen, die Untersuchung wird vertieft und immer feiner detailliert. Es kommt nicht selten vor, dass erforderliche Informationen etwa

Vorbereitung: Politikmanagement

über die Prozesskosten einzelner Leistungen nicht bereit liegen, weil bislang keine Kosten- und Leistungsrechung eingeführt ist.

Der erste Schritt bei der Vorbereitung einer Fusion sollte dementsprechend eine Diskussion mit den Leitungsgremien und Verantwortlichen aus Politik bzw. Verwaltung über die Ziele und Visionen der Einrichtung(en) sein.

Zielprozess:
(1.) Herausarbeiten von gemeinsamen Zielen und Visionen.

(2.) Daraus: Ableitung der künftigen Strategien.

(3.) Operationalisieren der Aufgaben und Einteilung in Untereinheiten.

Analyseprozess:
(1.) Stärken und Schwächen.

(2.) Untersuchung des Transformationsaufwands der jetzigen Organisation.

(3.) Bewertung der Synergiepotenziale.

Wenn man sich die drei großen Phasen einer Fusion im öffentlichen Kultursektor – Pre-Merger, Merger und Post-Merger – sowie die dazugehörigen Aktivitäten bzw. Herausforderungen betrachtet, kann man daraus die Zeitschritte für die jeweiligen Aspekte der Machbarkeitsstudie ableiten. Eine weitere Unterteilung der drei Phasen in zu erledigende Aufgaben lässt sich wie in der folgenden Tabelle darstellen.

Tabelle 6:   Unterteilung in Aktivitäten und Herausforderungen

Stadium →	Pre-Merger	Merger	Post-Merger
Frage	Was sind Nutzen und Nachteile einer Fusion?	Wo will die zu fusionierende Organisation hin und wie gelangt sie dorthin?	Wie wurde die Fusion verinnerlicht und angenommen?
Thema	Anbahnung einer Fusion & Entscheidung	Strategische Planung und Durchführung einer Fusion	Verankerung & Nachbetreuung
Hauptaktivität	Politikmanagement	Fusionsmanagement	Integrationsmanagement

Machbarkeitsstudie

Phasen →	Vision	Konzeption	Durchführung	Integration
typische Aufgaben	Vorbereiten des politischen Umfeldes Machbarkeitsstudie & SWOT (Erfolgskriterien und Risiken) Erfolgskriterien formulieren Visionsbildung (Zentralität/Dezentralität)	Umsetzungsplanung (Feinzielformulierung & Strategieauswahl) OE-, PE- und IT-Konzept BSC und Controlling interne PR: Erhöhung MA-Akzeptanz	OE: Umgestaltung der Aufbau- und Ablauforganisation PE: Anreizsysteme, Abfindungen/Kündigungen, PE-Entwicklung & Schulung IT: Anpassen der funktionalen und technischen Unterstützung	Akzeptanzmanagement Kulturwandel Team- und Vertrauensbildung Öffentlichkeitsarbeit (interne und externe PR)

Bis zur tatsächlichen Umsetzung und der sich daran anschließenden Integration und Nachsorge wird sich die zuerst vage Fusionsidee immer weiter verdichten und konkretisieren, um schließlich in die tatsächlichen Veränderungen der Organisation zu münden. Eine Hauptaktivität bei der Vorbereitung einer Fusion wird demnach das Politikmanagement sein. Außerdem bedarf die Durchführung der Fusion eines professionellen Fusionsmanagements, welches weit blickend plant und Ziel gerichtet steuert. Für eine dauerhafte Verankerung der Organisationsentwicklung und für erwünschte Verhaltensänderungen wird ein umfassendes und partizipatives Integrationsmanagement bei der Nachbetreuung notwendig sein. Je weiter eine Fusion fortschreitet, um so mehr sollten die Aktivitäten auf die gesamte Mitarbeiterschaft übergehen, damit es einerseits zu einer Durchdringung der gesamten Organisation und schließlich zu einer tatsächlichen Akzeptanz kommt.

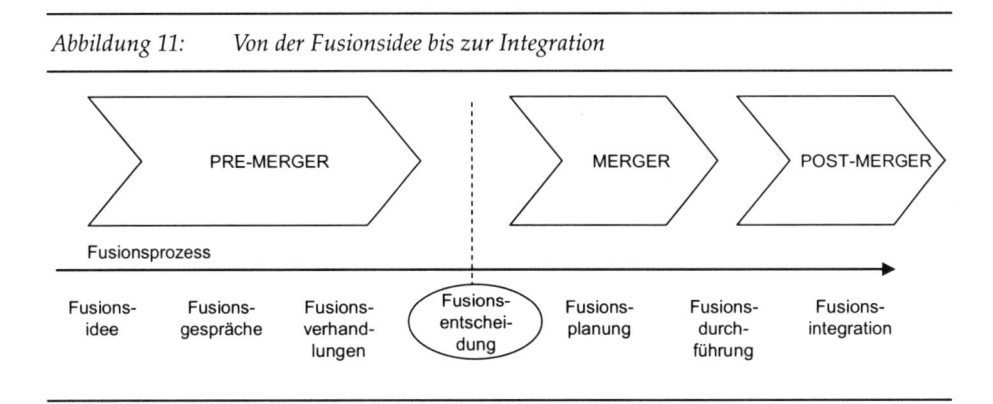

Vorbereitung: Politikmanagement

Abbildung 11:   Von der Fusionsidee bis zur Integration

```
         PRE-MERGER              MERGER            POST-MERGER

Fusionsprozess
─────────────────────────────────────────────────────────────────▶
Fusions-   Fusions-    Fusions-    (Fusions-   Fusions-   Fusions-    Fusions-
idee       gespräche   verhand-    entschei-   planung    durch-      integration
                       lungen      dung)                  führung
```

Folgende Einzelschritte bzw. Einzelgesichtspunkte könnten zusammenfassend für die Erstellung der Machbarkeitsstudie sinnvoll sein:

(1.) Ziele & Visionen herausfinden (Warum fusionieren?).

(2.) Erste Potenzialstudie zur Fusion (Quantitative und qualitative Auswirkungen?).

(3.) Grobkonzept testen (Wie reagiert die Organisation?).

(4.) Zweite Potenzialstudie zur Fusion (Wer, wann ,wie, mit wem?).

(5.) Operationalisierung vorbereiten (Welche Einzelbeiträge?).

(6.) »Fusionsaudit« (Wie erfolgreich ist die Fusion?).

Diese sechs Einzelschritte bzw. Gesichtspunkte könnten auch in nur einem Schritt durchgeführt werden. Es erscheint hingegen sinnvoll, die gesamte Machbarkeitsstudie in Teilbereiche zu gliedern und diese selbst als Teilprozess der Fusion zu verstehen und dementsprechend zu konzipieren. Eine grobe Einteilung entsprechend der Fusionsphasen könnte wie das folgende Schaubild aussehen.

Machbarkeitsstudie

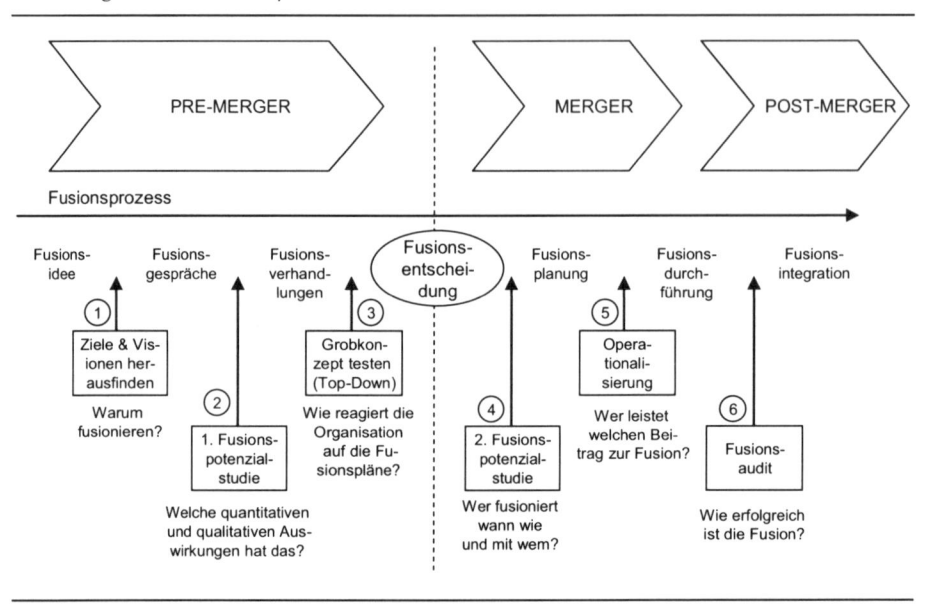

Abbildung 12: Die Einzelaspekte der Machbarkeitsstudie

| Fusionsprozess | PRE-MERGER | MERGER | POST-MERGER |

Phasen:
- Fusionsidee ① — Ziele & Visionen herausfinden — Warum fusionieren?
- Fusionsgespräche ② — 1. Fusionspotenzialstudie — Welche quantitativen und qualitativen Auswirkungen hat das?
- Fusionsverhandlungen ③ — Grobkonzept testen (Top-Down) — Wie reagiert die Organisation auf die Fusionspläne?
- Fusionsentscheidung ④ — 2. Fusionspotenzialstudie — Wer fusioniert wann wie und mit wem?
- Fusionsplanung ⑤ — Operationalisierung — Wer leistet welchen Beitrag zur Fusion?
- Fusionsdurchführung
- Fusionsintegration ⑥ — Fusionsaudit — Wie erfolgreich ist die Fusion?

3.3.4 Fazit zur Machbarkeitsstudie

Sämtliche Fusionen stellen hohe Anforderungen an die Professionalität und Integrität der für die Fusion verantwortlichen und beteiligten Akteure. Sie stellen Ausnahmesituationen in der Organisationsentwicklung dar und bedürfen einer besonderen Betreuung und Begleitung. Ob es sich hierbei um ein internes oder externes Team von erfahrenen Begleitern handelt, ist zunächst nicht relevant. Wichtiger erscheint es, überhaupt eine Projektgruppe für die Fusion zu etablieren, die sich – für eine gewisse Zeit – ganz der sorgfältigen und umsichtigen Konzeption, Planung, Durchführung und Integration der Fusion widmet (Due Diligence). Mit einer derartigen Gruppe können notwendige und sinnvolle Interventionen geplant und durchgeführt werden.

Wie auch immer eine Fusion zustande kommt, stets sollte eine Machbarkeitsstudie erstellt werden, um den Fusionsprozess zu unterstützen. Dabei muss dringend auf eine Ausgewogenheit von »Top-Down-Prozessen« aus dem Management und der Einbindung der Mitarbeiterschaft in einem »Bottom-up-Prozess« geachtet werden. Die Fusion gerät sonst in die Gefahr, nicht den notwendigen Rückhalt innerhalb der Organisation zu erhalten. Eine Fusion ist ohnehin schwer durchzuführen – auch ohne den ansonsten auftretenden Widerstand der Belegschaft. Diesen zusätzlichen Stressfaktor sollten sich die Entscheidungsträger ersparen und stattdessen lieber ernst gemeinte

Vorbereitung: Politikmanagement

Beteiligungsangebote unterbreiten, die gleichwohl die Steuerungsfähigkeit nicht beeinträchtigen sollten.

Die für eine Fusion Verantwortlichen sollten stets darauf drängen, dass sie von den Zuwendungsgebern ein separates Budget für die Fusion erhalten, mit dem sie Ziel gerichtete Interventionen planen und durchführen können. Auch der Austausch mit Experten und anderen Kultureinrichtungen oder anderen öffentlichen Körperschaften, die bereits Fusionserfahrungen gemacht haben, dienen der Professionalität der Umsetzung. Vor allem letzteres ist eine kostengünstige Möglichkeit, Erfahrungen und Strategien zu sammeln. Bedaulicher Weise findet ein solcher Austausch bisher kaum statt.

Von entscheidender Bedeutung ist auch, dass sich die Verantwortlichen intensiv mit dem Gründungsimpuls sowie den Zielen und Visionen der Organisation auseinander setzen. Die Beschäftigung mit dem eigentlichen Grund und der Daseinsberechtigung der Organisation kann eine wichtige Rolle im gesamten Fusionsprozess einnehmen.

Abschließend soll darauf hingewiesen werden, dass die Machbarkeitsstudie oder Public Due Diligence ein Werkzeug für die Entscheidungsfindung darstellt. Nicht mehr und nicht weniger. Die eigentliche Anstrengung, nämlich das Management des Prozesses und die Herausforderung nach kompetenter Führung, kann diese Studie nicht einfacher machen. Sie kann jedoch die Transparenz des Fusionsprozesses insgesamt erhöhen und indirekt die Bereitschaft der Betroffenen und Beteiligten verbessern helfen. So führt eigentlich kein Weg an der Erstellung einer Machbarkeitsstudie vorbei.

3.4 Entscheidungsfindung

3.4.1 Vorbereitung der Entscheidung

Sind die Partner auf einer Visions- und Ziele-Ebene zusammengekommen und hat auch die Machbarkeitsstudie gezeigt, dass Synergieeffekte prinzipiell zu erwarten und auch realisierbar erscheinen, muss alles für die politische Entscheidung notwendige vorbereitet werden. Neben den organisatorischen und strukturellen Fragen wird es in dieser Phase hauptsächlich um Fragen der Zusammenführung und des Managements gehen. Begleitend empfiehlt sich eine interne und externe Kommunikationskampagne, um die Politiker, die Mitarbeiter und Bürger von der Notwendigkeit des geplanten Schrittes zu überzeugen. Wenn eine Entscheidung nach dieser Strategie vorbereitet wird, werden die Beteiligten aus Kultur und Politik eine wesentlich einfachere Entscheidungsgrundlage gewinnen.

Entscheidungsfindung

Häufig wird sich aus politischen Gründen die Vorbereitungsphase und der Entscheidungstermin immer wieder verzögern, bisweilen über Jahre hinweg. Das mag daran liegen, dass vielleicht gerade eine politische Legislaturperiode zu Ende geht bzw. bald eine neue beginnt. Nur der Politiker und Entscheidungsträger, der dann entweder das Fusionsthema zur Wählerbeschaffung verwenden möchte oder aber gar nicht auf Stimmen aus diesem Bereich angewiesen ist, wird in Wahlkampfzeiten das bisweilen hitzig diskutierte Thema einer Fusion anpacken (vor allem bei Stadttheaterfusionen). Der Preis für dieses politisch motivierte Vorgehen ist häufig eine Verunsicherung der ganzen Körperschaft über die bevorstehenden Veränderungen und lähmt im schlimmsten Fall für längere Zeit jegliche Entwicklung.

Der wohl kritischste Moment einer Fusion liegt darin, ein gemeinsames Verständnis über die Notwendigkeit der Fusion und eine ernsthafte Gesprächsbereitschaft auf beiden Seiten zu erreichen. Eine Fusion wird stets einen Kompromiss darstellen, bei dem die beteiligten Partner ein Stück weit von ihren Wünschen und Vorstellungen abrücken und sich auf den anderen zu bewegen müssen. Besonders neuralgische Themen sind hierbei regelmäßig die Diskussionen um die Standorte bzw. den Hauptsitz, die Geschäftsführung und den Namen der fusionierten Organisation. Entscheidend ist eine gütliche Übereinkunft über die Zukunft der künstlerischen Inhalte, denn anders kommen die Organisationen nicht wirklich zusammen. Wenn diese Punkte positiv beschieden werden können, hat die Fusion eine gute Chance auf Erfolg.

3.4.2 Gemeinsames Treffen der Entscheidungsträger

Für eine Anbahnung von intensiveren Treffen der Entscheidungsträger aus den beteiligten Einrichtungen bzw. aus den Trägerorganisationen hat es sich als hilfreich erwiesen, wenn ein von beiden als neutral eingestufter, externer Moderator mit einem Praktiker gemeinsam auftritt, der eine vergleichbare Fusion schon einmal als Akteur begleitet hat. Einer der Autoren war in der Rolle des Moderators zugegen, als ein Bürgermeister aus der vor einigen Jahren fusionierten Region Hannover anlässlich eines Strategietreffens zwischen den Entscheidungsträgern einer großen kreisfreien Stadt mit denen des darum herum liegenden Landkreises von seinen Fusionserfahrungen berichtete. In diesem Vorgespräch ging es um die Frage, welche Schritte damals konkret unternommen worden waren und wie sich der politische Prozess gestaltete. Auf diese Weise konnte der Praktiker von seinen Erfahrungen berichten und der Moderator kümmerte sich um den Diskussionsfluss. Als besonders erfolgreich hat es sich dabei erwiesen, dass der Moderator eingangs eine allgemeine Einführung in das Thema »Fusionsprozesse« gab und anhand einiger vergleichbarer Beispiele die Entscheidungsträger auf bestimmte Punkte aufmerksam machte und sie für die Problematik sensibilisierte. Häufig ist den Akteuren nicht klar, worauf sie sich einlassen. Manchmal haben auch nicht alle das gleiche Grundverständnis für das Procedere einer Fusion. Nach der grundsätzlichen Einführung stellt der Praktiker seine Beispiele vor. Er kann

Vorbereitung: Politikmanagement

dann benennen, warum an welcher Stelle des von ihm durchgemachten Fusionsprozesses welche Fragen oder Blockaden entstanden sind. In der Diskussion können anschließend die verschiedenen Implikationen betrachtet werden.

Nach nur wenigen Sitzungen sind die Entscheidungsträger unter Umständen dann schon so weit, dass sie sich an die Formulierung einer ersten Absichtserklärung wagen. Eine solche Absichtserklärung hat dabei keine politische Entscheidungskraft, sondern soll der Öffentlichkeit nur signalisieren, dass man sich im Diskussionsprozess befindet.

Diese Absichtserklärung kann z.B. in der Art eines gemeinsamen Zieles formuliert werden. Nachfolgend ein fiktives Beispiel:

»Wir, die Bürgermeister und Dezernenten der Städte A und B sowie die Intendanten der Theater X und Y haben uns getroffen, um über die Zukunft unserer Theater zu beratschlagen. Auch in Zeiten schwieriger Kommunalfinanzen wollen wir weiterhin eine hoch stehende Theaterkultur in unseren Städten anbieten. Wir wollen dazu kommen, dass jede Stadt weiterhin über ihr Kulturangebot entscheidet. Auf der Kostenseite müssen sich dagegen Einsparungen in messbarer Größenordnung realisieren.

Aus diesem Grund befinden wir uns in einem Diskussionsprozess über die Möglichkeiten der Kooperation. Wir wollen herausfinden, ob es ausreichend ist, die bestehende Zusammenarbeit zu intensivieren, oder ob es notwendig geworden ist, Teile der Theater oder die gesamten Häuser zusammenzuschließen. Dazu werden wir ein entsprechendes Gutachten in Auftrag geben.

Wir sind davon überzeugt, dass durch eine intensive Kooperation der städtischen Theater von A und B die dauerhafte Existenz unserer Bühnenkultur am besten sichergestellt werden kann und gleichzeitig unser Kulturleben am wenigsten darunter leidet. Vergleichbare Beispiele aus anderen Städten und insbesondere die Tatsache, dass das dortige Publikum weiterhin sein gewohntes Theaterangebot genießen kann, ermuntern uns zu diesem Schritt.

Wir sind der Überzeugung, dass wir einen gemeinsamen Weg beider Städte finden werden und das für eine dauerhafte Sicherung der Theaterkultur in beiden Städten Notwendige einleiten können.

gez. die Bürgermeister der Städte A und B.«

Entscheidungsfindung

3.4.3 Hauptsitz und Standortschwerpunkte

Fusionen von Kultureinrichtungen finden oftmals zwischen Einrichtungen statt, die in verschiedenen Städten angesiedelt sind. Die Wahl des Hauptsitzes (u.a. Geschäftsführung, Intendanz oder bspw. Direktion) sowie die schwerpunktmäßige Ansiedlung der einzelnen Abteilungen, sind in vielerlei Hinsicht besonders heikel. Bei der Fusion der Orchester Reichenbach und Greiz im Jahre 1992 wurde nach langen und erbitterten Diskussionen ein Kompromiss geschlossen. Der Hauptsitz wurde in Reichenbach angesiedelt und dafür wurde der Name Greiz zuerst im Schriftzug des Fusionsorchesters genannt (vgl. VOGTLAND PHILHARMONIE 2003).

Die Auswahl des Hauptsitzes (Geschäftsführung etc.) ist demnach sorgfältig zu wählen, so lange sie sich nicht strukturell begründen lässt. Der Hauptsitz der NPhW wurde bspw. nach Recklinghausen gelegt, da sich dort kostengünstig ein neues Depot erwerben ließ und das POG kein eigenes Depot in Gelsenkirchen besaß.

Ein Standort ohne Geschäftsleitung ist immer benachteiligt, da ein Teil der konkreten Ansprechpartner größtenteils in der anderen Stadt ansässig ist. Das führt zu einem Gefühl der Benachteiligung, dem nur mit intensivem Zeit- und Kommunikationsaufwand (u.a. durch beständige Präsenz in der Partnerstadt) zu begegnen ist. Der Generalintendant und der Geschäftsführer der Vereinigten Städtischen Bühnen Krefeld und Mönchengladbach haben bspw. neben ihrem Büro mit Sekretärin in Krefeld auch ein Büro in Mönchengladbach (ohne Sekretärin).

Ebenso sorgfältig sind die Schwerpunkte der Standorte zu bestimmen. Gerade bei Theatern kann z.B. mit der Platzierung der personalstärksten Sparte in der Stadt, die nicht Hauptsitz des Theaters ist, ein Ausgleich hergestellt werden.

Zumeist vertreten die Städte ein starkes Interesse an der Beibehaltung der Standorte, um nicht auf entsprechende Steuereinnahmen etc. verzichten zu müssen. Hier muss für eine gleichmäßige Verteilung auf die jeweiligen Standorte gesorgt werden. Abteilungen, die für den Betrieb in beiden Städten notwendig sind, sollten dennoch einen Hauptsitz haben. So gab es etwa beim Schillertheater NRW bei der EDV und der Buchhaltung mit Sitz in Wuppertal jeweils auch eine Zweigstelle in Gelsenkirchen. Auf der anderen Seite gab es eine Zweigstelle für Personal, Organisation und Abrechung in Wuppertal. Diese Vorgehensweise ist wichtig, um die jeweiligen Belange zentral bzw. an leitender Stelle zu bündeln.

Außerdem sind diese Festlegungen aus organisatorischen Gesichtspunkten notwendig. So hat bspw. das Orchester der Vereinigten Städtischen Bühnen seinen Sitz in Mönchengladbach. Hier werden die meisten Proben durchgeführt und ein Hauptteil der Instrumente verwahrt und repariert. Dem entsprechend haben viele Musiker und die dazugehörigen Mitarbeiter ihren Wohnort nach Mönchengladbach gelegt (vgl. ZEILEIS 2003).

3.4.4 Klare Ziele und Verträge: Nachhaltigkeit und Integrationstiefe

Fusionen im öffentlichen (Kultur-) Sektor laufen Gefahr, dass nach deren Durchführung keine nachhaltigen Veränderungsprozesse umgesetzt bzw. keine Synergien ausgeschöpft werden (vgl. PLAMPER 2003, S. 53). Vielfältigen Gründe hierfür wurden bereits beleuchtet, wie etwa die Überlastung der Leistungsträger oder das mangelnde Interesse der Leitung, da die Fusion durch die Politik diktiert wurde. Außerdem treten häufig Ungereimtheiten bzgl. der Fusionsziele nach einem Zusammenschluss auf, so z.B. das Gefühl der Benachteiligung eines Trägers.

Hinsichtlich der Überlastung der Leistungsträger ist grundsätzlich mittels einer Strategie der Lastenverteilung durch Arbeits- und Projektgruppen zu begegnen (vgl. den Begriff der »Koordination« des 7 K-Modells von JANSEN). Strategien zur Einhaltung der Zeit- und Zielvorgaben sind vor allem unter dem Aspekt der »Kontrolle« zu verfolgen. Allerdings sollten diese Strategien bzw. Zielvorgaben in einem eindeutigen Rahmen definiert werden. Die Fusionen der NPhW oder der Vereinigten Städtischen Bühnen haben bewiesen, dass den oben benannten Problemen generell mit den Schlüsselfaktoren der »klaren Zieldefinitionen« und deren »schriftlicher bzw. vertraglicher Fixierung« zu begegnen ist. So wurde bereits vor dem Zusammenschluss zur NPhW ein Personalsoll erarbeitet und vertraglich fixiert (vgl. MARCUS 2003). Auch wenn nach der Fusion die Gefahr besteht, dass durch das operative Alltagsgeschäft fusionsbedingte Ziele und Aufgaben vernachlässigt werden müssen fixierte Zielvorgaben eingehalten werden.

Darüber hinaus sollten in der Pre-Merger-Phase bereits die Rechte und Pflichten der Träger bzw. der Kultureinrichtungen ausführlich für einen Fusionsvertrag (bzw. dem angepassten Vertrag bei einer Fusion durch Aufnahme) vordefiniert werden. Dieser Vertrag wird dann, wenn die Fusion in der Merger-Phase beschlossen wird, ratifiziert.

Ein solcher Vertrag ist neben den rechtlichen Rahmenbedingungen vor allem wichtig, um die Gleichberechtigung der Träger und deren Ansprüche (z.B. Aufführungszahlen bei einer Theaterfusion) zu gewährleisten. Der Vertrag zwischen der Stadt Krefeld und der Stadt Mönchengladbach bezüglich ihrer Theatergemeinschaft gilt in seiner heutigen Form als Mustervertrag – in der jeweils angepassten Form – für Theater- und auch für sonstige Fusionen im Kulturbereich. Allerdings musste der Vertrag – wie erwähnt – bereits sechzehn Mal novelliert werden. Das bestätigt zum einen die Bedeutung und Notwendigkeit eines solchen Vertrages sowie die ständig zu leistende Integrationsarbeit nach einer Fusion (vgl. PESEL 2000, S. 28). Das Regelwerk (vgl. die Dokumentation

Entscheidungsfindung

»Vertrag für die Theatergemeinschaft der Städte Krefeld und Mönchengladbach« aus dem Jahre 1994, in: MEYER 1996, S. 162–171) umfasst folgende Punkte:

- Name und Sitz.
- Kunstgattungen (hier werden die Sparten im Theater benannt).
- Haushaltsjahr (in KR und MG wurde das Haushaltsjahr, orientiert an der Spielzeit, auf den 16.8. des einen bis zum 15.8. des folgenden Jahres festgelegt).
- Kuratorium (Mitglieder, Vorsitz, Aufgaben, Beschlussfassung etc.).
- Theaterkonferenz (Mitglieder und Aufgaben)
- Geschäftsführung.
- Anzahl der Vorstellungen: u.a. Anspruch und Anzahl der Regelvorstellungen für jede Stadt (diese richten sich bei diversen Fusionen nach der jeweiligen Zuwendungshöhe der Träger, wie bspw. bei der NPhW), Gleichverteilung der Erstaufführungen, der Neuinszenierungen etc. (das hat unter Umständen zur Folge, dass Stücke in Krefeld, dem Standort des Schauspiels, einstudiert werden, jedoch aufgrund des Verteilungsschlüssels zuerst in Mönchengladbach aufgeführt werden müssen. Dies bedeutet für das entsprechende Ensemble eine Mehrbelastung aufgrund des Ortswechsels, dient andererseits aber der notwendigen Parität; vgl. RÖPER 2001, S. 441). Schließlich der Probenschwerpunkte und Standortfestlegung der jeweiligen Sparte, u.a. wegen der nötigen technischen Grundausstattung sowie der Herstellung des Gleichgewichtes zwischen den Trägerkommunen (notwendig auch für die Schauspieler und Techniker zur Festlegung ihres Wohnortes).
- Spielfertige Häuser (die Städte müssen spielfertige Häuser zur Verfügung stellen. Insbesondere im Theaterbereich bespielen diese zumeist mehrere Häuser, die ihnen von den Trägern »spielfertig« zur Verfügung gestellt werden und demnach nicht in ihren Verantwortungs- bzw. Liegenschaftsbereich fallen).
- Weitere Leistungen der Träger.
- Haushaltsplanung und -bewirtschaftung.
- Kostenübernahme (die Gesamtausgaben der Theater werden nach Abzug von Spendeneinnahmen u.ä. je zur Hälfte – bzw. nach einem festgelegten Schlüssel – von den Städten getragen). Für jede Stadt wird dieser Betrag aber noch um die Einnahmen aus dem jeweiligen Spielbetrieb gemindert.
- Rechnungsprüfung durch die jeweiligen Ämter der Städte.
- Werbung (die Werbemaßnahmen wurden in zugeteilte Gebiete zwischen KR und MG aufgeteilt, um Konkurrenzsituationen zu vermeiden; außerdem existiert für

Vorbereitung: Politikmanagement

jede Stadt ein separater Freundeskreis, u.a. um besser an die regionalen Identitäten appellieren zu können).

- Gastspiele.
- Inkrafttreten, Kündigung.

Des Weiteren sollte, sofern es die jeweiligen Regularien erlauben, auf tarifrechtliche Sonderregelungen der Mitarbeiter hingearbeitet werden. Wenn bspw. zwei Orchester der Vergütungsklasse B/TVK im Zuge einer Theaterfusion zusammengelegt werden, steigt trotz eines anzunehmenden bzw. festgelegten Personalabbaus zunächst die Gesamtpersonenzahl. Notwendigerweise müssten die Musiker jetzt nach Vergütungsklasse A/TVK mit entsprechend hohen Zulagen vergütet werden. Dies würde einer Höhergruppierung um vier (!) Tarifstufen entsprechen, obgleich es sich weiterhin um dieselben Musiker handelt. Außerdem würde gleichzeitig der Chor und das Ensemble der Tänzer (insofern vorhanden) höher eingruppiert werden, da sich deren Vergütung nach der Vergütungsklasse des Orchesters richtet (vgl. RÖPER 2001, S. 440). Hier lässt sich nur mit einem Haustarifvertrag gegensteuern, der in Zusammenarbeit mit den entsprechenden Personal-, Arbeitgeber- und Arbeitnehmervertretern zu verhandeln und auszuarbeiten ist.

Unter dem Aspekt der Nachhaltigkeit ist auch der Grad der »Integrationstiefe« zu betrachten. Bei Fusionen im öffentlichen Kulturbereich besteht die Gefahr, dass vielfach an den alten Strukturen und Besitzständen festgehalten wird. Bei der inzwischen aufgelösten Fusion der Theater Eisenach und Rudolstadt wurde z.B. im Gesellschaftsvertrag fixiert, dass die Orchester nicht zusammengelegt werden. Das war vor allem auf das Prestigedenken der beiden Städte zurückzuführen, die ihr jeweils eigenes Orchester behalten wollten (vgl. RÖPER 2001, S. 440).

In solchen Fällen (dies gilt auch für andere Bereiche) sollte zumindest ein Vertretungsabkommen angestrebt werden, in dem sich die jeweiligen Mitarbeiter bei Bedarf und ohne Extravergütung vertreten müssen (z.B. im Krankheitsfall).

Bei Fusionen im Kulturbereich handelt es sich also meist um horizontale Fusionen sowie um die Verschmelzung zweier Marken in eine (abgesehen von Teilfusionen bzw. von Fusionen, in denen keine künstlerische Zusammenarbeit erreicht werden soll). Die fusionierten Einrichtungen haben somit zumeist die gleichen bzw. ähnliche Abteilungen, die dieselben Aufgaben erfüllen müssen, da sie ein gleiches bzw. ähnliches Produkt anbieten. Im Falle der SWKK allerdings brachte die SWK viele Bereiche mit in die Fusion, die in den KuSa nicht vorhanden waren (z.B. Gärtner, Kraftfahrer, Denkmalpfleger). Diese konnten folglich nicht fusioniert werden. Die Mitarbeiter sollten dennoch in das Integrationsmanagement einbezogen werden, um die Identifikation mit der neuen Marke SWKK zu steigern.

Daraus folgt, dass generell die größtmögliche Integrationstiefe (Verschmelzung der einzelnen Bereiche) angestrebt werden sollte, die strukturell, arbeitsrechtlich und

Entscheidungsfindung

organisatorisch möglich ist. Nur so sind durch eine Fusion mittel- bis langfristig nachhaltige Kosteneinsparungen zu realisieren.

Auf der anderen Seite können auch andere, bereits vorgestellte Kooperations- bzw. Fusionsformen angestrebt werden, deren Integrationstiefe flacher ist, als die der bisher vorgestellten Totalfusionen. Außerdem kann der Fall eintreten, dass bspw. zwei gleichartige Abteilungen nicht fusionieren, sondern eine der beiden aufgelöst wird und die Arbeitsaufträge durch die andere Abteilung übernommen werden. Das hat aber dennoch zur Folge, dass mit hoher Wahrscheinlichkeit Mitarbeiter zu integrieren sind, um das gestiegene Arbeitspensum zu bewältigen. Entschließt sich eine Kultureinrichtung, ihr Angebot zu verringern, kann dies den kompletten Wegfall einer Abteilung mit all ihren Mitarbeitern bedeuten. In diesem Fall kommt der Begriff der »Integrationstiefe« nicht zum Zuge.

3.4.5 Eingebrachtes Vermögen und Stimmrechte

Wie bereits beschrieben werden Fusionen im Kulturbereich in der Regel freiwillig beschlossen und sind meist »Fusionen unter Gleichen«. Das bedeutet, dass gerade die kleineren Körperschaften die gleichen Mitspracherechte einfordern, auch wenn sie nur einen Bruchteil der »Vermögensmasse« einbringen. Es sind aus dem öffentlichen Sektor Fälle bekannt, wo der Eigenbetrieb einer Kommune mit einem vergleichbaren Eigenbetrieb einer anderen Stadt verschmolzen wurde. Dabei verteilte sich das eingebrachte Vermögen mit 85:15. Der kleinere Partner hatte allerdings nur in die Fusion eingewilligt, nachdem er eine Stimmenverteilung im neuen Aufsichtsrat von 50:50 erhielt. Die Gewinne wurden gemäß der eingebrachten Masse verteilt, die strategische Steuerung aber hälftig aufgeteilt.

Es gibt noch weitere interessante und lehrreiche Modelle, wie mit der Vermögensaufteilung umgegangen werden kann. Bemerkenswert ist ein Modell in der Region Empoli in Italien: Dort haben sich zehn Körperschaften aus dem Sozial- und Gesundheitsbereich zusammengeschlossen. Die Träger der Einrichtungen waren dabei Städte und Landkreise der Region sowie die Bezirksregierung. Trotz der heterogenen Zusammensetzung der Träger und Einrichtungen konnte die Vermögensaufteilung einvernehmlich geregelt werden. Heute existiert dort ein integrierter Gesundheitskonzern mit einer hohen Diversifizierung in öffentlicher Trägerschaft.

Wendet man den Blick zurück auf den Kulturbereich, lassen sich ebenfalls unterschiedliche Konstellationen finden. Wird die Fusion durch »Aufnahme« vollzogen, wie bei der SWKK geschehen, gehen die Besitzstände der einen – meist kleineren – Einrichtung in die der anderen – meist größeren – Institution über. In Weimar wurde dies durch einen Zustiftungsvertrag bewerkstelligt. Bei anderen durch Neugründung vollzogenen Fusionen im Kulturbereich wurde das Vermögen der beteiligten Einrichtungen in den neuen, gemeinsamen Betrieb transferiert (z.B. in eine GmbH oder einen

Vorbereitung: Politikmanagement

Verein). Mitunter wurden vertragliche Regelungen für die Aufspaltung des Vermögens nach einem möglichen »Demerger« vereinbart. Allerdings bietet etwa die Rechtsform einer GmbH schon relativ eindeutige Regelungen, wenn ein Betrieb wieder aufgespalten wird (vgl. Praxisbeispiel Schillertheater NRW).

Bezüglich der Stimmverteilung ist es schwerer, eindeutige Festlegungen für den Kulturbereich zu treffen. Zumeist wird bei relativ gleich großen Einrichtungen durch eine ausgeglichene Stellenvergabe der wichtigen Positionen versucht, ein (Macht-) Gleichgewicht zwischen den ehemals selbstständigen Einrichtungen herzustellen. Das wird bisher auch bei Fusionen praktiziert, in der eine Einrichtung erheblich größer war als die andere. Hier wurde jeweils versucht, durch die überproportionale Vergabe von Führungspositionen an den kleineren Partner, einem »Untergehen« desselben entgegenzuwirken (vgl. Praxisbeispiel SWKK).

Die politisch Verantwortlichen bzw. die Trägereinrichtungen besitzen in der Regel gleiche Stimmrechte und können gleichermaßen (positiven und negativen) Einfluss auf die Einrichtungen und deren Entwicklung nehmen.

Die Frage zum Verhältnis zwischen eingebrachtem Vermögen und Stimmrechtsanteilen in der neuen Organisation ist ein wichtiges Themen in Fusionsverhandlungen. Es gibt keine Erkenntnisse, welche Macht- und Stimmen-Verteilung einen Fusionsprozess am besten unterstützen. Klar ist nur, dass dieses Thema bewusst angesprochen werden sollte, denn ansonsten wird der kleinere Partner bzw. der vermeintlich »Unterlegene« alle Möglichkeiten einer Blockade ausnutzen und damit dem gesamten Fusionsprozess schaden.

3.4.6 Umwelt und Infrastruktur

Die bisherigen Fusionen haben gezeigt, dass der Standort bzw. die Entfernung zwischen den Partnern ein entscheidendes Kriterium für die Machbarkeit einer Fusion darstellt. Das Scheitern der Fusionen zwischen dem MIR und den Wuppertaler Bühnen (Schillertheater NRW), sowie dem Theater Eisenach und dem Theater Rudolstadt (Thüringer Landestheater GmbH), lässt sich nicht zuletzt auf die Entfernungen zwischen den Theatern und die schlechten Bahnverbindungen zurückführen. Die Entfernung zwischen Eisenach und Rudolstadt beträgt knapp 100 km; die kürzeste Fahrtzeit mit der Bahn beträgt dagegen über zwei Stunden, wobei man mindestens einmal umsteigen muss. Auch die Entfernung zwischen Wuppertal und Gelsenkirchen ist relativ groß und beträgt über 50 km. Die kürzeste Bahnfahrt ist nicht unter einer Stunde mit mindestens einem Umstieg zu schaffen. Zum einen werden hier beträchtliche Mehrkosten durch Personen- und Sachtransporte verursacht, anderseits geht vor allem aber viel Arbeitszeit der Mitarbeiter verloren, die regelmäßig in beiden Städten arbeiten müssen. Ein Resultat ist dann häufig, dass weiterhin bspw. zwei Orchester benötigt werden, was die Einspar- und Synergiepotenziale stark minimiert. Das war etwa bei

Entscheidungsfindung

der Thüringer Landestheater GmbH der Fall. Hier wurden aufgrund der Entfernung und der tariflichen Bedingungen zwei Orchester benötigt, deren Erhalt außerdem gewollt war (vgl. RÖPER 2001, S. 440).

Zudem erschweren große Entfernungen die Integrationsarbeit, insbesondere durch die Leitung, da sie letztendlich einen Hauptstandort wählen muss. Selbst bei kurzen Entfernungen wie zwischen Krefeld und Mönchengladbach, stellt die tägliche Kommunikations- bzw. Integrationsarbeit eine hohe Belastung des Intendanten dar (wenn er zweimal am Tag nach MG fahren muss, legt er insgesamt knapp 90 km zurück; vgl. PESEL 2000, S. 37).

Außerdem ist bei weiten Entfernungen ein großer regionaler Identitätsunterschied der Mitarbeiter und des Publikums zu vermuten, der sich zusätzlich erschwerend auswirken kann.

Erfolgreiche Fusionsstätten, wie die Vorpommersche Theater und Sinfonieorchester GmbH (Entfernung zwischen Greifswald und Stralsund: knapp 40 km; schnellste Bahnverbindung: 21 Minuten), die NPhW (Entfernung zwischen Recklinghausen und Gelsenkirchen: 15 km; schnellste Bahnverbindung: 10 Minuten) oder die Vogtland Philharmonie Greiz/Reichenbach (Entfernung zwischen Greiz und Reichenbach: 9 km; schnellste Busverbindung: 22 Minuten), weisen allesamt die Merkmale »kurze Entfernung« und »schnelle öffentliche Verkehrsanbindung« auf. Die Vereinigten Städtischen Bühnen Krefeld und Mönchengladbach schreiben alle zwei Jahre den Personentransfer zwischen beiden Städten (21 km) öffentlich aus. Die Beförderung zu Proben und Aufführungen erfolgt somit über das günstigste Busunternehmen und hat sich als kostengünstigste Alternative bewährt (vgl. ZEILEIS 2003).

Neben der Entfernung ist vor allem die Kompatibilität der Infrastruktur ein entscheidender Schlüsselfaktor hinsichtlich der möglichen Einsparpotenziale. Dies betrifft besonders Theaterfusionen. Die Abmessungen der jeweiligen Bühnen entscheiden darüber, ob ein Bühnenbild problemlos in beiden bzw. mehreren Spielstätten eingesetzt werden kann.

Bei der Fusion des MIR mit den Wuppertaler Bühnen wurden Kompatibilitätsprobleme bzgl. der Abmessungen erst nach der Fusion festgestellt, was wiederum zu geringeren Einsparungen führte als erwartet.

3.4.7 Interne und externe Kommunikation in der Findungsphase

Alle Anspruchsgruppen (Stakeholder) wie etwa die Besucher, Mitarbeiter oder Träger haben ein nur zu verständliches Interesse, über anstehende, sie selbst betreffende Veränderungen informiert zu werden. Für den Politiker ändert sich die Entscheidungsbasis und häufig auch der Einflussbereich seiner Entscheidungsmacht; für die

Bürger ändert sich der Zugang und das Verständnis ihrer Identität stiftenden Kultureinrichtung und für die Mitarbeiter steht unter Umständen der Arbeitsplatz sowie die Identifikation mit ihrer Einrichtung auf dem Spiel. Aufgrund all dieser höchst unterschiedlichen Gründe möchte jede Gruppe der Stakeholder möglichst viel über den Fusionsprozess erfahren.

Eine Organisation ist deshalb gut beraten, wenn eine umfassende Kommunikationsstrategie erarbeitet wurde und gezielte Informationen sich nach innen wie nach außen richten. Das Ziel für die interne Kommunikation sollte sein, Ängste, Verunsicherungen, Vorurteile und »Feindbilder« abzubauen. Dazu muss im ersten Schritt eine Gesprächsbasis zwischen den Mitarbeiterinnen und Mitarbeitern der beteiligten Unternehmen geschaffen werden. Es handelt sich also zunächst eher um »atmosphärische« Fragen des Miteinanders. Auch die Veränderungsbereitschaft und die Motivation der Mitarbeiter muss sich erst entwickeln, so dass die Zustimmung zur Fusion bei den Mitarbeitern wachsen kann. Nur so wird eine Vertrauensbasis für das neue, gemeinsame Unternehmen geschaffen.

Nach außen muss die neue Organisation ihre Fusionsabsichten bekannt geben. Es kann aber weder pauschal befürwortet noch davon abgeraten werden, Machbarkeitsstudien oder andere Planungs- und Begutachtungsdokumente zu veröffentlichen, wie es etwa in Berlin im Zuge der Diskussion über die Opernfusion praktiziert wurde.

Prinzipiell sollte darauf geachtet werden, dass es nicht zu wenig an Information und Kommunikation gibt, die verbreitet wird. Zu wenig Kommunikation ist ein besonders guter Nährboden für Gerüchte und Spekulationen. Diese wiederum binden einen Teil der Energie in der Mitarbeiterschaft, können das Motivationsniveau reduzieren, durch Konfusion und Apathie im Team aber auch die Effizienz und Produktivität in Mitleidenschaft ziehen. Gleichermaßen sollte darauf geachtet werden, dass nicht »zu viel« kommuniziert wird, um die Betroffenen bspw. nicht mit komplexen Planungstabellen zu verwirren, die nicht oder nur kaum verständlich sind, wenn man nicht täglich damit umgehen muss.

Abschließend lohnt ein Rechenbeispiel, um die immense Bedeutung einer ausgewogenen und durchdachten Kommunikation mit den Mitarbeitern zu unterstreichen: Wenn in einem mittelgroßen Theaterbetrieb alle 300 Angestellten – im besten Fall – täglich nur eine dreiviertel Stunde während ihrer Arbeitszeit über die möglichen Folgen der Fusion nachdenken bzw. diskutieren, gehen dem Betrieb pro Woche 1.125 h, d.h. pro Monat knapp 5.000 Arbeitsstunden verloren (vgl. FELDMANN 2000, S. 84). Außerdem wird die sinkende Motivation zu einer vermutlichen Zunahme von Fehlern sowie dem Ausbleiben von Innovation und sinkender Kreativität führen; notwendige Entwicklungen werden verschleppt, weil keine Klarheit herrscht. Professionelle Kommunikation ermöglicht dagegen den produktiven Diskurs der Mitarbeiter mit dem Thema Fusion, welcher dann nicht mehr als verlorene Zeit wahrzunehmen ist.

Entscheidungsfindung

3.4.8 Die gemeinsame Namensfindung

Das Beispiel der Vogtland Philharmonie Greiz/Reichenbach hat bereits verdeutlicht, wie viel emotionale Gewichtung neben dem neuen Hauptsitz auch dem neuen Namen der gemeinsamen Institution beigemessen wird (vgl. Kap. 3.4.3).

Die Auswahl des neuen Namens sollte im besten Fall die neue Vision bzw. das neue Leitbild zum Ausdruck bringen sowie die Fusionseinrichtung geografisch verorten (vgl. HABECK 2002, S. 117f.). Der aus dem WSO und dem POG entstandene Name »Neue Philharmonie Westfalen« ist hierfür exemplarisch zu nennen. Da die Fusion für beide Seiten neue Arbeitsinhalte einschloss (für die Musiker des WSO zahlreiche »Grabendienste« im MIR und für das POG viele sinfonische Auftritte), wurde der Begriff »Philharmonie« verwendet, der alle Aufgaben einbegriff. »Neue« stand charakteristisch für den Neuanfang und »Westfalen« verortet das Orchester geografisch. Heute verbindet man mit der NPhW einen neuen Klangkörper, ohne die Tradition der Orchester zu vergessen (vgl. MARCUS 2003).

Eine bloße Addition, wie bspw. die »Theater- und Orchester GmbH Neubrandenburg-Neustrelitz« sollte vermieden werden. Ein solche Lösung erinnert zu stark an die Vorgängerbetriebe und minimiert den Identifikationsgrad mit der neuen Einrichtung. Eine Addition ist das falsche Signal, das jedoch häufig von politischer Seite gewollt ist, um alte Besitzstände zu wahren.

3.4.9 Der Umgang mit regionalen Identitäten

Die Probleme hinsichtlich der unterschiedlichen regionalen Identitäten, wie sie exemplarisch durch das Schillertheater NRW angeführt wurden, sind im Theater- und Orchesterbereich Flächen deckend zu konstatieren. Auch wenn die interne Zusammenführung sowie die Vereinigung der künstlerischen Inhalte kurz- oder langfristig gelingen, so bleiben die unterschiedlichen regionalen Identitäten bzw. Profile erhalten. Kultureinrichtungen, allen voran städtische Theater und Kulturorchester in kleinen bis mittelgroßen Städten, sind Teil dieser Identität, nicht zuletzt, weil sie teilweise seit über 200 Jahren dort ansässig sind (wie bspw. die Diskussion um die Fusionierung des DNT in Weimar mit dem Theater Erfurt verdeutlicht). Fusionierte Kultureinrichtungen befinden sich somit auf einer stetigen Gratwanderung (abgesehen von Fusionen innerhalb einer Stadt, wie z.B. die Fusion der KuSa mit der SWK). Der richtige Umgang mit diesen schwer zu fassenden Unterschieden ist ein Erfolgsfaktor jedweder Fusion im Kulturbereich.

Der Geschäftsführer der Vereinigten Städtischen Bühnen Krefeld und Mönchengladbach führt diesen Tatbestand selbst nach über 50 Jahren der Fusion weiterhin als Schwierigkeit an. Auch wenn das Theater seit langem eine organisatorische und künstlerische Einheit bildet, muss sich die Geschäftsführung durch Fingerspitzengefühl auf

Vorbereitung: Politikmanagement

den jeweiligen Standort und seine Besonderheiten einlassen (z.B. durch die Modifizierung der jeweiligen Spielpläne und das tägliche Studium beider Lokalzeitungen). Besonders die Theaterleitung ist kontinuierlich mit der Wahrung der Parität zwischen den (kommunalen) Trägern beschäftigt. Gelegentlich ist der Intendant zweimal am Tag in Mönchengladbach, um mit dem Kulturdezernenten oder anderen Interessengruppen zu kommunizieren bzw. allen Stakeholdern das Gefühl der Gleichberechtigung zu geben. Ähnlich oft muss der Geschäftsführer nach Mönchengladbach, um vor Ort betriebliche Angelegenheiten persönlich besprechen zu können; diese stetige Vermittlungsarbeit kann ergo nur durch ein großes Maß an Mehrarbeit geleistet werden (vgl. ZEILEIS 2003).

Außerdem muss von Anbeginn eine gewisse Zögerlichkeit des Publikums einkalkuliert werden, der man durch aktive künstlerische Arbeit sowie intensive Kommunikations- und Integrationsstrategien begegnen kann. Letztendlich sind Verhandlungsgeschick, das Fingerspitzengefühl der Leitung sowie deren Kompromissbereitschaft und ein hoher Aufwand an Kommunikation Ausschlag gebend. Zudem können mittels Workshops zum Leitbild (»was erwarten wir von der neuen Einrichtung etc.«) etwa in der Vorvertrags- (Pre-Merger) oder Durchführungsphase (Merger) mit Politikern, Angestellten und dem Publikum erste Unwägbarkeiten und Bedürfnisse ausgelotet werden. Diese Workshops wirken gleichzeitig als wirkungsvolle Aktivitäten zur Verbesserung der Identifikation mit der neuen Einrichtung.

3.4.10 Vorvertragliche Kooperation als Probephase?

Es ist in höchstem Maße empfehlenswert, schon in einem möglichst frühen Stadium der Diskussion und Verhandlung über eine Fusion, die operative Kooperation zwischen den beteiligten Organisationen wesentlich zu intensivieren. Gerade vor dem Hintergrund einer sich abzeichnenden Fusion ist eine derartige vorvertragliche Zusammenarbeit besonders von Nutzen, da sie so etwas wie eine »Probephase« darstellen kann, in welcher sich die Abteilungen kennen- und im besten Falle auch schätzen lernen.

Nachdem bspw. die Fusion zwischen dem POG und dem WSO relativ sicher war (NPhW), wurde in der letzten Spielzeit vor der Fusion ein Vorvertrag geschlossen, in dem die Musiker in beiden Städten zum Dienst verpflichtet waren (insbesondere zur Krankheitsvertretung). In dieser Phase können erste Probleme lokalisiert und letztendlich auch positive bzw. negative Signale für die bevorstehende Fusion gegeben werden.

Diese intensivierte Kooperation sollte dabei weit über das bisherige Maß an Zusammenarbeit hinausgehen und schon den Willen erkennen lassen, in Zukunft wirklich gemeinsam zu arbeiten.

Kapitel 4: Umsetzung: Projektmanagement

Inhalt des Kapitels:

4.1	Übersicht Merger-Phase	120
4.2	Konkrete und detaillierte Umsetzungsplanung	122
	4.2.1 Konzeption der Umsetzung	122
	4.2.2 Ein professionelles Projektmanagement	125
	4.2.3 Schnelle Entscheidung über die neue Führungsebene	127
	4.2.4 Beteiligung vs. Geschwindigkeit	130
	4.2.5 Integrationskonzept erarbeiten	132
	4.2.6 Das »7 K-Modell« der Integration von Anfang an mitdenken	133
4.3	Durchführung der Verschmelzung	137
	4.3.1 Transformation, Schwebezustand und »voneinander lernen«	137
	4.3.2 Early wins	139
	4.3.3 Unternehmenskultur und weiche Faktoren	141
	4.3.4 Faires Kündigungsmanagement	143
4.4	Interne Kommunikation in der Durchführungsphase	146
4.5	Externe Kommunikation in der Durchführungsphase	148

4.1 Übersicht Merger-Phase

Sobald eine verbindliche politische Entscheidung zu Gunsten einer Fusion getroffen wurde, beginnt die eigentliche Umsetzung der Fusionsziele (Merger).

Diese Phase der Durchführung teilt sich in einen Konzeption- und einen Durchführungsteil auf. Sie ist im Vergleich zu der Vorverhandlung (Pre-Merger) und der (langjährigen) Nachsorge und Integration (Post-Merger) meist relativ kurz. Trotzdem muss gerade im kulturellen und künstlerischen Bereich auch dieser Abschnitt der Fusion umsichtig durchgeführt und mit einem professionellen Projektmanagement begleitet werden.

Abbildung 13:   Merger-Phase – Strategische Planung und Durchführung

```
    ┌──────────────────────────────┐
    │  Merger-Phase                 ╲
    │                                ╲
    │  Strategische Planung und Durchführung  >
    │                                ╱
    └──────────────────────────────┘
                   │
         ┌─────────┴─────────┐
         ↓                   ↓
    ┌────────────────────────────────────────┐
    │ Hauptaktivitäten:                       │
    │ Konkrete und detaillierte Umsetzungsplanung │
    │ ↓                                       │
    │ Durchführung (Beginn der strategischen  │
    │ Umsetzung der Planungen und Ziele)      │
    │ ↓                                       │
    │ Interne und externe Kommunikation       │
    └────────────────────────────────────────┘
```

Wenn bereits in der Vorbereitungsphase eine fundierte und gut kommunizierte Machbarkeitsstudie durchgeführt wurde, dann können daraus in aller Regel zahlreiche Aspekte, Empfehlungen und Anregungen in das Umsetzungskonzept übernommen werden. Auf diese Weise können die Vorarbeiten und Vorverhandlungen, die im öffentlichen Sektor mitunter sehr viel Zeit in Anspruch nehmen, Gewinn bringend für die Umsetzung verwendet werden.

Die Durchführungsphase sollte vor allem von dem Gedanken des Veränderungs- und Changemanagements geprägt sein; systematisches Denken und Handeln muss hierbei im Vordergrund stehen. Changemanagement ist hier vor allem als ein Sammelbegriff zu verstehen, der notwendige Instrumentarien und Konzepte zusammenfasst, die für die Durchführung von Veränderungsprozessen in Unternehmen notwendig sind (vgl. u.a. DOPPLER 1994 und BUCHNER 2001). Hierbei sollte vor allem Wert auf die periodische Überprüfung der einzelnen Planungsschritte gelegt werden (Fusionscontrolling). Dieses zielt neben der Überwachung der einzelnen Schritte (inhaltlicher, struktureller und zeitlicher Verlauf) zentral auf die Vermeidung häufig auftretender Gefahren. HARALD PLAMPER führt u.a. folgende Gefahren an (vgl. PLAMPER 2003, S. 62):

- Die Leitung verliert schnell das Interesse an der Fusion.
- Wegen fehlender personeller Kapazitäten gewinnt das Tagesgeschäft schnell wieder die Oberhand (zu Recht, denn das kulturelle Produkt und die Besucher stehen auch weiterhin im Vordergrund).
- Die produktive Kommunikation zwischen den verschiedenen Ebenen verliert schon nach wenigen Monaten an Intensität.

Die Verteilung der durchzuführenden Aufgaben und des Controllings auf die Leistungsträger der einzelnen Abteilungen (z.B. durch Lenkungsausschüsse), kann der Überlastung einzelner Führungskräfte entgegenwirken (vgl. K-Prozess »Koordination«.). Ebenso ermöglicht die regelmäßige Kommunikation bzw. Diskussion über die einzelnen Prozesse eine produktive Verständigung zwischen den Ebenen und wirkt dem Interessenverlust der Führung entgegen.

Aufgrund der Strukturen und Besonderheiten im öffentlichen Kultursektor war bereits die vorvertragliche Phase der Fusion von der im Privatsektor unterschiedlich; es kann folglich nicht verwundern, dass es auch bei der konkreten Durchführung entsprechende Besonderheiten gibt. Ging es in der Pre-Merger-Phase im Privatsektor primär um die Ermittlung des Kaufpreises, die Vertragsverhandlungen und die wettbewerbsrechtlichen Prüfungen, so stehen bei Fusionen im öffentlichen Sektor gerade die politischen Entschlüsse in den entsprechenden Gremien und die Vergrößerung der Anzahl an Befürwortern für die Fusion im Vordergrund.

Zunächst muss eine detaillierte Umsetzungsplanung erarbeitet werden. Auf Basis dieser Planungen wird später die Fusion organisatorisch durchgeführt. Diese erste Planungsphase sollte dabei einerseits rasch absolviert werden, zum anderen aber auch detailliert genug sein, um wirklich den komplexen Herausforderungen einer Fusion Rechung zu tragen. Je professioneller die Durchführung vorbereitet wird, umso erfolgreicher sollte die eigentliche organisatorische Verschmelzung von statten gehen. Dabei erscheint es sinnvoll, genügend operative Flexibilität in der Planung zu berücksichtigen, um auf ungeplant auftretende Probleme zügig reagieren zu können und die Strategie anzupassen (vgl. PLAMPER 2003, S. 61).

Das Ergebnis der Konzeptionsphase muss ein ausführlicher Zeit-, Ressourcen- und Maßnahmenplan sein, der als Grundlage für die anschließenden Umsetzung dient. Außerdem sollte ein Kommunikationskonzept erstellt werden, welches die Veränderungen sowohl intern als auch extern kommuniziert und damit aktiv an der Etablierung der neuen Organisation bzw. Marke mitwirkt.

4.2 Konkrete und detaillierte Umsetzungsplanung

4.2.1 Konzeption der Umsetzung

Fusionen sind Ausnahmesituationen der Organisationsentwicklung und bedürfen einer besonderen Vorbereitung, Betreuung und Begleitung. Da es sich um eine hoch komplexe Veränderung handelt, bei der viele Arbeitnehmerinnen und Arbeitsnehmer aus verschiedenen Hierarchieebenen und Bereichen betroffen sind, benötigt man eine erfahrene Begleitung des Prozesses. Ob es sich dabei um ein internes oder externes Team handelt, ist dabei nicht relevant. Wichtiger erscheint es, überhaupt eine Fusionsprojektgruppe zu etablieren, die einen klaren Auftrag, ein bestimmtes Budget und definierte Befugnisse hat. Die Arbeit der Gruppe muss unter dem Gesichtspunkt »wir wollen zusammenfinden und uns verändern« stehen.

Gerade im öffentlichen Kultursektor besteht die Gefahr, dass aufgrund der unterschiedlichen Interessengruppen (Arbeitnehmervertreter, Mitarbeiter, Öffentlichkeit etc.) und der über Jahre festgefahrenen Strukturen fusioniert wird, ohne nachhaltige Veränderungsprozesse anzustoßen. Doch gerade Fusionen sind geeignet eine tiefgreifende und radikale Organisationsentwicklung durchzuführen, denn während der relativ abgegrenzten, projektartigen Zeit der Fusion befindet sich die Organisation gewissermaßen in einem Schwebezustand. Es können größere Veränderungen des Organisationsaufbaus und tiefere Einschnitte in die Abläufe durchgeführt werden, als es gegen die Widerstände innerhalb der Organisation unter normalen Umständen möglich wäre. Fusionen können also auch genutzt werden, alte Strukturen abzubauen und neue einzuführen. Die Beweglichkeit der Organisationen wird umso größer sein, je mehr der Untergang bzw. eine Schließung droht. Je größer der Leidensdruck angewachsen ist, umso einsichtiger werden die Beteiligten in eine Fusion einwilligen und mitwirken.

Die folgende Tabelle fasst zentrale Aufgaben und Aktivitäten in dieser Phase erläuternd zusammen:

Umsetzung: Projektmanagement

Tabelle 7: Aufgaben und Aktivitäten in der Konzeptionsphase

Planung/ Konzept	Inhalt	Wer?
ORGANISATORISCH, ADMINISTRATIV UND OPERATIV		
Aufbau und Ablauf	Welche Bereiche können fusioniert werden und wie werden diese zusammengeführt (Standorte, Infrastruktur, Personal)? Welche Prozessabläufe lassen sich optimieren? Feinzielplanungen für die einzelnen Bereiche. Können neue Abteilungen realisiert werden (z.B. Marketing)? u.v.m.	Insbesondere Arbeitsgruppen, und Lenkungsausschüsse in den Abteilungen (siehe 7 K-Prozess »Koordination«) in stetiger Rücksprache mit der Leitung.
Personalplanung	Endgültiger Personalbedarf (Planziel). Welche Stellen werden nicht wiederbesetzt, nach Pensionierung, Umsetzung von kw-Vermerken etc.	Leitung.
Organigramm	Erarbeitung einer neuen Organisationsstruktur (Organigramm). Wer sind die zukünftigen Entscheidungsträger?	Leitung; in Rücksprache mit den Abteilungsleitern.
Betriebsform	Bei einer Fusion durch Neugründung und der Einführung einer neuen Betriebsform, muss bspw. unter Umständen die kameralistische Buchführung in eine doppelte bzw. kaufmännische Buchführung etc. überführt werden. Das sollte bereits im Vorfeld ausgearbeitet werden.	Leitung (Geschäftsführer o.ä.) und evtl. Wirtschaftsberatung.
Finanzierungsplan	Gemeinsamen Finanzierungsplan aufstellen. Herausarbeitung, wo Mittel durch die Synergieeffekte der Fusion umgewidmet werden können. Aufzeigen der Risiken bzgl. Personalabbau durch die Planung; evtl. Mittel für Abfindungen etc.	Leitung (Geschäftsführer o.ä.), evtl. mit Unterstützung der Zuwendungsgeber, der Verwaltung o.ä. (Know-how).
Fusionsvertrag	Der Fusionsvertrag (bzw. die Vertragsänderungen bei einer Fusion durch Aufnahme) sollte möglichst detailgenau hinsichtlich der Ziele und der Pflichten der Partner formuliert werden.	Justiziar bzw. RA, in Absprache mit Leitung und Politik. Evtl. mit Unterstützung des Rechtsamtes o.ä. (Know-how).
Meilensteine und »early wins«	In der Konzeptionsphase sollten Meilensteine gelegt werden, was wann erreicht werden soll (Zusammenlegungen, Planziele, Personalbestand, erste Ausstellung bzw. Produktion, Einsparungen etc.). Hiervon sollten – sofern realisierbar – einige Meilensteine kurz nach der Fusion zu erreichen sein, um intern und extern die ersten Erfolge der Fusion (»early wins«) kommunizieren zu können (vgl. KÄMMERER 2003, S. 105).	Leitung und Abteilungsleiter in Absprache mit allen an der Planung und Konzeption beteiligten Mitarbeitern und Partnern.

Konkrete und detaillierte Umsetzungsplanung

Planung/ Konzept	Inhalt	Wer?
Controlling	Die aufgeführten Aufgaben und daraus resultierenden Meilensteine sollten hinsichtlich ihrer Koordination und ihrer Ergebnis-, Finanz-, Prozess-, und Strategietransparenz (Einhaltung der zeitlichen Vorgaben etc.) durch einen Controller überwacht werden (vgl. HORVÁTH 2000, S. 7f.). Es ist jedoch davon auszugehen, dass hierfür keine Gelder bereitstehen werden. Der Controlling-Prozess sollte deshalb auf die einzelnen Abteilungsleiter verteilt werden, die ihre Bereiche nach den oben genannten Kriterien bspw. mittels der BSC hinsichtlich Planung und Steuerung kontrollieren und regelmäßig die Leitung darüber informieren.	Leitung und Abteilungsleiter (im Idealfall durch einen externen Controller).
KULTUR		
CI-Konzept	Im besten Falle Ausschreibung eines Wettbewerbs, um wirklich etwas »Neues« zu schaffen und nicht auf alte Muster zurückzugreifen. Die Durchführung eines Wettbewerbs wurde auch von der SWKK als sehr Gewinn bringend bezeichnet (vgl. FÖHL 2003A).	Leitung und Öffentlichkeitsarbeit bzw. Kommunikationsabteilung (evtl. auch Workshop mit weiteren Mitarbeitern zur neuen Leitbildfindung).
Name	Der neue Name der fusionierten Einrichtungen sollte im optimalen Fall keine Addition aus den alten Namen sein, um die Verschmelzung zu etwas Neuem in den Vordergrund zu stellen (Bsp. NPhW).	Leitung; Kuratorium o.ä.; Mitarbeiter; Politik und unter Umständen weitere Stakeholder.
Tradition, Werte, Methoden und Netzwerke	Welche informellen Strukturen aus beiden Einrichtungen bleiben erhalten und welche sollen neu entwickelt werden? Was ist besonders wichtig (z.B. Auftreten gegenüber den Besuchern; CB und CC Konzept)?	Leitung und Abteilungsleiter.
STRATEGISCH		
Zusammenführung der künstlerischen Inhalte	Z.B. Vorbereitung einer ersten gemeinsamen Ausstellung zum Fusionsauftakt. Bei einer Orchesterfusion sollte bspw. ein neuer GMD verpflichtet werden, der nach der Fusion beide Orchester zusammenführt und die Fusion nach außen verkörpert. Die NPhW führt auf diese Strategie den primären Erfolg der Fusion in der Öffentlichkeit zurück (vgl. MARCUS 2003).	Intendanz; künstl. Leitung; Kuratorium o.ä.

Umsetzung: Projektmanagement

Planung/ Konzept	Inhalt	Wer?
Beteiligung der Mitarbeiter	Zur Motivation bzw. Integration der Mitarbeiter in den Veränderungsprozess sollten gezielt kleinere Arbeitsaufträge mit fusionsspezifischen Inhalten verteilt werden (Konzept erarbeiten: was lässt sich in der eigenen Abteilung verbessern, was ist besonders innovativ und sollte erhalten bleiben usw.).	Leitung, Abteilungsleiter, mittlere und untere Beschäftigungsebenen
PERSONELL		
Vorbereitung personelle Integration	U.a. Konfliktbewältigungsstrategien, Kommunikationsstrukturen. (auch: wie verfahre ich mit den Mitarbeitern, die durch Frührente, Altersteilzeit oder gar Kündigung ausscheiden müssen).	Leitung und Abteilungsleiter
Karriere	Welche Karrierechancen bestehen zukünftig?	Leitung und Zuwendungsgeber.
KOMMUNIKATION		
interne Kommunikation	Die Angestellten sollten schnell über feststehende, ggf. auch unangenehme Folgen der Fusion informiert werden, um Gerüchte zu vermeiden (»Top-Down-Prozess«, Einzelgespräche, Betriebsversammlungen, evtl. Mitarbeiterzeitschrift, Intranet etc.). Regelmäßige Rücksprache mit der Politik (Fortsetzung Politikmanagement).	Leitung; Abteilungsleiter; Betriebs- und Personalräte
EXTERN		
externe Kommunikation	Vorbereitung der Öffentlichkeit sowie weiterer externer Stakeholder (z.B. Lieferanten etc.) auf die Fusion u.a. durch gezielte Informationsvergabe an die Presse.	Leitung über Öffentlichkeitsarbeit bzw. Kommunikationsabteilung

4.2.2 Ein professionelles Projektmanagement

Die erfolgreiche Durchführung und Begleitung einer Fusion bedarf eines professionellen Projektmanagements. Fusionen sind als Ganzes Projekte mit Anfang und Ende und es empfiehlt sich, schon sehr früh ein Projektmanagement einzurichten.

Wenn dies noch nicht geschehen ist, dann ist spätestens die Durchführungsphase der geeignete Zeitpunkt dafür, denn sie hat einen definierten Start, nämlich die politische Entscheidung, und ein definiertes Ende, nämlich wenn die Mitarbeiterschaft in der

Konkrete und detaillierte Umsetzungsplanung

Zielstruktur arbeitet und etwaige Umzüge hinter sich gebracht und die neuen Kollegen kennen gelernt hat.

Ein professionelles Projektmanagement beinhaltet unter anderem folgende Themen:

- Integration der politischen Träger (Parlamente, Räte, Aufsichtsräte etc.).
- Integration der Managementebenen (Geschäftsführung, Intendanz, Vorstand etc.).
- Integration der weiteren ausführenden Personengruppen (zuerst: Leitungsebenen, dann immer weiter hinunter in der Hierarchieebene).
- Systemintegration (Buchhaltung, Budgets, IT, Controlling, z.B. Bühnentechnik, Facility Management etc.).
- Zusammenführung der Personalabteilungen.
- Klärung rechtlicher und steuerlicher Fragen.
- Risiko- und Versicherungsmanagement.

Für diese Bereiche muss ein detaillierter Zeit- und Ressourcenplan aufgestellt werden. Darin sollen überlicherweise bestimmte Meilensteine des Fusionsfortschritts definiert werden, deren Erreichung der Projektmanager dann laufend überwacht. Außerdem werden thematische und/oder räumlich-strukturell zusammen gestellte Arbeitsgruppen mit klar definierten Aufträgen (etwa: Zusammenführung der Verwaltung, Integration der Bühnentechnik, Aufbau eines gemeinsamem Archivs) eingerichtet, welche die eigentliche Detailarbeit vorbereiten und erledigen.

Ist die Erreichung eines bestimmten Meilensteins gefährdet, so ist es die Aufgabe des Projektmanagers herauszufinden, ob die Verschiebung hinnehmbar ist oder ob mit allen verfügbaren Mitteln gegengesteuert werden muss. Der Projektmanager ist also verantwortlich für die gesamte Koordinierung des Fusionsprozesses und der Projektgruppen. Sein Ziel sollte dabei sein, kontinuierlich die operativen Arbeit auf die Mitglieder der Teilprojektgruppen zu übertragen. Er wird die gemeinsamen Sitzungen einberufen und in der Regel leiten. Eine besonders günstige Konstellation ist es, wenn dieser Projektleiter gleichzeitig der designierte Leiter der neuen Organisation ist und die Leiter der Teilprojektgruppen die entsprechenden zukünftigen Abteilungs- bzw. Bereichsleiter sind. Auf diese Weise werden die Beteiligten alle anstehenden Entscheidungen sehr sorgfältig vorbereiten, weil sie später ja mit den Ergebnissen ihrer Arbeit arbeiten müssen. Diese Form der »direkten Produkthaftung« ist bei jeder Form der Fusion zu favorisieren, weil es genau diejenigen stützt, die später die Verantwortung tragen werden. (zum Thema »Projektmanagement für Kulturmanager« vgl. ausführlich KLEIN 2004).

Umsetzung: Projektmanagement

4.2.3 Schnelle Entscheidung über die neue Führungsebene

Diese zu bevorzugende Lösung setzt eine zügige Entscheidung über die neuen Führungsebenen voraus. Bei zwei der größten Fusionen im öffentlichen Sektor, nämlich der Fusion der Datenzentrale Schleswig-Holstein mit der entsprechenden Organisation des Landes Hamburg und anderseits der Fusion des Landkreises Hannover mit der Stadt zur Region Hannover, wurde dieses Modell angewendet. Dort hat sich der positive Effekt dieser Methode gezeigt und die Fusionen können auf der Durchführungsseite als überaus gelungen bezeichnet werden. Die rasche Umsetzung einer neuen Führungsebene ist – wenngleich sehr erstrebenswert – in der Praxis leider nicht selbstverständlich anzutreffen.

Im Kulturbereich positiv aufgefallen ist in dieser Hinsicht das Beispiel der Neuen Philharmonie Westfalen, denn die dortige Vorgehensweise der Neubesetzung der künstlerischen Leitung bei der Fusion kann als eine Musterlösung gerade für den Kulturbereich bezeichnet werden. Allerdings waren die Voraussetzungen bei dieser Fusion optimal, denn die Verträge beider GMD (die Verträge von Intendanten und GMDs sind immer befristete Verträge; ein Austausch im Museumsbereich bspw. ist aufgrund zumeist fester Verträge nicht ohne weiteres zu realisieren) waren ausgelaufen und die Periode bis zur Fusion wurde mit Gastdirigenten überbrückt (vgl. MARCUS 2003).

Ansatzweise versucht wurde dieses Modell auch bei der Fusion der Theater Altenburg und Gera. Dort ließ sich der Altenburger Intendant vom Dienst entbinden, da er gegen die Fusion war, und der Intendant des Geraer Theaters übernahm 1995 die Geschäfte der neu gegründeten Theater Altenburg-Gera GmbH. Leider kündigte er nach einem Jahr, da er die Fusion nicht umsetzen konnte bzw. nicht mehr weiterführen wollte (vgl. MDR 2002).

Dieser Vorgang erscheint symptomatisch für Theater und das vor allem, wenn die Fusion von der Politik betrieben und gegen den Willen der Kulturschaffenden umgesetzt wurde. Erst eine neue Leitung kann in diesem Fall – wenn überhaupt – eine Fusion künstlerisch und organisatorisch vorantreiben. Die Fusionen der Theater Altenburg und Gera, sowie der Theater Greifswald und Stralsund im Jahre 1994 (erst nach einem Intendantenwechsel im Jahre 1997 konnten Erfolge hinsichtlich der Auslastung etc. erzielt werden; vgl. LINZER 2000, S. 40f.) stehen hierfür exemplarisch.

Wenn der Impuls zu einer Fusion von Seiten der Politik bzw. der Träger kommen sollte und sich die Leitung dagegen stellt, hat dies zur Konsequenz, dass sie im äußersten Falle ausgetauscht werden muss. Die Aufgabe der neuen, gemeinsamen Leitung ist dann zunächst die Umsetzung der von außen aufoktroyierten Fusion (vgl. RÖPER 2001, S. 443). Diese Vorgehensweise ist jedoch aus politischer Sicht ein heikles Thema und sollte gut überdacht werden. Das Bildungsministerium NRW hat diese Methode angewandt bei der Fusion der Universität Duisburg-Essen: Dort wurde mit der Fusion ein Gründungsrektor eingesetzt, der – anders als es in Hochschulen üblich

Konkrete und detaillierte Umsetzungsplanung

ist – nicht von der Professorenschaft gewählt wurde, sondern vom Ministerium direkt und damit extern eingesetzt wurde. Nach einer Zeit der Unruhe hat diese Vorgehensweise jedoch zu guten Ergebnissen geführt, denn der neue Rektor hat noch keine politischen Verpflichtungen und Beziehungsnetze in den Universitäten und kann demnach relativ frei agieren.

Im Falle der Fusion der Orchester Reichenbach und Greiz wurde eine andere Lösung gefunden. Der GMD des Orchesters Reichenbach wurde der neue GMD des Fusionsorchesters, der MD des Orchesters Greiz wurde Geschäftsführer und zweiter Dirigent (vgl. VOGTLAND PHILHARMONIE 2003.). Diese Variante ist immer mit einem Karriererückschritt für einen der Beteiligten verbunden, aber für diesen unter dem Aspekt der »alternativen Karriere« und angesichts eines möglichen Stellenverlustes (durch Schließung) zu sehen.

Bei der Fusion der SWKK wurde die Fusionierung so terminiert, dass der Direktor der KuSa bereits in den Ruhestand verabschiedet war und der neue Präsident der SWK automatisch Präsident der fusionierten SWKK werden konnte (vgl. FÖHL 2003A).

All diese Varianten haben den Vorteil, dass Wissensträger in den Einrichtungen verbleiben. Andererseits besteht nach einer Fusion die Schwierigkeit, dass sich die Mitarbeiter, deren Führung gegangen bzw. herabgestuft wurde, übervorteilt bzw. bevormundet fühlen (»feindliche Übernahme«; vgl. RÖPER 2001, S. 443). Es kommt zu Schwierigkeiten im Betriebsablauf, denen vor allem mit Vertrauensbildung und mit intensivem Integrationsmanagement entgegengewirkt werden muss.

Die Mitarbeiter der zweiten Führungsebene (z.B. Geschäftsführer in Theatern und Orchestern oder bspw. stellv. Direktoren in Museen) sind erfahrungsgemäß die tatsächlich ausführenden Akteure in einem Fusionsprozess (bspw. NPhW, Schillertheater NRW, SWKK). Es handelt sich hier zumeist um langjährige und erfahrene Mitarbeiter, deren intellektuelle und organisatorische Kompetenzen unbedingt in der Organisation gehalten werden sollten. Allerdings führt eine Fusion auch auf dieser Ebene zwangsweise zur »personellen Verschlankung«, mithin zu Abbau von Stellen. Um jedoch gerade diese wichtigen Ressourcen in der Einrichtung zu halten, sollten hier alle möglichen Konzepte durchgesprochen werden.

Auf jeden Fall sollte es eine ehrenwerte Pflicht für jede Organisation sein, anständig und würdevoll mit den nicht mehr gewünschten oder benötigten Personen umzugehen und ihren Verdienste die nötige Wertschätzung zu sichern. Es ist ein Zeichen von Kultiviertheit, wenn gerade diese Mitarbeiterinnen und Mitarbeiter die ihnen gebührende Anerkennung erhalten.

Anstatt die betreffenden Personen einfach zu entlassen – was im öffentlichen Sektor aufgrund der zahlreichen dienstrechtlichen Besonderheiten nicht ohne weiteres mög-

Umsetzung: Projektmanagement

lich ist – oder auch freizustellen, empfiehlt es sich, die Arbeitskraft auf jeden Fall einzusetzen. Es empfehlen sich zwei einander ähnelnde Vorgehensweisen:

(1.) Transfer der überflüssigen Beschäftigten in eine Qualifizierungsgesellschaft.

(2.) Entwicklung »alternativer Karrierekonzepte«.

Beim Transfer der überflüssigen Beschäftigten in eine Qualifizierungsgesellschaft werden die entsprechenden Personen ausgelagert und dort zielgerichtet weiterqualifiziert bzw. umgeschult. Der große Lebensmittelkonzern Unilever hat bspw. sehr gute Erfahrungen mit diesem Konzept der Transfersozialpläne gemacht: dort konnten knapp 70% der ausgelagerten Beschäftigten nach der Qualifikationsphase wieder eine Stelle finden (vgl. hierzu ausführlich JAEGER 2004). Dieses notwendige Maß an Verantwortung für seine Mitarbeiter sollte eine Organisation mindestens aufbringen. Das Kapitel 4.3.4 widmet sich ausführlich dem »fairen Kündigungsmanagement«.

Bei der zweiten Variante, der Entwicklung »alternativer« Karrierekonzepte, würde ein erfahrener und lang gedienter Mitarbeiter für einen absehbaren Zeitraum (etwa die letzten Jahre bis zur Pensionierung) in eine Art Stabstellenfunktion gebracht. Die Aufgaben dieser Stabstellenfunktion könnten vergleichbar der einer »Firmenuniversität« sein, deren Ziel es ist, jüngere Kollegen weiterzubilden und insgesamt Erfahrungs- und Lebenswissen weiterzugeben. Dies stellt eine hohe Wertschätzung der Lebensarbeit und -erfahrung der betreffenden Person dar. Es ist zu erwarten, dass diese Form der alternativen Karriere auf lange Frist gesehen eine nachhaltig bessere Wirkung auf die Organisation entfaltet, als das »Mitschleppen« »überflüssiger« Personen oder gar Entlassungen. Eine konkrete Umsetzung dieses interessanten Modells steht generell noch aus (vgl. LOFF 2003, S. 45). Da ausscheidende Führungskräfte auch aus dem öffentlichen Sektor im Anschluss häufig freie Beratertätigkeiten ausüben, spricht nichts dagegen, diese Ressource – für wesentlich weniger Geld als eine externe Beauftragung kosten würde! – innerhalb der eigenen Organisation vorzuhalten. Große Privatfirmen, wie etwa die CreditSuisse, haben eine derartige interne Management Beratung, die sich auch in Teilbereiche aufgliedern kann (hier etwa: Leadership Faculty). Von diesen Erfahrungen kann der öffentliche Sektor noch einiges lernen.

4.2.4 Beteiligung vs. Geschwindigkeit

Bei der Konzeption und Planung zur Umsetzung einer Fusion sollten zwei Ziele verfolgt werden:

- Zügig eine genaue und treffsichere Planung erstellen (Steuerung).
- Möglichst viele Mitarbeiter in den Prozess einbinden (Verbreiterung & Akzeptanz).

Diese beiden Ziele widersprechen sich ein Stück weit, denn eine schnelle Planung geht am besten mit einer reduzierten Anzahl an Akteuren, eine partizipative Planung hingegen erfordert einen wesentlich längeren Diskussionsprozess. Dazwischen muss die Balance gefunden werden: partizipativ genug, um die Mitarbeiterschaft mitzunehmen, aber strukturiert und schnell genug, dass Entscheidungen nicht verwässert, sondern vorangetrieben werden.

Es sollte dem entsprechend zu einem frühen Zeitpunkt geklärt werden, ob es eine zentrale Arbeitsgruppe gibt oder ob die Vorbereitung dezentral ausgeführt wird. Für beide Modelle gibt es ein Für und Wider sowie Zwischenformen:

(1.) Zentrale Planung.

(2.) Dezentrale Planung.

(3.) Dezentral beginnen, zentral enden.

(4.) Zentral beginnen, dezentral enden.

Wenn die ganze Zeit über der Fusionsprozess in einer zentralen Hand liegt (1.), kann das Leitungsgremium eine maximale Steuerungsfähigkeit sicherstellen: Es werden klare Arbeitsaufträge erteilt und die Steuerung des Prozesses bleibt lokalisierbar. Der Nachteil ist, dass hierbei viele erfahrene Wissen- und Funktionsträger nicht oder nur wenig eingebunden werden können und damit keine wirklich Verbreiterung der Fusionsaktivitäten in die Organisation hinein stattfindet. Diese Form der zentralen Steuerung unterstützt die spätere Integration nicht wirklich.

Wird der Prozess dezentralisiert und werden Teilprojektgruppen eingeführt (2.), so können zahlreiche Personen einbezogen werden. Wenn dieses Konzept konsequent verfolgt wird, dann werden die Teilprojektgruppen eine wichtige Multiplikatorenfunktion übernehmen und ihrerseits einen engen Kontakt zur Organisation halten. Selbstverständlich muss der Personalrat entsprechend eingebunden werden – aber das sollte ohnehin eine Grundregel darstellen. Es besteht bei diesem Ansatz jedoch bisweilen die Gefahr, dass der Arbeitsauftrag der Teilprojektgruppen nicht hinreichend klar formuliert ist und dort mehr diskutiert als gearbeitet wird. Dieser Gefahr sollte durch eine klare Formulierung der Aufträge entgegengegangen werden. Sehr günstig ist es

Umsetzung: Projektmanagement

auch, einen Gesamtprojektleiter zu haben, der diese Teilprojekte begleitet und die Erreichung der Meilensteine überwacht.

Eine sehr unglückliche Variante der eben dargestellten dezentralen Planung wäre es hingegen, wenn der Träger (Kommune, Ministerium etc.) die potenziellen Fusionspartner zunächst dezentral diskutieren lässt, aber zu einem bestimmten Zeitpunkt wieder alles an sich zieht (3.) und zentral entscheidet – und dann womöglich nur wenige oder gar keine der Teilprojektergebnisse übernimmt, sondern ganz andere Vorstellungen hat. Prinzipiell kann jeder Träger natürlich nach eigenen Vorstellungen verfahren, aber wenn er mit einer partizipativen Geste einen Fusionsprozess startet und dann diese Geste zurücknimmt, entsteht ein großer Vertrauensschaden bei allen Beteiligten und der partizipative Gedanke wandelt sich ins Gegenteil und die Akteure fühlen sich gedemütigt und frustriert.

Ein entscheidender Punkt bei den partizipativen Formen ist, dass die von den Projektgruppen erarbeiteten Vorschläge und Strukturkonzepte gewertschätzt und wenn möglich integriert werden. Es ist sehr frustrierend für die Mitarbeiterschaft, wenn sie die Gelegenheit hatte, sich an einer Fusionsprojektgruppe inhaltlich zu beteiligen und dann erfahren müssen, dass die Arbeitsergebnisse überhaupt nicht verwendet und gewertschätzt wurden.

Manchmal kann es sein, dass die Teilprojektgruppen ohne Überblick über den Gesamtprozess bestimmte Ergebnisse erarbeitet haben. Dann muss derjenige, der den Überblick hat mit großem diplomatischem Gespür daran gehen, die Gesamtsicht zu vermitteln. Aber dieser Umstand, dass nämlich eine Führungskraft inhaltlich anderer Meinung ist als der untergeordneten Angestellten, aber gleichzeitig die Arbeit dieser Angestellten wertschätzen möchte, wird in allen Arbeitsprozesse immer wieder auftreten und ist eine der zentralen Herausforderungen einer Führungskraft.

Aus diesem Grund ist die letzte Variante (4.) generell zu bevorzugen, die zentral beginnt und dezentral endet, weil dabei beide Seiten – Führungskräfte und Mitarbeiterschaft – eingebunden werden. Es erscheint notwendig, frühzeitig wichtige Personalentscheidungen zu treffen und zumindest eine erste überschlägige Budgetierung für die einzelnen Bereiche zu erarbeiten. Diese provisorischen Budgets setzen sich aus den Teilbudgets der beiden Quellorganisationen zusammen und enthalten im besten Fall schon einen »strategischen Aufschlag« auf das Budget. In diesem Aufschlag sind enthalten: Die notwendige Sparquote beider Organisationen, ein Bonus, wenn der Bereich ausgebaut werden soll und einen Malus, wenn er verringert werden soll. Ein Beispiel: Zwei dreispartige Theater sollen fusionieren und die Bereiche Ballett sollen verringert werden und die Sprechtheater ausgebaut. Dann werden die entsprechenden Budgets um diesen strategischen Wert bereinigt.

Wenn die Budgetierungsfrage im ersten Schritt strategisch und zentral geklärt ist, kann der Arbeitsauftrag an die Teilprojektgruppen gehen, sich auf fachlicher und organisatorischer Ebene Gedanken über dieses »Zielbudget« zu machen. Die Teilprojektgruppen müssen sich dann auf einen gemeinsamen Plan vereinbaren, den sie wiederum der Gesamtprojektleitung und dem Steuerungsgremium vorstellen. Das wird – gerade wenn es zu drastischen Einsparungen kommen muss – zu einer harten Bewährungsprobe für alle, aber es erscheint besser, auch die unangenehmen Entscheidungen gemeinsam zu tragen und auf viele Schultern zu verteilen.

Der große Vorteil dieser Variante besteht darin, dass jeweils die Fachleute für einen Bereich über die zukünftige Gestaltung des Bereiches diskutieren und nicht eine zentrale Gruppe, die zwar eine ungefähre Ahnung von der Materie hat, aber nicht in der alltäglichen Arbeit in diesem Bereich steckt. Dieser Ansatz ist der so genannte »Expertenansatz« und sollte auf jeden Fall bevorzugt werden. Es erscheint am besten, mit dem Projektansatz und einer kleinen Gruppe zu starten und dann zum Expertenansatz überzugehen. Auf diese Weise kann eine Verbreiterung der Arbeit erreicht werden. Je mehr Personen aus der Mitarbeiterschaft einbezogen werden, umso besser.

Eine wirklich umsichtig und professionell gestaltete Fusion wird eine Balance zwischen einerseits zentraler Steuerung und Entscheidung und andererseits partizipativer Mitbestimmung finden. Oder anders ausgedrückt: Nur wenn bestimmte wichtige Entscheidungen früh und klar getroffen werden, können partizipative Elemente im weiteren Fusionsprozess Gewinn bringend eingebaut werden und nur wenn es genug Partizipation und Expertentum gibt, kann der Fusionsprozess zu einem wirklichen Erfolg werden. So bedingt eins das andere und die geschickte und diplomatische Verknüpfung dieser Aspekte stellt eine große Herausforderung an die Professionalität der Entscheidungsträger dar.

4.2.5 Integrationskonzept erarbeiten

Eine Fusion ist nicht beendet, wenn die Zielstruktur umgesetzt ist und die Mitarbeiter, die umziehen mussten, umgezogen sind. Eine Fusion dauert wesentlich länger, weil eine Organisation sich aus Individuen zusammensetzt, die bestimmte Gewohnheiten und Eigenarten haben. Außerdem müssen sich die neuen Kolleginnen und Kollegen im Arbeitszusammenhang kennen und möglichst auch schätzen lernen.

Es soll an dieser Stelle noch einmal darauf hingewiesen werden, dass zur Konzeption einer erfolgreichen Fusion ein umfassendes Integrationskonzept gehört, welches sich insbesondere auf die Bedürfnisse und Belange der mittel- bis langfristigen Verschmelzung konzentriert. Dies bedeutet jedoch nicht, dass alle Mitarbeiter zeit- und kostenaufwändige Schulungen durchlaufen müssen oder dass in allen Bereichen Team-Building-Maßnahmen veranstaltet werden. Nein, Integration ist ein subtiler Prozess, der – ähnlich wie gute PR-Arbeit – sorgfältig geplant und mit minimalen Mitteln über eine längere Zeit durchgeführt wird. Natürlich werden größere Aktionen, wie etwa Fusionsplakate und die eine oder andere Großveranstaltung zu Beginn eine starke

Umsetzung: Projektmanagement

Wirkung entfalten. Diese Aktivitäten sind jedoch eher als Initialzündungen oder »Eingangstore« in den Integrationsprozess zu verstehen.

Alle Beteiligten sollten darauf drängen, nicht nur für die Durchführung der eigentlichen Fusion Mittel für das Projektmanagement zu erhalten, sondern auch ein speziell für die Integration gedachtes Budget. Diese Kosten müssen dem entsprechend zu den Fusionskosten gerechnet und schon an dieser Stelle veranschlagt werden. Die Organisationen sollten mit ihren Trägern schriftliche Vereinbarungen treffen und sie sollten darauf hin arbeiten, dass sie zumindest die während des Fusionsprozesses realisierten Synergiepotenziale für Integrationsmaßnahmen und evtl. die weitere Entwicklung einsetzen können. Wenn ansonsten die Sparquoten erreicht werden, sollte der Träger davon zu überzeugen sein, gerade wenn verdeutlicht werden kann, wie sehr der Fusionserfolg von einer Strategie aus Implementierung und Nachsorge abhängt.

4.2.6 Das »7 K-Modell« der Integration von Anfang an mitdenken

Das bereits angesprochene »7 K-Modell« wurde von STEPHAN A. JANSEN speziell für die Post-Merger-Phase entwickelt; es bildet die »Härte der weichen Faktoren in Fusionen ab« (JANSEN 2004, S. 28). JANSEN selbst regt eine Planung des Integrationsprozesses bereits in der Pre-Merger-Phase an. Diese Empfehlung bezieht sich jedoch in erster Linie auf die Berücksichtigung bei der Kaufpreisermittlung eines Unternehmens.

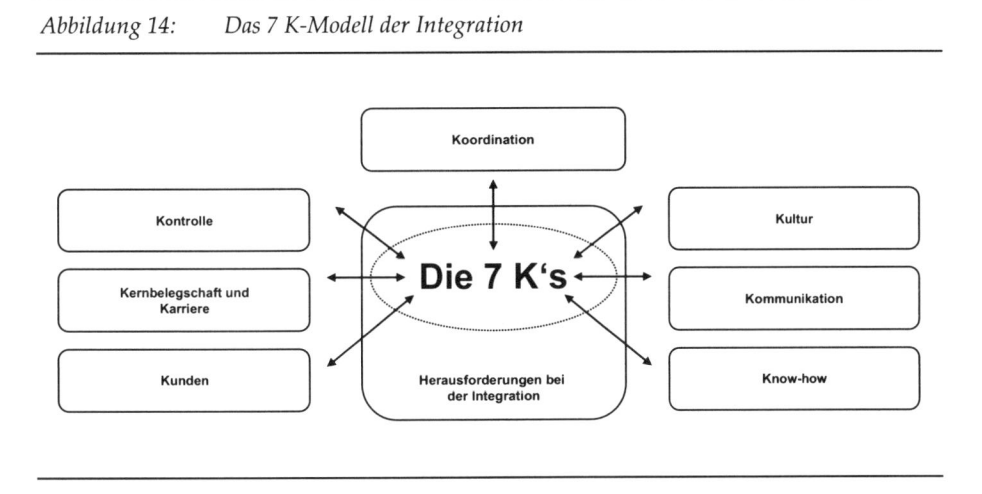

Abbildung 14:   *Das 7 K-Modell der Integration*

Quelle: Abb. in Anlehnung an JANSEN 2001, S. 230.

Konkrete und detaillierte Umsetzungsplanung

Da sich Fusionen im Kulturbereich im Gegensatz zu Fusionen im Privatsektor schon in der Phase der Entscheidungsfindung durch einen hohen Anteil an Öffentlichkeit und Politik auszeichnen, kann davon ausgegangen werden, dass die »Integration« schon vor der eigentlichen Fusionsentscheidung beginnen muss, da die Verantwortlichen bisweilen noch nicht entscheidungsbereit sind und entsprechend lange vorbereitet werden müssen.

Hinzu kommt, dass die Akteure im Kulturbereich in der Vergangenheit vergleichsweise wenig bzw. keine Erfahrungen mit Fusionen erwerben konnten und dass die für die Fusion verantwortlichen Geschäftsführer, Intendanten bzw. Direktoren die Vorbereitung der Fusionsentscheidung neben ihrem Alltagsgeschäft und aufgrund fehlender Mittel oft auch ohne Projektmanager bzw. Unternehmensberater planen und durchführen müssen.

Das auf den Kultursektor angepasste »7 K-Modell« von JANSEN kann als »Merkzettel« oder »Leitfaden« verstanden werden hinsichtlich der durchgängig parallel zu beachtenden Integrationsfaktoren einer Fusion, die es im Hinblick auf die individuellen Anforderungen der einzelnen Phasen zu berücksichtigen gilt. Die »7 K-Prozesse« müssen als gemeinschaftlicher Wirkungskreis gesehen werden. Im Einzelnen sind sie unter den folgenden Gesichtspunkten zu betrachten.

(1.) Koordination
Fusionen können nachhaltig zur Überlastung der verantwortlichen Entscheidungsträger beitragen. Das kann dazu führen, dass der Fusionsprozess und/oder die Organisation des Geschäftsalltags vernachlässigt werden. JANSEN empfiehlt an dieser Stelle sog. symbiotische Integrationsarchitekturen. Diese »Baugruppen« setzen sich aus hierarchischen (z.B. Direktoriums- und Abteilungsleitersitzungen) und nicht-hierarchischen (z.B. Arbeitsgruppe innerhalb der Restaurierungsabteilung) Projektgruppen zusammen. Sie tragen primär dazu bei, dass die Entscheidungsträger entlastet werden, da ein Großteil der konzeptionellen und fusionsbedingten Kleinarbeit – in kontinuierlicher Rücksprache mit der zentralen Leitung – in den jeweiligen Abteilungen geleistet werden kann. Zusätzlich trägt diese Übertragung von Verantwortung zur Motivation und zu einer höheren Akzeptanz der Fusion bei, da die Angestellten an der Gestaltung ihres neuen Arbeitsalltags aktiver teilhaben können.

Die symbiotischen Integrationsarchitekturen haben sich in einer empirischen Analyse des »7 K-Modells« als die effektivste Struktur herausgestellt. Eine Gewichtung in eine der beiden Hierarchieformen hätte entweder eine zusätzliche Überlastung des Managements zur Folge (hierarchische Architektur) bzw. den Nachteil, dass wichtige Aktivitäten verschleppt werden (nicht-hierarchische Architektur).

Bei der Fusion der SWK mit den KuSa wurden z.B. Arbeitsgruppen hinsichtlich der strukturellen und inhaltlichen Umsetzung der Fusion in den Bereichen Kommunikation und Restaurierung gebildet. Die Ergebnisse wurden gemeinsam mit der Leitung diskutiert und umgesetzt (vgl. FÖHL 2003A).

Umsetzung: Projektmanagement

(2.) Kultur

Unterschiedliche Unternehmenskulturen und deren Zusammenführung können als ein entscheidender Erfolgsfaktor bei Fusionen betrachtet werden.

Allerdings kann eine gemeinsame Kultur nicht einfach technokratisch von »oben« verordnet werden; sie muss sich vielmehr von alleine entwickeln. Dieser Prozess kann jedoch mit dem nötigen Fingerspitzengefühl positiv beeinflusst und gelenkt werden: Vor allem durch gezielte Integrationsaktivitäten, wie bspw. die eben angesprochene Bildung von Projektgruppen, die laufende Durchführung von Einzel- und Gruppengesprächen sowie durch eine aktive interne Kommunikation (vgl. JÖNS 2002, S. 26).

(3.) Kommunikation

Der Sektor der internen Kommunikation muss primär unter dem Gesichtspunkt der Zusammenführung beider Unternehmen und der Vermeidung von zu wenig bzw. falschen Informationen gesehen werden.

Fusionen sind Phasen, in denen sich ein enormes Stressniveau in den zu fusionierenden Institutionen aufbaut. Die Mitarbeiter stellen nahezu alles in Frage: Die Ungewissheit über die zukünftigen Arbeitsbedingungen, die persönliche Zukunft usw.; Psychologen bezeichnen dieses Verhalten während einer Fusion als »Merger-Syndrome«, das die kollektive Befindlichkeit der Mitarbeiter charakterisiert (vgl. PICOT 2002, S. 287f.). PICOT belegt durch empirische Untersuchungen, dass 30% der Belegschaft einer Fusion generell aufgeschlossen, 20% strikt ablehnend sowie 50% abwartend und leicht beeinflussbar gegenüberstehen. Die letztgenannte und größte Gruppe stellt einen besonders labilen Faktor dar. Falsche bzw. voreilig kommunizierte Fakten, aber auch zu spät kommunizierte Folgen der Fusion, können aufgrund von Motivationsverlust und dergleichen den ganzen Betrieb nachhaltig schädigen. Aus diesem Grund ist eine interne Kommunikationsstrategie (bspw. über die Dringlichkeit, die Umsetzung oder die Folgen der Fusion), die von der Führung bis in die einzelnen Abteilungen geplant werden muss, ein entscheidender Erfolgsfaktor (u.a. regelmäßige Mitarbeiterversammlungen oder Mitarbeiterzeitschrift).

Mit der externen Kommunikation verhält es sich gleichermaßen, die im öffentlichen Kultursektor – aufgrund zumeist fehlender Mittel – größtenteils über die Presseorgane abgewickelt werden muss. Auch hier gilt es, gezielt Informationen zu streuen und die Dringlichkeit einer Fusion, aber insbesondere die Veränderungen im künstlerischen Angebot zu kommunizieren.

Außerdem ist zu bedenken, dass auch die Mitarbeiter der externen Kommunikation teilweise mehr Glauben schenken als der internen, da sie endgültiger erscheint. Externe Kommunikation ist somit auch immer unter dem Gesichtspunkt der internen Kommunikationsstrategie zu bewerten.

Konkrete und detaillierte Umsetzungsplanung

(4.) Kunden
Das Publikum bzw. die Kunden kultureller Einrichtungen reagieren äußerst sensibel auf Veränderungen. Auch Kultureinrichtungen laufen während des Fusionsprozesses Gefahr, ihre primären Aufgaben als kulturelle »Dienstleister« zu vernachlässigen, da sie intensiv mit sich selbst beschäftigt sind. Diese strukturellen Anforderungen müssen, wie bereits unter dem Aspekt der »Koordination« angeführt, auf alle Mitarbeiter verteilt werden, um der Direktion genügend Kapazitäten für das Alltagsgeschäft freizuhalten. Andernfalls könnte das Publikum diesbezügliche Probleme als Gefahr für die künstlerische Qualität werten und eine Fusion nachträglich ablehnen bzw. sich in seiner ablehnenden Position bestätigt fühlen.

(5.) Know-how
Ein wesentlicher Faktor für den Misserfolg bei Fusionen im Privatsektor ist die Fluktuation von Personal, besonders von Wissensträgern während und nach einer Fusion. Dieser Trend lässt sich im Kulturbereich nicht nachvollziehen, was wahrscheinlich an den stärker begrenzten Erwerbsmöglichkeiten im öffentlichen Kulturbetrieb liegen mag. Auf der anderen Seite ist zu beobachten, dass sich Wissensträger, vorwiegend auf der mittleren Führungsebene (z.B. wissenschaftliche Mitarbeiter und Abteilungsleiter) zurückziehen (z.B. durch den Verlust an Motivation und Kreativität), da sie den Verlust ihrer bisherigen Freiheiten im Rhythmus der Arbeit (z.B. durch die Einführung einer Stechuhr etc.) und rigidere Arbeitsbedingungen fürchten (vgl. FÖHL 2003A). Dieser Gefahr ist vor allem mit den unter »Kommunikation« und »Koordination« angeführten Prozeduren zu begegnen.

(6.) Kernbelegschaft und Karriere
Fusionen setzen Ängste bei den Angestellten frei. Auch im Kulturbereich ziehen Fusionen nicht selten beträchtliche Veränderungen im Personalhaushalt nach sich. Allerdings müssen die Angestellten im öffentlichen Dienst weniger um ihren Arbeitsplatz bzw. ihre soziale Sicherung bangen. Auf privatwirtschaftlichem Terrain können große Fusionen schnell hundert- und sogar tausendfache Entlassungen nach sich ziehen. Fusionen im öffentlichen Kultursektor werden hingegen weitestgehend »sozialverträglich« gestaltet, nicht zuletzt, weil die öffentlichen-rechtlichen Träger unter höherem öffentlichen Druck stehen als Privatunternehmen. Trotzdem kann es auch im Kultursektor zu »direkten« bzw. betriebsbedingten Kündigungen kommen (vgl. dazu u.a. das Kap. 4.3.4 Faires Kündigungsmanagement).

Auf der anderen Seite reduzieren sich in fusionierten Kultureinrichtungen die Karrierechancen, denn gerade die Führungsposten werden in aller Regel verschmolzen. Hierbei gilt es, die Betroffenen frühzeitig zu informieren, um Gerüchten vorzubeugen. Zügig umgesetzte Personalentscheidungen im mittleren und oberen Management bewirken eine immense Beruhigung des gesamten Fusionsprozesses, da es nach der Entscheidung keine Kämpfe um die knappen Plätze geben kann. Wenn es gelingt, diese Personalentscheidungen schnell und zielgerichtet durchzuführen, ist eine der kritischen Klippen der Fusion bereits überwunden.

Der Umgang mit »Verlierern« im Fusionsprozess ist eine der schwierigsten Aufgaben, denn die Mitarbeiter können zu Recht erwarten, dass ihnen auch persönlich die Perspektiven durch die »Wirren« der Fusion aufgezeigt werden. Fallen gleichartige Funktionen durch die Fusion weg, ist es unvermeidlich, diesen Betroffenen einen individuellen und verträglichen Umstieg oder aber den Ausstieg zu ermöglichen. Dies kann insbesondere durch Altersteilzeitregelungen, durch Frühpensionierung, durch Qualifizierung oder ähnliches mehr geschehen. Ein konstruktiver Dialog mit der Personalvertretung ist dabei selbstverständlich und eine Grundvoraussetzung für den Erfolg der Fusion. Hilfreich können hier auch Betriebsvereinbarungen sein, welche bestimmte Spielregeln für beide Seiten verbindlich festschreiben. Für diejenigen Mitarbeiter, deren Arbeitsplatz nicht erhalten werden kann, sollten im Idealfall »alternative Karrieren« (Bsp. Vogtlandorchester in Kap. 4.4) entwickelt werden, sofern es das öffentliche Personal- und Dienstrecht erlaubt.

(7.) Kontrolle
Unter Kontrolle im K-Prozess hat man im Wesentlichen die Überwachung der kurz- und langfristig gesetzten Ziele zu verstehen, zudem die kontinuierliche Beachtung und Reflexion der vorgestellten Integrationsprozesse. Dies wird realisiert durch eine stetige rückblickende und zugleich vorausschauende Kontrolle der genannten Instrumente. Als adäquates Steuerungsmittel ist die Verortung der verschieden Teil- und Hauptziele, bspw. angelehnt an das »Balanced Scorecard«-Prinzip, zu empfehlen. In diesem Zusammenhang ist die »Balanced Scorecard« als Management-System zu verstehen, das den gesamten Steuerungs-, Planungs- und Organisationsprozess der Fusion und ihrer Ziele (hinsichtlich Finanzen, Kunden, Prozesse und Mitarbeiter) messen, bewerten und kontrollieren soll (vgl. KAPLAN 1997, S. 8–11; vgl. ges. Kap. JANSEN 2001, S. 229–231).

4.3 Durchführung der Verschmelzung

4.3.1 Transformation, Schwebezustand und »voneinander lernen«

Wenn die Umsetzungsplanung weit genug fortgeschritten und detailliert ausgearbeitet ist, kann ein definierter Zeitraum für die Durchführung der Fusion festgesetzt werden. Durch diesen Transformationsprozess werden die beteiligten Organisationen zusammengeführt und zu einer neuen Institution verschmolzen.

Durchführung der Verschmelzung

Dabei kann folgendermaßen vorgegangen werden:

(1.) Erst Verschmelzung, dann Reduktion der Doppelarbeit.

(2.) Erst Reduktion der Doppelarbeit, dann Verschmelzung.

Durchaus verbreitet ist die Vorgehensweise, dass zuerst die Verschmelzung stattfindet und erst später an die Reduktion der Doppelarbeit (1.) und damit die Realisierung der Synergieeffekte gegangen wird. Diese Variante hat den Vorteil, dass sie aus interner Sicht politisch wesentlich einfacher und auch schneller umzusetzen ist. Der Nachteil besteht darin, dass man sozusagen etwas fusioniert, ohne genau zu wissen, was man tut. Vom organisatorischen und systemischen Gesichtspunkt aus betrachtet, stellt diese Variante keine gute Lösung dar.

Vielfach erscheint es den Akteuren jedoch einfacher, diesen Weg zu beschreiten, da unangenehme Entscheidungen noch nicht getroffen werden müssen. Allerdings wird der Arbeitszusammenhang behindert, weil die Unruhe und Aufregung innerhalb der Abteilung mit der eigentlichen Transformation bzw. Umsetzung der Fusion noch kein Ende haben. Die Organisation wird erst wesentlich später zur inneren Ruhe kommen, was sich negativ auf die Produktivität auswirkt. Trotz kleinerer Erleichterungen zu Beginn, erschwert sich mit dieser Vorgehensweise der gesamte Prozess der Fusion in unnötiger Weise.

Vorteilhafter für den gesamten Fusionsprozess erscheint die zweite Variante, die zunächst eine weit gehende Reduktion der Doppelarbeiten vorsieht und erst dann die Institutionen verschmilzt (2.). Dies setzt jedoch voraus, dass in gewissem Maße auch eine Aufgaben- und Prozesskritik in den doppelt vorhandenen Abteilungen stattfindet mit dem Ziel einer Auswahl, welche der Arbeitsmethoden übernommen werden soll.

Es empfiehlt sich, an dieser Stelle eine kurze und spezialisierte Analyse zu den Synergieeffekten durchzuführen, die Aufschluss über die zu erwartenden Effekte geben kann und die einzelne Bereiche hinsichtlich ihres Synergiepotenzials, ihrer Effizienz und Effektivität in den Blick nimmt.

Dies kann folgende Auswirkungen auf die Leistungserstellung haben:

- Beide Abteilungen wenden künftig die gleiche und günstigste Methode an.
- Die Leistung wird nur noch durch die günstigste Abteilung erstellt (etwa Personaldienstleistungen).
- Eine neue, einheitliche und noch günstigere Methode wird aus einer anderen Einrichtung übernommen (Benchmarking).
- Die zu erwartenden Synergiepotenziale sind aufgrund mäßiger Effekte oder hoher Komplexität geringer als der Aufwand für die Umsetzung. Eine Realisierung erscheint dann nicht wirtschaftlich vertretbar.

Werden beide Abteilungen weiter die bisherigen Methoden anwenden (etwa zwei unterschiedliche Systeme zur Personalverwaltung), wird es zu Chaos und späterem Streit über die nachträgliche Harmonisierung der Systeme kommen. Zudem können die vorhandenen Synergieeffekte nicht realisiert werden.

Neben der Analyse zu den vorhandenen Synergiepotenzialen sollte zügig eine Analyse der Aufgabenarten und -erbringung (Aufgabenkritik) durchgeführt werden, da in nahezu allen Betrieben des Kultursektors viele Abläufe aus mancherlei »historisch« gewachsenen Gründen als umständlich oder ineffizient zu bewerten sind. Bezeichnend hierfür ist das Beispiel zweier Kultureinrichtungen: Bei der einen wurde bei Bühnenproduktionen im Bedarfsfall innerhalb von 20 Minuten ein weiterer oder neuer Scheinwerfer zur Verfügung gestellt; bei der anderen dauerte es mehr als einen Tag, weil ein entsprechender Antrag mit dreifachem Durchschlag notwendig war. Derlei eklatante Unterschiede in den Prozessabläufen sind keine Seltenheit und stellen gravierende Hemmnisse bei der Umsetzung und Integration dar. Die Entscheidungsträger tun gut daran, hier durch entsprechende Untersuchungen und anschließende Entscheidungen zügig die Grundlagen für die am besten geeigneten und zukunftsfähigen Methoden zu schaffen, die nicht notwendigerweise die billigsten sein müssen.

Wenn eine Fusion ansteht und sich ohnehin vieles in Bewegung befindet, wird es vermutlich absehbar keinen besseren Zeitpunkt für die Einführung neuer Lösungen, neuer Methoden oder eines neuen Systems geben. Ansonsten wird der Zeitraum der Umsetzung der Fusion je nach Einzelfall geprägt sein von mehr oder weniger aufwändigen Umzügen, von Systemumstellungen, Umbauten, Qualifizierungen und dergleichen mehr. In vielen Fällen wird man schrittweise vorgehen und sich in Etappen der Zielstruktur nähern. Wie gesagt: Es muss vor allem ein gut begründeter Plan hinter dem Vorhaben stehen, sonst wird zusätzlicher und vermeidbarer Stress erzeugt.

4.3.2 Early wins

Ist eine Fusion politisch entschieden, dann sollte es nur noch darum gehen, die Fusion auch erfolgreich durchzuführen. Ansonsten drohen allen Beteiligten bzw. den Organisationen Nachteile durch Blockaden, Sabotage und andere Widrigkeiten. Selbst wenn eine Fusion nur politisch oder künstlerisch, aber nicht betriebswirtschaftlich verständlich und sinnvoll ist, sollten die Akteure nach der Entscheidung dennoch an einem Strang ziehen, um dem Gesamtsystem keinen Schaden zuzufügen.

Es hat sich in diesem Kontext immer wieder als positiv erwiesen, wenn durch symbolträchtige, gemeinsame Handlungen ein erstes Erfolgserlebnis für die fusionierte Organisation zustande kommt (»early wins«). Diese Aktivitäten sind insbesondere aus politischer, vor allem aber aus psychologischer Sicht wichtig. »Seht her: Die Fusion klappt!« Mit diesen ersten Erfolgen können die Fusionsgegner beruhigt werden und insgesamt wird eine positive Stimmung und Einstellung bei der Mitarbeiterschaft

Durchführung der Verschmelzung

erreicht. Die ersten Fusionsgewinne sind außerdem Druckmittel für den weiteren Fusionsprozess und können die Implementierung weiterer komplizierter Verfahren positiv beeinflussen.

Um aus der großen Vielzahl möglicher Interventionen die entsprechend relevanten auszuwählen, erstellt man hiervon zunächst eine Liste, die außerdem die zu erwartenden Synergiepotenziale, gedoppelte Bereichen etc. enthält und bewertet daraus resultierend den Schwierigkeitsgrad einer Umsetzung sowie das Potenzial an positiven wie negativen Effekten in Bezug auf die Öffentlichkeitswirksamkeit.

Abbildung 15: Vorgehen bei der Priorisierung von Synergiepotenzialen

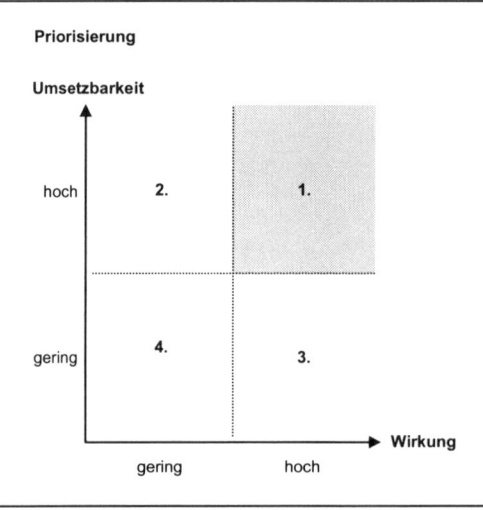

Priorisierung

	Wirkung gering	Wirkung hoch
Umsetzbarkeit hoch	2.	1.
Umsetzbarkeit gering	4.	3.

Quelle: Auszug FIEDLER *2004, S. 109.*

Für erste, effektvolle Aktivitäten wird man sich verständlicherweise einige einfach umzusetzende und öffentlichkeitswirksame Aktivitäten heraussuchen. Später werden dann die weniger effektvollen und mitunter mühsamen Veränderungen – etwa bei der technischen Anpassung unterschiedlicher Bühnentechniken – umgesetzt. Aber zunächst erscheint es sinnvoll, durch symbolträchtige Handlungen eine Art »Wir-Gefühl« aufzubauen und durch erste Erfolge eine Aufbruchstimmung zu erzeugen. Dies ist gerade dann besonders wichtig, wenn die Phase der Vorverhandlungen schwierig und hitzig verlief. Die Planung und Ausrichtung einer gemeinsamen Ausstellung kann hier bspw. von Interesse sein. Hierbei ist erstrebenswert, die Planung bereits in der vorvertraglichen Phase zu beginnen, sozusagen als ein erster Versuch der Kooperation. Eine Integration zweier oder mehrerer Organisationen wird umso einfacher und nachhaltiger vonstatten gehen können, wenn es gelingt, eine positive Erinnerung an gemeinsame Arbeitserfolge zu etablieren.

4.3.3 Unternehmenskultur und weiche Faktoren

»Unternehmenskultur [ist] sowohl das statische Abbild strukturierender Elemente einer Organisation als auch dynamische Ausprägung menschlicher Interaktionen innerhalb einer Organisation sowie gegenüber Dritten« (JAEGER 2001, S. 62). MICHAEL JAEGER nimmt damit Bezug auf HELGA JUNG und unterscheidet zwischen drei verschiedenen Ansätzen der Unternehmenskultur. Neben dem zitierten Ansatz wird zwischen Unternehmenskultur als Abbild der Unternehmensrealität und als Ergebnis eines soziokulturellen Systems unterschieden.

JAEGER geht davon aus, dass Unternehmenskultur als Abbild der Unternehmensrealität (»Unternehmen ist Kultur«) vor allem als Orientierungshilfe für die Mitarbeiter u.a. hinsichtlich Wahrnehmung, Fühlen und Handeln innerhalb des Betriebes dient. Allerdings besteht hier kaum Gestaltungsfreiheit, da es sich weitgehend um das Abbild einer gewachsenen Struktur handelt. Der zweite Ansatz impliziert, dass Unternehmen Kultur haben, die von den Direktionen und Vorständen entwickelt und modifiziert wird. Sie dient hier primär der gesteuerten Zielerreichung der Firma.

Das oben verwendete Zitat ist folglich eine Synthese dieser beiden Formen (»Unternehmen ist *und* hat Kultur«; vgl. bis. Abschnitt JUNG 1993, S. 197f. und JAEGER 2001, S. 62). In diesem Buch wird davon ausgegangen, dass Unternehmenskultur durch gezielte Strategien partiell beeinflusst bzw. gestaltet werden kann, viele gewachsene Strukturen jedoch nur mit der Zeit – wenn überhaupt – aufgelöst und neu geformt werden können. Deshalb wird der symbiotische, zu Beginn zitierte Ansatz für den Begriff der Unternehmenskultur in diesem Buch zugrunde gelegt. JAEGER ordnet diesem Ansatz drei konkrete Ebenen zu, in denen sich Unternehmenskultur ausdrückt (vgl. für ähnliche Ansätze CHROMY 1998, S. 121–136 und HABECK 2002, S. 101–119).

Die *erste Ebene* besteht aus »Werten und Basisannahmen«, welche elementare Wertvorstellungen enthalten, wie bspw. Menschen- (z.B. welche Freiräume haben die Mitarbeiter) und Unternehmensbilder (Grundhaltung der Mitarbeiter gegenüber ihrer Firma). Diese spielen sich z.T. unterbewusst ab und sind kaum sichtbar.

Auf dieser Ebene baut die zweite Kategorie auf: »Normen und Standards«, die geschriebene und ungeschriebene Regeln, Tabus, Richtlinien sowie Ge- und Verbote beinhaltet. Ihre Folgeleistung bzw. Missachtung wird mit positiven Erwartungen (z.B. Beförderung) bzw. negativen Sanktionen (z.B. Versetzung, Degradierung) belegt. Manche »Gesetze« sind eindeutig formuliert; viele sind dagegen nicht »sichtbar«, da sie schlichtweg »gelebt« und nicht gesondert als »Regeln« wahrgenommen werden.

Durchführung der Verschmelzung

Als *dritte Ebene* folgen die »Artefakte und Symbolsysteme«, die auf den vorherigen Ebenen aufbauen. Sie sind die auch nach außen sichtbaren Symbole der Firmenkultur. Hierzu zählt etwa die interne und die externe Kommunikation, die nachhaltige Rückschlüsse über die Firmenwerte aufzeigen, das Erscheinungsbild (u.a. Büroeinrichtung, Corporate Design) sowie das Verhalten der Mitarbeiter (bspw.: Wie kommen Entscheidungen zustande? Wie geht man miteinander um? Werden Geburtstage gefeiert? Welche ritualisierten Handlungsweisen und Fest gibt es? etc.). Die letzte Ebene lässt als einzig völlig sichtbare Ebene einer Unternehmenskultur erste Schlüsse auf diese und die ihr vor gelagerten Ebenen zu. Oft wird dies als Spitze des Eisberg apostrophiert, da sich unter dieser Ebene ein große Anzahl von weiteren relevanten Tatsachen für die Bestimmung einer Unternehmenskultur finden lässt (vgl. JAEGER 2001, S. 62–67).

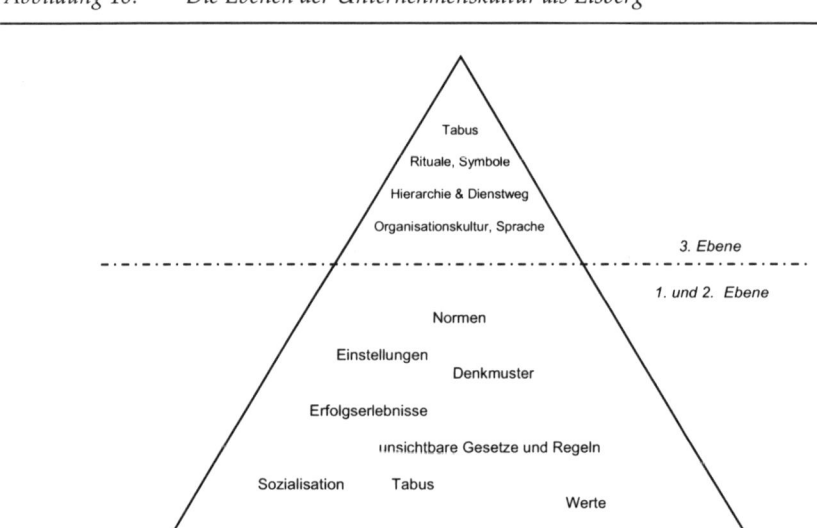

Abbildung 16:   Die Ebenen der Unternehmenskultur als Eisberg

Quelle: eigene Abb. in Anlehnung an PRIBILLA 2000, S. 380.

Aufgrund der Vielschichtigkeit der Frage zur Organisationskultur ist das Thema als Ganzes sehr komplex. Der Einfluss von Kulturaspekten wurde u.a. von JANSEN, BUCHNER, HABECK, KRÖGER und TRÄM untersucht und unterschiedlich bewertet. Hier kann JANSEN gefolgt werden, der die Auffassung vertritt, dass unterschiedliche Kulturen an sich noch kein Hinderungsgrund für erfolgreiche Fusionen sind, denn gerade Unterschiede können in vielfacher Weise anregend sein, was jeder schon selbst durch Reisen in andere Länder und Kulturräume erfahren hat. Dieser Widerspruch bezieht sich ausschließlich auf die Gewichtung der Rolle von Unternehmenskulturen und deren Verschmelzung bei Fusionen, nicht auf die Bewertung des gesamten Integrationsprozesses bzw. anderer »softer« Faktoren einer Fusion, die JANSEN ebenso entscheidend für den Erfolg einer Fusion hält (z.B. Vernachlässigung des Individuums). Gleichwohl müssen die Unterschiede wahr und ernst genommen werden, da sie einen stetig unterschätzten Einfluss auf ein funktionierendes Unternehmen ausüben. Nur im Wissen um alle drei Ebenen einer Firmenkultur wird eine sensiblere Fusionierung möglich zeitgleich mit der Realisierung Kultur verändernder sowie integrativer Maßnahmen.

Eine breit angelegte Studie von INGELA JÖNS kommt zu einem anderen Ergebnis. Ein Großteil der Befragten (Mitarbeiter und Führungskräfte, die bereits eine Fusion erlebt haben) stellte fest, dass u.a. zu wenig Integrationsaktivitäten bzgl. der unterschiedlichen Unternehmenskulturen angeboten wurden. Dadurch hätten sich Faktoren wie Ungewissheit, Angst, fehlende Identifikation etc. verstärkt und das Engagement der Mitarbeiter hätte spürbar nachgelassen (vgl. JÖNS 2002, S. 22–26). Um dieses Ergebnis in einen exakteren Rahmen zu bringen, lässt sich eine Studie der internationalen Unternehmensberatung A.T. KEARNEY anführen. Diese bewertet die »Bewältigung kultureller Unterschiede« mit 37% neben einer gründlichen Anfangsplanung (47%) und dem Beherrschen von Integrationsprozessen (49%), als drittstärksten Erfolgsfaktor eines Fusionsprozesses (vgl. KEARNEY 1998). Zahlreiche Sammlungen von Fallbeispielen unterstützen diese Zahlen und auch die hier befragten fusionierten Kultureinrichtungen führen den internen »Kulturfaktor« immer wieder als einen entscheidenden Schlüsselfaktor an. Alle Experten sind sich indes einig, dass sich insbesondere die Vernachlässigung des Individuums in einem Fusionsprozesses negativ auf den Fusionsverlauf auswirken muss.

Mithin kann davon ausgegangen werden, dass die Vernachlässigung der weichen Faktoren insgesamt wahrscheinlicher ein wichtiger (Teil-) Grund für das häufige Scheitern von Fusion im Privatbereich darstellt. Stehen die ökonomischen Ziele für ein Zusammengehen zu sehr im Vordergrund, wird oftmals der Faktor Mensch als Individuum, seine Ängste vor Veränderungen und die jeweilige Kultur der Unternehmen vernachlässigt.

4.3.4 Faires Kündigungsmanagement

Die größte Angst aller Angestellten in Fusionssituationen ist die Angst vor dem Verlust des Arbeitsplatzes. In Wahrheit ist es gerade im öffentlichen Sektor so, dass gerade die folgenden Personengruppen und in dieser Reihenfolge eine realistische Angst um ihren Arbeitsplatz haben müssen: die Geschäftsführer, die Mitarbeiter der Buchhaltung und des Rechnungswesens, die Reinigungskräfte und das gesamte mittlere Management.

Weil öffentliche Kultureinrichtungen strukturell eher knapp besetzt sind mit Personen »in der ersten Reihe«, also der obersten Hierarchieebene, wird es hier nur zu wenig Entlassungen kommen. Auch körperliche und klar auf den Inhalt der Einrichtung bezogene Tätigkeiten wie etwa die eines Beleuchters, eines Restaurators oder eines Hausmeisters usw. werden sich mengenmäßig nur bei Änderungen des gesamten Programms und der Spielhäufigkeiten ändern. Eine nicht unrealistische Veränderung betrifft dagegen die völlige Ausgliederung eines Bereiches aus der neuen Organisation. Damit soll einerseits eine höhere Flexibilität und – in den wohl meisten Fällen – ein Ausbrechen aus dem Tarifgefüge des öffentlichen Sektors erreicht werden. Ein Outsourcing allein ist nicht schädlich, aber nur wenn die Maßnahme genau untersucht und in die Gesamtstrategie eingebunden wurde, kann ein entsprechendes Synergiepotenzial ermöglicht werden.

Gleichwohl fürchten gerade die Mitarbeiter der untersten Hierarchiestufen ihre Entlassung am meisten, weil sie sich erstens am Ende der Befehlskette ohne Einfluss fühlen und weil sie zweitens in aller Regel zu wenige Informationen über die Gründe und das Vorgehen bei der Fusion erhalten haben; schließlich drittens weil sie aus den Nachrichten von Fusionen im Privatsektor gehört haben, bei denen Tausende von Mitarbeitern entlassen wurden.

Ein häufiger Anlass von Fusionen sind finanzielle Krisen einer Organisation. Hätte die Organisation nicht eine Fusion angestrebt, wären ebenfalls zahlreiche Stellen – oder sogar alle – in Gefahr gewesen. Die zeitliche Nähe zwischen Finanzkrise, Fusion und Entlassungen lässt diesen Umstand in der Wahrnehmung etwas in den Hintergrund treten und es wird ausschließlich die Fusion für die persönliche Misere verantwortlich gemacht.

Obgleich der Großteil des fusionsbedingten Stellenabbaus im Kulturbereich sozialverträglich durchgeführt wird (Frührente, Altersteilzeit etc.), sind vereinzelt auch betriebsbedingte Kündigungen notwendig, d.h. direkte Entlassungen in die Arbeitslosigkeit bzw. den Arbeitsmarkt. So hat etwa die SWKK gut ein Jahr nach der Fusion über 40 Angestellte und Arbeiter entlassen müssen. Wo die Möglichkeit bestand, wurden die Betroffenen bei der Suche nach einer neuen Arbeit aktiv von der Einrichtung unterstützt (vgl. FÖHL 2004B).

Kündigungen sind immer ein besonders heikles und zugleich schwieriges Thema, denn Personalabbau ist stets eine große Herausforderung an die Unternehmenskultur und die Fähigkeiten der Entscheidungsträger (vgl. ANDRZEJEWSKI 2004, S. 257). Die folgenden Faktoren dürfen deshalb nicht außer Acht gelassen werden:

Umsetzung: Projektmanagement

- Die Angst und das Krisendenken bei den Mitarbeitern nimmt zu und hält sie vom effektiven Arbeiten ab.
- Das Vertrauen zwischen der Unternehmensleitung, den Führungskräften und Mitarbeitern wird auf eine harte Probe gestellt.
- Das interne und externe Ansehen der Kultureinrichtung ist in Gefahr.

Die Führungskräfte in Kultureinrichtungen tun sich erfahrungsgemäß schwer mit der Durchsetzung solcher Schritte; dies kann bis zur eigenen Kündigung der Verantwortlichen führen, um sich solchen Entscheidungen zu entziehen.

Der Kreis der Betroffenen ist stets ein großer: die Verantwortlichen, die die Kündigungen beschließen und aussprechen müssen, die Gekündigten selbst sowie die Verbleibenden und deren soziales Umfeld, die Partner und Kunden. Ein professionelles Vorgehen ist deshalb besonders wichtig (vgl. ANDRZEJEWSKI 2004, S. 247f.). Die Vielfalt der möglichen Strategien bei Kündigungen hat in den letzten Jahren schlagartig zugenommen, u.a.: »Outplacement«, »Trennungskultur« und viele individuelle Taktiken von Unternehmen, die Gewinn bringend verwendet werden können (vgl. hierzu vertiefend u.a. ANDRZEJEWSKI 2004, HOFMANN 2004, BERG-PEER 2003). Allen gemein ist, dass gemeinsam mit den Betroffenen Strategien und Szenarien entwickelt werden, die zu einer erfolgreichen Vermittlung eines neuen Arbeitgebers führen sollen.

Die verantwortlichen Akteure der SWKK haben nach der Kündigung von über 40 Mitarbeitern aus den Bereichen der Aufsichts-, Kassen- und Reinigungskräfte (vollständige Ausgründung) sowie der Restauratoren (teilweise Ausgründung) mit diesen gemeinsam Gespräche in Bezug auf einen möglichen Übergang an Partnerfirmen bzw. tarifliche Abfindungen geführt. Einzelne Angestellte konnten auch auf nicht besetzte Stellen innerhalb des Betriebes umgesetzt werden, was in zwei Fällen geringfügige Lohneinbußen nach sich zog. Im Falle der beiden ausgegründeten Abteilungen der Restauratoren, d.h. den Holz- und Papierrestauratoren, wurden zudem Angebote gemacht, die künftig notwendige Selbstständigkeit aktiv zu begleiten. Nach Prüfung der arbeitsrechtlichen Bedingungen wurden den Restauratoren verschiedene Vorschläge unterbreitet, wie etwa die bisherigen Werkstatträume und Arbeitsmittel ggf. kostengünstig zu übernehmen bzw. zu mieten und einen Teil des notwendigen Umsatzes durch Festaufträge zu garantieren. Die Gespräche sind zum derzeitigen Zeitpunkt noch nicht abgeschlossen und es bleibt abzuwarten, ob die gekündigten Restauratoren die unterbreiteten Angebote annehmen. Die von den betriebsbedingten Kündigungen betroffenen Mitarbeiter der SWKK im Aufsichts-, Kassen- und Reinigungsbereich haben die Angebote der Stiftungsleitung (Betriebsübergang, Abfindungen etc.) teilweise angenommen; andere wählten erwartungsgemäß den Weg der Klage vor den Arbeitsgerichten (vgl. FÖHL 2004B).

4.4 Interne Kommunikation in der Durchführungsphase

Mitarbeiter, die weniger an der direkten strategischen Umsetzung der Fusion teilhaben (also der Großteil der Angestellten), sollten fortlaufend durch interne Kommunikation als Bestandteil des Integrationsmanagements über Änderungen, »early wins« usw. informiert werden, z.B. über Betriebsversammlungen, Betriebsfeste und das Intranet der Einrichtung. Auch sollten die Mitarbeiter an möglichst vielen operativen Veränderungsprozessen beteiligt werden.

Zusammenfassend stellen sich den Mitarbeitern konkret vor allem die nachfolgenden Fragen, die von GRUBE und TÖPFER, Bezug nehmend auf NEUMANN und RUMPF (vgl. GRUBE 2002, S. 174 und NEUMANN 1998, S. 58), als die acht Felder der Veränderung bei M & A festgehalten werden:

- Entlassungen: Wer bleibt, wer geht bzw. wer wird in die Teilzeitarbeit oder Frührente entlassen?
- Machtverteilung: Wer sind die zukünftigen Entscheidungsträger?
- Status: Welche Besitzstände (z.B. Kündigungsschutz) und Privilegien werden übernommen bzw. sind zukünftig erreichbar?
- Karriere: Welche Aufstiegsmöglichkeiten und langfristigen Perspektiven gibt es?
- Methoden: Welche Grundsätze (u.a. Leitbild und Regeln) und Verfahrensweisen gelten zukünftig?
- Tradition/Werte: Was ist wichtig und was wird belohnt?
- Netzwerke: Welche informellen Beziehungsgeflechte und Abläufe haben auch weiterhin Bestand?
- Organisation: Wer hat welche Aufgaben und ist wie zu erreichen?

Diese acht Punkte sind besonders zu beachten hinsichtlich der Erwartungshaltung der Mitarbeiterschaft bei der internen Kommunikation von feststehenden Veränderungen. D.h., die betroffenen Belegschaften müssen frühzeitig über die Fusionsmotive bzw. die Zukunftsfähigkeit ihrer Einrichtung angesichts einer akuten Haushaltsnotlage ihrer Träger informiert werden. Die Mitarbeiter müssen außerdem umgehend über feststehende Änderungen ihrer Arbeitsbedingungen in Kenntnis gesetzt werden, denn Fusionen bringen für viele Mitarbeiter zunächst auch handfeste Nachteile mit sich. Sie sind gehalten ggf. zu pendeln oder gar ihren Arbeitsplatz und somit ihren Wohnort zu wechseln.

Dabei hat die Information durch die Führung im Kaskadenprinzip (Top-Down-Prozess, also »von oben nach unten«) zu erfolgen. Diese Vorgehensweise verhindert die Weitergabe von falschen Informationen und auch weit gehend die Entstehung von

Umsetzung: Projektmanagement

Gerüchten (vgl. KÄMMERER 2003, S. 99–101). Bisher lassen sich folgende Maßnahmen der internen Kommunikation im Kulturbereich zusammenfassen:

- Mehrere Betriebsversammlungen in den jeweiligen Einrichtungen vor der Fusion (wurde in allen Kultureinrichtungen durchgeführt),
- Einzelgespräche (u.a. Schillertheater NRW, NPhW),
- Fusionsfeste nach der Fusion (u.a. SWKK und NPhW),
- Rundschreiben der neuen Leitung an alle Mitarbeiter (u.a. SWKK, NPhW und Schillertheater NRW),
- interner Flyer (u.a. SWKK) und
- Leitbild, CI- und CD-Workshops mit/in verschiedenen Abteilungen (u.a SWKK).

Zukünftig wäre zudem vor allem die stärkere Nutzung des Intranets zu empfehlen sowie gemeinsame Aktivitäten der Mitarbeiter vor und nach der Fusion. In der SWKK konnte bspw. innerhalb des Fusionsprozesses durchgesetzt werden, dass die Protokolle des wöchentlich tagenden Direktoriums zeitnah im Intranet veröffentlicht werden, »zensiert« lediglich bei aktuellen Personalien. Im Intranet des SWKK gibt es mittlerweile auch eine eigene »Hauszeitung«, die von der Abt. Kommunikation betreut wird, die Informationen und Hinweise aus den einzelnen Direktionen bündelt.

Vor allem im Übergang von der Merger-Phase in die frühe Post-Merger-Phase sollten »early wins« (z.B. die Zusage der Beibehaltung der Fördersumme eines Trägers für die nächsten fünf Jahre aufgrund der Fusion) an alle Stakeholder kommuniziert werden, um die positiven Erfolge des Vorhabens in den Vordergrund zu stellen.

Sollten die Fusionsbestrebungen von Seiten der Politik ausgehen, muss die Leitung der betroffenen Kultureinrichtungen frühzeitig über diese Überlegungen informiert und in den Planungsprozess einbezogen werden. Gegen die künstlerische Leitung, die Personalräte usw. lässt sich keine effektive Fusion realisieren.

Das Beispiel der Vereinigten Städtischen Bühnen Krefeld und Mönchengladbach unterstreicht daneben die Notwendigkeit eines kontinuierlichen Politikmanagements (insbesondere wenn die Fusion von den Kultureinrichtungen initiiert wurde), um Reibungsverluste frühzeitig zu erkennen sowie bereits vor einem Konflikt gegensteuern zu können. Ebenso muss die Lobby der Stakeholder (z.B. Publikumsvertretungen in Form von Freundeskreisen) über Veränderungsprozesse informiert werden.

Die Vernachlässigung des Politikmanagements nach der Fusion durch die künstlerische Leitung des Schillertheaters NRW, hat letztendlich viel dazu beigetragen, dass die Stadt Wuppertal nicht mehr davon zu überzeugen war, die Fusion weiterzuführen (vgl. LOSKILL 2001). D.h., die aktive Kommunikation muss nach den ersten beiden Phasen der Fusion, vor allem im Übergang von der Merger- in die Post-Merger-Phase weiterhin gepflegt werden.

Das Gros der Angestellten im öffentlichen Dienst der Kommunen und der Länder muss im Regelfall aufgrund gesicherter Besitzstände wie bspw. einem besonderen Kündigungsschutz (etwa bei langjähriger Betriebszugehörigkeit) oder der Tarifverträge keine Nachteile wie etwa die Kündigung oder abrupte Veränderungen seiner Arbeitsbedingungen befürchten. Auch wenn die öffentlichen Träger zunehmend in finanzielle Schwierigkeiten geraten, sehen sich die Angestellten einem wesentlich geringeren Druck ausgesetzt als die Angestellten und Arbeiter in der privatrechtlichen Industrie (vgl. PLAMPER 2003, S. 54). Dieser Umstand erschwert allerdings auch die Integration der Mitarbeiter nach einer Fusion sowie die Akzeptanz der Notwendigkeit eines Zusammenschlusses.

Das Beispiel der NPhW hat bewiesen, dass angesichts der drohenden Schließung ihrer Einrichtungen die Akzeptanz einer Fusion als letzte Rettung unter den Mitarbeitern hoch angesiedelt war und die Integrationsarbeit sich dementsprechend erfolgreich gestaltete. Ebenso bereitwillig verzichteten die Musiker der Vogtland Philharmonie Greiz/Reichenbach im Wissen um die finanziell prekäre Lage auf Tariferhöhungen, um Kündigungen von Kollegen zu vermeiden (vgl. VOGTLAND PHILHARMONIE 2003).

Mitarbeitern, denen die dramatische Lage ihrer Träger sowie die mittel- bis langfristig zu erwartende Schließung bzw. einschneidende Veränderungen ihrer Betriebe und Einrichtungen nicht unmittelbar erkennbar sind, müssen frühzeitig die äußersten Konsequenzen kommuniziert werden, die ohne ein Fusion zu erwarten sind (»Untergangsdrohung«).

4.5 Externe Kommunikation in der Durchführungsphase

In der Merger-Phase ist die Kommunikation im Sinne des Akzeptanzmanagements bei den externen Stakeholdern, allen voran dem Publikum, ebenfalls erheblich zu steigern. Insbesondere sollte eine kontinuierliche und aktiv zupackende Pressearbeit stattfinden, um über die Medien die Präsenz der Einrichtung offensiv zu demonstrieren und um Inhalte vermitteln zu können (vgl. KÄMMERER 2003, S. 100). Des Weiteren gibt es eine reichhaltige Palette von Kommunikationsmaßnahmen, deren Umfang letztendlich durch die zur Verfügung stehenden Mittel bestimmt wird. Zum Stichtag der Fusion der KuSa mit der SWK wurden bspw. zwei erste gemeinsame Plakate breitflächig als Außenwerbung in der Stadt Weimar und bei den zahlreichen Partnern der beiden Kultureinrichtungen verbreitet.

Zumeist beschränken sich die eigenen Werbemittel jedoch auf die Einführung der Fusion und des neuen gemeinsamen Programms in entsprechenden Monats- bzw. Spielplänen (hier wird dann auch die neue CI öffentlich eingeführt etc.). Außerdem werden vielfach Tage der offenen Tür oder Diskussionsrunden veranstaltet.

Umsetzung: Projektmanagement

Die Dringlichkeit einer offensiven Kommunikationspolitik vor und nach einer Fusion wurde bereits mehrfach hervorgehoben. Dabei richtet sich der Grad der notwendigen Mittel vor allem an den individuellen Begebenheiten der jeweiligen Kultureinrichtungen aus.

So hätte bspw. durch frühzeitige Aufklärungsarbeit (z.B. in Bürger- und Mitarbeiterforen) der Politik bzgl. deren Bestrebungen, das DNT mit dem Theater Erfurt zu fusionieren, unter Umständen eine neutralere und sachkundigere Einschätzung der geplanten Fusion seitens der Bevölkerung bewirkt. Die im Kulturbereich verwendeten Kommunikationsmittel müssen sich, wie bereits erörtert, aufgrund fehlender Mittel vorwiegend auf die Pressearbeit beschränken. Zumeist sind gemeinsame Programm- und Werbehefte auch die ersten Werbemittel, die die Bevölkerung durch die Kultureinrichtungen direkt auf die Fusion hinweisen.

Die eben erwähnte Launchkampagne der SWKK mit Plakaten, Postkarten und Flyern mit dem ausschließlichen Bezug auf die Fusion am 1. Januar 2003, blieb zwar ebenfalls weit hinter dem zurück, was in der Privatwirtschaft umgesetzt wird (hier werden nicht selten mehrere Mio. EUR in diesbzgl. Kampagnen investiert: u.a. Hörfunk, Direct Marketing, Printkampagnen, Gewinnspiele). Dennoch war die Kampagne vorbildlich im Vergleich zu anderen »Kulturfusionen«. Die Bürger von Weimar sowie die Partner der ehedem eigenständigen Einrichtungen wurden explizit auf die Fusion und den gemeinsamen Neubeginn im öffentlichen Raum hingewiesen und informiert.

Des Weiteren haben sich vor allem Diskussionsrunden und »Tage der offenen Tür« als die Integration steigernde Kommunikationsmittel erwiesen (vgl. KÄMMERER 2003, S. 100f.). Besonders wichtig scheinen die frühzeitige Erarbeitung einer neuen gemeinsamen CI und die termingerechte Einführung einer neuen gemeinsamen Website, um hier dem neuen Rezeptions- bzw. Informationsverhalten der Besucher und einem aktiven sowie zeitgerechten Marketing gerecht zu werden (vgl. QUBECK 1999).

Kapitel 5: Nachsorge: Integrationsmanagement

Inhalt des Kapitels:

5.1	Übersicht Post-Merger-Phase	152
5.2	Integrationsziele definieren	154
	5.2.1 Die sechs Zielebenen der Integration	154
	5.2.2 Erfolgsfaktoren der Integration	155
5.3	Integrationsstrategie umsetzen	156
	5.3.1 Auswahl der richtigen Strategie	156
	5.3.2 Aktives Konfliktmanagement	159
	5.3.3 Systemische Interventionen	161
	5.3.4 Externe »Integrationskommunikation«	166

5.1 Übersicht Post-Merger-Phase

Der Übergang von der Merger-Phase zur Post-Merger-Phase ist fließend. Streng genommen ist die Merger-Phase abgeschlossen, wenn alle Mitarbeiter in der Zielstruktur an ihrem neuen Arbeitsplatz sitzen, eine neue Emailadresse haben und die Kisten ausgepackt sind, falls es zu Umzügen kam. Sie haben ihren neuen Platz in der Organisation und in einem neuen Organigramm gefunden. Spätestens zu diesem Zeitpunkt beginnen Nachsorge und Integrationsarbeit (Post-Merger-Intergration). Diese Phase der Nachsorge ist verschiedenen Studien zufolge mindestens ebenso wichtig für den Erfolg einer Fusion wie die vorvertragliche Phase und die Umsetzung (vgl. hierzu ausführlich JANSEN 2003 und 2004). Die Phase der Nachsorge und Integration ist im Vergleich zur Vorverhandlung (Pre-Merger) und zur Durchführung (Merger) relativ lang. Um eine wirkliche Integration und tatsächliche Verschmelzung zu erreichen, sind in der Regel viele Jahre notwendig. Die Intensität und Häufigkeit von begleitenden Interventionen wird im Vergleich zur Vorbereitungs- und Durchführungsphase der Fusion natürlich immer weiter abnehmen, aber auch über Jahre hinweg niemals ganz aufhören.

Abbildung 17: Post-Merger-Phase – Integration

Post-Merger-Phase

Integration

Hauptaktivitäten:
Integrationsziele definieren
↓
Integrationsstrategien umsetzen
↓
Langfristige interne und externe Etablierung der »neuen Einrichtung«

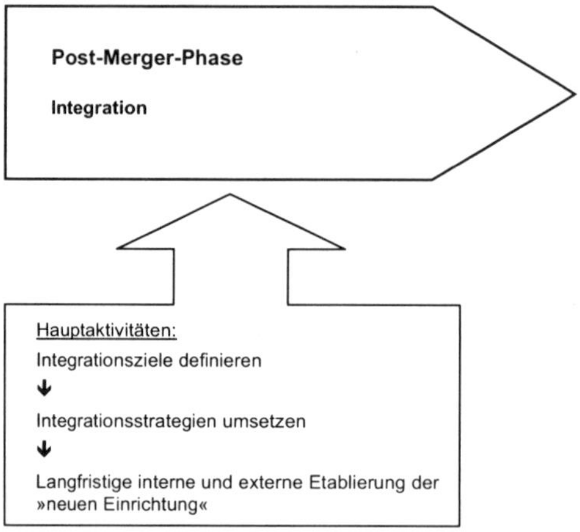

Nachsorge: Integrationsmanagement

Oberflächlich besehenen ist eine Nachsorge eigentlich kaum notwendig, weil die Organisationen augenscheinlich zusammengeführt sind und nun in der gewünschten Zielstruktur arbeiten. Diese Anschauung ist jedoch oberflächlich und kurzsichtig, denn Organisationen funktionieren keinesfalls nach solch rationellen und einfachen Schemata. Für die Arbeitsebene besehen mag diese Annahme sogar stimmen: Es gibt neue Strukturen und Abläufe, es gibt neue Kollegen, vielleicht auch einen neuen Namen und neue Produkte. Aber auf der Beziehungsebene zwischen Kollegen innerhalb von Arbeitsgruppen sowie zwischen Gruppen und Abteilungen kann eine Integration bei weitem nicht so einfach von statten gehen. Aber genau dieses interne Beziehungsgeflecht ist der Nucleus, der einen wichtigen Teil der Produktivität und des sozialen Kapitals ausmacht, denn viele Informationen werden stets informell und persönlich weiter gegeben. Die sog. »Flurgespräche« sind und bleiben wichtige Foren des Austausches und der (politischen) Kommunikation innerhalb von Organisationen. Wer viele Kollegen kennt und von ihnen geschätzt wird, der verfügt über ausgezeichnete Informationsquellen und Beziehungsnetze. Überhaupt ist der ganze Bereich des Politischen ein Bereich der Beziehungen und der informellen Kontakte. Wer gerade hier davon ausgeht, dass Beziehungen auch im Betrieb nicht weiter ausgebaut und beständig gepflegt werden müssten, kann nur als naiv bezeichnet werden.

Durch eine Fusion werden langjährig bestehende Beziehungsnetze verändert und verlieren mitunter ihre Bindungswirkung, weil einzelne Kollegen ausscheiden bzw. neue hinzukommen. Die Beziehungen innerhalb der neuen Gesamtorganisation müssen dagegen erst aufgebaut bzw. gefestigt werden. Auf jeden Fall gelten die alten Spielregeln, die informellen Abmachungen und unausgesprochenen Regeln erst einmal nicht mehr im gewohnten Maße. Die Nachsorge einer Fusion sollte sich demnach zuvorderst um die Etablierung und Festigung dieser Beziehungsgeflechte kümmern. Gerade im kulturellen und künstlerischen Bereich handelt es sich um Produkte und spezielle Leistungen, die besonders personalisiert sind. Deshalb wird auch hier das Beziehungsgeflecht eine weitaus wichtigere Rolle spielen als etwa in einem Industriebetrieb, der standardisierte Teile fertigt und vertreibt.

Im öffentlichen Kultursektor besteht in der Post-Merger-Phase in besonderem Maße die Gefahr, eine konsequent personelle, kulturelle und organisatorische Integration zu spät bzw. gar nicht zu beginnen. Dies ist mit den bereits angeführten Problemfeldern zu begründen, vor allem mit den ungenügenden personellen Kapazitäten und einem zunehmenden Interessenverlust nach dem Motto: »Alles bleibt wie es ist«. In der Integrationsphase führt dies verstärkt zur Unzufriedenheit vieler Mitarbeiter, die sich als nicht genügend informiert betrachten, keine positiven Fortschritte sehen, Synergiepotenziale als nicht voll ausgeschöpft erkennen und die somit die Zielsetzungen der Fusion aus den Augen verlieren (vgl. PLAMPER 2003, S. 62f.).

Grundsätzlich kann als Motto für die gesamte Nachfusionsphase gelten, dass die Mitarbeiterschaft so viele erfolgreiche gemeinsame Arbeitserlebnisse haben sollte, wie irgend möglich. Nur wenn gemeinsame Arbeit erfolgreich erlebt wird, können persönliche Beziehungen unkompliziert entstehen, die wiederum der Gesamtorganisation langfristig zu Erfolg und Zukunftsfähigkeit verhelfen. Ein Betrieb ist folglich gut beraten, wenn gezielt Anlässe zur Zusammenarbeit ermöglicht werden.

Aufgrund fehlender Erkenntnisse bzw. der Tatsache, dass bislang kaum Integrationsstrategien im Kulturbereich durchgeführt wurden, muss in diesem Kapitel in besonderem Maße auf Erfahrungen und Empfehlungen aus anderen öffentlichen Bereichen und dem Privatsektor zurückgegriffen werden. Diese sind als Anregung und zugleich als Aufforderung an laufende und zukünftige »Kulturfusionen« zu verstehen.

5.2 Integrationsziele definieren

5.2.1 Die sechs Zielebenen der Integration

STEPHAN A. JANSEN unterteilt die Zielebenen der Integration in sechs Kategorien (vgl. JANSEN 2001, S. 236) und fasst damit die Zielebenen anderer Experten, wie bspw. GRUBE und TÖPFER Gewinn bringend zusammen. Somit ist eine Fokussierung des weiten Feldes »Post-Merger-Integration« auf den Kulturbereich ermöglicht. Die folgende Tabelle bietet eine Übersicht zu den einzelnen Zielebenen der Integration.

Tabelle 8: *Die sechs Zielebenen der Integration*

1. Strategische Integration: Gemeinsame strategische Neuausrichtung (Verschmelzung künstlerischer Inhalte; Erhöhung der Kundenorientierung; Gratwanderung zwischen den Identitäten des Publikums bzw. der Städte etc.).
2. Organisatorische und administrative Integration: Aufbauorganisatorische Integration (Schnittstellenklärung etc.); Prozessintegration (Harmonisierung des Rechnungswesens sowie der Planungs- und Kontrollabläufe); Controlling und Integration (bspw. BSC oder andere Berichtswesen und Steuerungsinstrumentarien); System-Integration (Harmonisierung und Vernetzung von Informations- und Kommunikationstechnologien).
3. Personelle Integration: Konfliktbewältigung; Führungsstil (Harmonisierung); Projektmanagement; Kommunikations- und Entscheidungsstrukturen (Harmonisierung).
4. Kulturelle Integration: Corporate Identity (CD, CC, CB); Erarbeitung einer eigenständigen Kultur und Identität (u.a. gemeinsame Werte schaffen); Leitbild (u.a. neues Missionstatement).
5. Operative Integration: Konsolidierung und Harmonisierung von Produktlinien (z.B. Museumsshopartikel); Standorte (z.B. Lagerhallen, externe Museumsshops); Fertigungsstätten (z.B. Theater- oder Restaurierungswerkstatt; wenn möglich Zusammenlegung, Doppelbesetzungen sozialverträglich abbauen usw.); Integration Einkauf (Harmonisierung Lieferanten); Integration Logistik (bspw. Harmonisierung Auf- und Abbauabläufe bei Wechselausstellungen; Fuhrparkoptimierung); Integration Vertrieb bzw. Marketing (Harmonisierung Kunden-Klassifizierung, Vertrieb,

Nachsorge: Integrationsmanagement

Programm etc.).
6. Externe Integration: Kommunikation und Einbindung von Kunden bzw. dem Publikum und weiteren Stakeholdern (Harmonisierung der Freundeskreise etc.; bspw. Sommerfeste für alle Förderer, Abonnenten etc.).

Quelle: JANSEN 2001, S. 236, angepasst auf den Kulturbereich.

Eine Organisation muss sich im Klaren darüber sein, dass am besten sämtliche Ebenen gleichermaßen Beachtung finden und in der Fusionsnachsorge berücksichtigt werden. Die Vielzahl der möglichen Ziele muss jedoch im Einzelfall eingegrenzt und mit einer Priorisierung nach zeitlicher und – interner wie externer – politischer Machbarkeit versehen werden.

Ist bereits in der Vorbereitungsphase eine fundierte und von der Politik und der Organisation gemeinschaftlich getragene Machbarkeitsstudie durchgeführt worden, dann können wichtige Ergebnisse und Zieldefinitionen daraus abgeleitet werden. Gleichwohl bleibt die Umsetzbarkeit aller Integrationsziele vor allem von der kulturellen und personellen Integration wie etwa dem Motivationsgrad der Mitarbeiter abhängig sowie im Kulturbereich auch von der externen Integration durch eine intensive Kommunikation und Pressearbeit nach außen.

5.2.2 Erfolgsfaktoren der Integration

Außer der Betrachtung dieser Zielebenen ist es notwendig, sich für eine erfolgreiche Nachsorge noch einmal über die Erfolgsfaktoren von Fusionen im öffentlichen (Kultur-) Sektor insgesamt klar zu werden. Nur so kann der Fusionsprozess auch nach der Umsetzungsphase nachhaltig in der Organisation verankert werden. Eine praktikable und anschauliche Liste haben JOBST FIEDLER und BIRGIT SPONHEUER zusammengestellt (vgl. FIEDLER 2004, S. 98). Hier werden 14 Erfolgsfaktoren der Integration von Fusionen im öffentlichen Sektor ausgemacht. Diese können zu jedem Zeitpunkten einer Fusion herangezogen werden und haben während des gesamten Fusionsprozesses Gültigkeit.

(1.) Fusionsziele vorab klar und messbar definieren.

(2.) Integration ist Aufgabe der obersten Führungsebene (z.B. Direktorium).

(3.) Mit einem ganzheitlichen Transformationsprozess etwas Neues schaffen.

(4.) Den Kunden ins Zentrum der Verbesserungsbemühungen stellen.

(5.) Kulturelle und organisatorische Integration gleichermaßen vorantreiben.

(6.) Machbare Effizienzsteigerungen identifizieren, quantifizieren und realisieren.

(7.) Alle relevanten Interessengruppen situationsgerecht in den Integrationsprozess einbinden.

(8.) Handlungsdruck erzeugen und aufrechterhalten.

(9.) Zwischenergebnisse verbindlich festhalten.

(10.) Geeignetes Tempo für den Integrationsprozess finden.

(11.) Strikte Ausrichtung auf die Fakten – aber emotionale Aufbruchstimmung erzeugen.

(12.) »Promotoren« in der Organisation identifizieren und gezielt wirken lassen.

(13.) Offen(siv) kommunizieren und die Ängste der Mitarbeiter Ernst nehmen.

(14.) Vorgehen mit paritätisch besetzten Integrationsteams interaktiv gestalten.

5.3 Integrationsstrategie umsetzen

5.3.1 Auswahl der richtigen Strategie

Die Kultur eines Unternehmens setzt sich unter anderem aus Annahmen, Überzeugungen und akzeptierten aber ungeschriebenen Regeln der Arbeit zusammen (vgl. HABECK 2002, S. 103). Die verschiedenen Komponenten seiner Unternehmenskultur konkret zu beschreiben, fällt einem Mitarbeiter zumeist schwer, da viele Komponenten nicht sichtbar sind (Stichwort »Eisberg«). Die Unterschiede zwischen der eigenen und der »anderen« Kultur zu beschreiben, fällt dagegen leichter. Im Vergleich werden oft auch »unsichtbare« Eigenschaften einer Unternehmenskultur, wie Geborgenheitsgefühle, soziale Interaktionsmechanismen usw. erkennbar.

Angesichts dieser Tatsachen ist es nur verständlich, dass sich die Mitarbeiter schwer tun, die eigene Kultur ein Stück weit aufzugeben, um die andere Kultur des neuen Partners zu akzeptieren bzw. im besten Falle eine neue gemeinsame Kultur zu entwickeln. Die Unternehmenskultur ist jedoch ausschlaggebend für die Motivation aller Mitarbeiter und somit ein entscheidend wichtiger Faktor für den effektiven und kreativen Betrieb einer Kultureinrichtung. Grundsätzlich wird zwischen drei Typen der Kulturintegration unterschieden (vgl. hierzu ausführlich HABECK 2002, S. 109–115, PRIBILLA 2002, S. 439f. und VAHS 2001, S. 670f.):

(1.) Monokulturstrategie: Die Unternehmenskultur des mächtigeren Unternehmens wird dem Fusionspartner »aufgezwungen«.

(2.) Multikulturstrategie: Die Unternehmen behalten ihre Kulturen; es wird keine gemeinsame Kultur geschaffen.

(3.) Mischkulturstrategie: Die Unternehmen werden verschmolzen; es wird eine neue gemeinsame integrierte Kultur geschaffen.

Die Auswahl der Strategie richtet sich nach dem generellen Ziel der Fusion. Die Monokulturstrategie etwa wird angewandt, wenn Unternehmen sich vergrößern wollen und Unternehmen aufkaufen. Die Strategie und die Kultur der kaufenden Firma sollen dagegen unberührt bleiben, weil sie sich z.B. als besonders innovativ herausgestellt hat oder von der Firma als besonders erfolgreich empfunden wird. Dies ist die häufigste Form von Integrations- bzw. Akquisitionsstrategien im Privatsektor, die aber eine besondere Sensibilität und Intensität erfordern, um erfolgreich zu verlaufen. Der Prozess muss möglichst schnell abgewickelt werden, um nicht zu viele Kapazitäten einzubüßen (vgl. HABECK 2002, S. 109). Für den Kulturbereich sollte sich diese Strategie ausschließen, da einerseits eine andere Unternehmenskultur besteht und zum andern Fusionen im öffentlichen Sektor per se »Mergers of Equals« sind, weil alle Beteiligten auf einer politischen Ebene einverstanden sein müssen. Die Monokulturstrategie widerspricht aber gerade dem Prinzip dieser Parität.

Die Multikulturstrategie scheint für die Belange von Kultureinrichtungen ebenso wenig geeignet. Sie ist vor allem bei fusionierten Unternehmen anzufinden, die auf verschiedenen Märkten agieren (häufig laterale Fusionen), wobei unter Umständen die eine Kultur auf dem anderen Markt nicht erfolgreich agieren kann (vgl. VAHS 2001, S. 671). Es ist zu vermuten, dass bei der KBB GmbH eine solche Strategie verfolgt wird (Erhaltung der einzelnen Marken unter Leitung einer Dachmarke/-einrichtung), die aber von den Menschen an den Schnittstellen besonderes Fingerspitzengefühl und Verständnis für die jeweiligen Belange und Ansprüche der Mitarbeiter aus den einzelnen Bereichen bzw. »Marken« erfordert (vgl. PRIBILLA 2003, S. 440).

Die Mischkulturstrategie ist die am häufigsten verfolgte Zielrichtung im Kulturbereich, da sie den Fusionszielen mit dem Verschmelzen der künstlerischen Inhalte und aller für eine Zusammenlegung geeigneten Abteilungen besonders nahe kommt. Sie ist jedoch die größte Herausforderung von allen drei Strategien, da eine neue Kultur nur mit dem »Besten aus beiden Welten« zu schaffen ist (vgl. VAHS 2001, S. 671). Der Vorteil liegt jedoch darin, dass keine »Verlierer« zurückbleiben und keine »Gewinner« entstehen. Beide Seiten müssen an etwas Neuem arbeiten und anschließend haben sich alle Aufgaben einem wirklich gemeinschaftlichen Ziel unterzuordnen (vgl. ebd. und HABECK 2002, S. 118.). Diese Strategie setzt allerdings verschiedene Verfahrensschritte und personelle Kapazitäten voraus, die im Kulturbereich bisher nicht beachtet bzw. nicht bereit gestellt werden konnten. Eine gemeinsame Kultur kann zwar nicht angeordnet werden, allerdings können gezielte Strategien auf ein Verschmelzen hinwirken.

Nach eigenen Recherchen wurden im Kulturbereich bisher nur selten angemessene bzw. meist gar keine speziellen Integrationsmaßnahmen durchgeführt. Aus diesem

Integrationsstrategie umsetzen

Grund sind letztendlich in den meisten Fällen Strukturen entstanden, die mehr oder weniger auf gegenseitiger Toleranz aufbauen und langfristig zu einer Mischkultur verwachsen können. Dadurch besteht aber latent die Gefahr, dass es zu keinem wirklichen Verwachsen der Organisationen kommt und mögliche Synergien nicht realisiert werden.

Nach der Durchführung der operationalen Fusion und vor der Aufnahme der Integrationsaktivitäten werden im Privatsektor zunehmend Kulturanalysen durchgeführt, seitdem sich das Wissen um die »soften Faktoren« und ihren Einfluss auf eine erfolgreiche Fusion durchgesetzt hat. Eine angewandte Analyseform ist die sog. »Cultural Due Diligence«. Diese bewertet in verschiedenen Analyseverfahren den Grad der Übereinstimmungen und/oder Unterschiedlichkeiten der Unternehmenskulturen z.B. anhand der Entscheidungsstrukturen oder der Arbeits- und Kommunikationsstile. Mit diesen Ergebnissen lassen sich Probleme bei der Integration besser voraussehen bzw. sie können auf ein Minimum beschränkt werden (vgl. GRUBE 2002, S. 165f.). Außerdem kann aus diesem Ist-Kultur-Wert die gewünschte Soll-Kultur entwickelt werden (»wo wollen wir hin«; vgl. JAEGER 2001, S. 84). Zumeist wird die kulturelle »Due Diligence« im Zuge einer generellen »Due Diligence« in der Merger-Phase durchgeführt (in der Regel kurz vor Vertragsabschluss), teilweise aber auch erst in der Post-Merger-Phase. Die »Due Diligence« ist, wie bereits angesprochen, eine formalisierte und fundierte Unternehmensanalyse, die u.a. Finanzzahlen, Wertschöpfungszahlen, Umweltfaktoren, Kunden, Lieferanten und Businesspläne des eigenen und des potenziellen Fusionspartners untersucht, um bspw. heikle Punkte bei einer Fusion vertraglich abzusichern (vgl. BERENS 1999, S. 71–78).

Beide Verfahren empfehlen sich grundsätzlich auch für den Kulturbereich. Die Durchführung einer derart umfangreichen Cultural Due Diligence im Kulturbereich ist aufgrund der Kosten- und Zeitintensität jedoch eher unwahrscheinlich. Die Durchführung einer Mitarbeiterbefragung, als eine etwas reduzierte Form dieses methodischen Ansatzes, kann hingegen nur empfohlen werden. Hier können Erwartungen, Ängste oder die jeweilige Sicht auf die eigene und fremde Einrichtung abgefragt werden, um z.B. Gemeinsamkeiten oder bewahrenswerte Rituale herauszukristallisieren (vgl. HABECK 2002, S. 115–118). Die gewonnenen Informationen können vor allem Gewinn bringend in die Erstellung neuer Leitbilder fließen (Berücksichtigung der Werte der Mitarbeiter etc.). Gleichzeitig ist eine derartige Befragung eine Intervention, die – wenn sie gut gemacht ist – dem Befragten auch das Gefühl der Wertschätzung vermitteln kann.

Die Planung aufgrund subjektiv gewonnener Parameter auf dem Gebiet der Unternehmenskultur ist selbstverständlich immer mit Vorsicht zu betrachten, denn schließlich kann man eine gemeinsame Kultur, wie bereits angemerkt, nicht verordnen (vgl. JANSEN 2001, S. 232). Allerdings sollten konkrete Schritte eingeleitet bzw. auf ihre Verwendungsmöglichkeiten geprüft werden.

Nachsorge: Integrationsmanagement

5.3.2 Aktives Konfliktmanagement

Konflikte sind bei Fusionen nicht auszuschließen und liegen in der Natur der Sache begründet, weil es zu verschiedenartigen Verlusten kommen kann: Arbeitsplatz, Aufgabenbereich, Einflussbereich, Anerkennung, überkommene Privilegien und Traditionen.

Die psychischen Auswirkungen von Autonomie- und Existenzängsten, der Verlust der Identität mit den Leitbildern der eigenen Organisation, Orientierungslosigkeit und allgemeiner »Fusionsstress« werden unter dem Begriff »Merger-Syndrome« zusammengefasst und müssen dringend und entsprechend frühzeitig ernst genommen werden. Es ist davon auszugehen, dass ein bewusster Umgang mit den Themen »Merger-Syndrome« und »Konflikt« Auswirkungen auf den Fusionserfolg zeitigt. Dabei ist insbesondere interessant, wie mit den Aspekten »Konflikt-Bewusstsein« (awareness) und »Konflikt-Kompetenz« (competence) umgegangen wird.

Ein Zusammengehen zweier Organisationen bedeutet stets mehr als nur die Addition zweier Betriebseinheiten. Eine Fusion ist dann wirklich erfolgreich, wenn anschließend eine ganz neue Organisation entstanden ist, welche im günstigsten Fall das Wissen und die Vorteile beider Quellorganisationen vereinigt, vor allem auch hinsichtlich ihrer künstlerischen Arbeit. Dies ist stets ein komplexer Lern- und Entwicklungsprozess, bei dem alle Beteiligten immer wieder die ihnen lieb gewordenen Traditionen aufgeben müssen, um Neues entstehen lassen zu können. Wenn an dieser Stelle z.B. ein übermächtiger Fusionspartner die Bedürfnisse und Befindlichkeiten der kleineren Partner nicht ernst genug nimmt, kann ein lang anhaltender, schwerwiegender Vertrauensschaden entstehen, der sich in zahlreichen offenen oder verdeckten Konflikten äußert. Zahlreiche Organisationen mussten und müssen dafür immer noch mit verminderter Leistungsfähigkeit, mit Misstrauen untereinander und einem nur mäßigen Fusionsvorteil bezahlen. Hier haben sich dann nicht die Vorteile vereinigt, sondern die Nachteile und Egoismen potenziert.

Es ist nur zu verständlich, dass in derart unsicheren und turbulenten Situationen – wie es Fusionen sind – eher auf die vermeintlich verlässlichen »harten Faktoren« geachtet wird und die »weichen Faktoren« für später aufgespart werden, »wenn wieder gutes Wetter herrscht«. Diese Vorgehensweise wird mit an Sicherheit grenzender Wahrscheinlichkeit nicht zum Erfolg führen, weil Organisationen nun mal aus Menschen bestehen und der wichtigste weiche Faktor ist und bleibt die Beziehungsqualität der Mitarbeiter untereinander. Immerhin müssen diese Menschen nach der Fusion zusammenarbeiten und eine gemeinsame Unternehmenskultur der zu integrierenden Organisationen entwickeln.

In derart umfassenden Umbruchsituationen entsteht vielfach Unsicherheit und Stress und es wird nicht selten auch zu destruktivem Verhalten kommen. Die wichtigsten Konfliktpotenziale (vgl. ausführlich RUBIN 1994, GLASL 2002 und GLASL 2004A), die sich bei Annäherungen bisher fremder Systeme immer wieder zeigen, lassen sich mit den folgenden acht Punkten kurz umschreiben (die Aufzählung ist angelehnt an GLASL 2004B, S. 165f.):

(1.) Wenn Gruppen aus beiden Einrichtungen einander physisch nahe kommen, nehmen sie größere Ähnlichkeiten zwischen den Mitgliedern ihres eigenen Systems wahr und entdecken mehr Unterschiede zu denen des anderen Systems. Die gegenseitige Wahrnehmung wird selektiv: Positives wird stärker an den früheren Kollegen wahrgenommen, überwiegend Negatives eher an den anderen.

(2.) Bei Annäherung der beiden Organisationen beginnt bei den betroffenen Mitarbeitern ein Gerangel um Statusfragen. Die soziale Identität und der Platz in der Gruppe scheinen gefährdet, wodurch die eigene Gruppe insgesamt als abgewertet erscheint.

(3.) Wenn sich die Mitglieder der beiden Organisationen einander annähern, kommt es vorab zu neidischen Vergleichen. Dabei wird geprüft, ob es Ungerechtigkeiten gibt. Durch Wahrnehmungsfilter werden aber Ungerechtigkeiten dort gesehen und übertrieben stark bewertet, wo sie vielleicht nur ansatzweise vorhanden sind.

(4.) Je mehr bestimmte Mitglieder der einen Organisation in Rang und Status bestimmten Mitgliedern der anderen Organisation vergleichbar sind, desto stärker wird die Rivalität zwischen diesen Menschen, weil sie unbewusst um Beweise ihrer eigenen Überlegenheit kämpfen.

(5.) Wenn sich vor der Fusion jede der Organisationen für überlegen gehalten hat (»Unser Theater ist viel modernern und fortschrittlicher [...]«), tritt bei der Annäherung beider Gruppen zunächst eine Phase der vergleichenden Konkurrenz auf, um herauszufinden, wer wirklich besser war. Das eigene Überlegenheitsgefühl lässt sich dadurch verstärken, dass die Gegenseite abgewertet wird.

(6.) Sobald Angehörige der einen Organisation nach Zeiten des Erfolges plötzlich Misserfolge einstecken müssen, werden die Spannungen zwischen den Organisationen verstärkt. Auch dann, wenn einigen Menschen in der anderen Organisation ähnliches bereits widerfahren ist, denn es kommt zu einem Denken analog der »Sippenhaftung«, wie sie in archaischen Kulturen üblich ist.

(7.) Werden von Mitgliedern der einen Organisation durch widrige Umstände Prestigeeinbußen erlebt, dann wird dies als Abwertung der gesamten Organisation wahrgenommen und verstärkt die Rivalität. Sollten gleichzeitig auch Mitglieder der anderen Organisation Prestigeeinbußen erleben, dann intensiviert dies die Rivalität noch mehr.

(8.) Wenn im Zuge der Fusion Ressourcen neu verteilt werden müssen, erleben dies die Mitglieder der beiden Organisationen gleichermaßen als ein »Nullsummenspiel«, weil jede Seite meint, dass das eine System nur das gewinnen kann, was das andere System verliert. Auch wenn – objektiv betrachtet – beide gewinnen oder beide verlieren, wird der Verdacht gehegt, die andere Seite gehöre zu den Gewinnern.

Die hauptsächlichen Mittel, um mit diesen wahrscheinlichen Konfliktpotenzialen umzugehen, bestehen darin, einerseits eine klare und faire Organisationsentwicklung zu betreiben, welche möglichst viele Betroffene einbindet und ihnen Aufgaben zuweist. Zum anderen muss eine Grundeinstellung befördert werden, bei der über derlei Fragen offen und verlässlich kommuniziert werden kann. Schließlich wird man es niemals allen Recht machen können. Außerdem gibt es überall Personen, deren Glas immer »halb leer« ist, egal was geschieht. Einen gewissen Grad an Unzufriedenheit wird man stets hinnehmen müssen.

Der Konfliktmanager FRIEDRICH GLASL schlägt vor, nach einer »Doppelstrategie« vorzugehen (vgl. GLASL 2000 und 2004B), die eine Mischung aus »Kontext-Maßnahmen« und »Fokus-Maßnahmen« darstellt. Kontext-Maßnahmen sind hierbei Schritte, die im Rahmen des Erneuerungsprozesses anlässlich einer Fusion auf jeden Fall durchgeführt werden müssen wie etwa die Zusammenführung der Verwaltungen und der Funktionsbereiche. Die »Fokus-Maßnahmen« hingegen sind bewusst unternommene Interventionen und »Durchbruchprojekte«, mit deren Hilfe sich innerhalb der Organisationen Erfolgserlebnisse generieren lassen. Durch eine geschickte Mischung aus Kontext- und Fokus-Maßnahmen wird die Arbeit an der Organisationskultur konkreter sowie direkt gestaltbar und auch lenkbar.

5.3.3 Systemische Interventionen

Die Integrationsphase sollte schwerpunktmäßig geprägt sein durch den erneuten Aufbau engmaschiger Beziehungsnetze innerhalb der neuen Organisation. Die folgenden Faktoren können dies positiv beeinflussen:

- Erleben von erfolgreicher gemeinsamer Arbeit.
- Vertieftes Wissen um die Hintergründe der Fusion und die Geschichte der anderen Organisation.
- Intensives Kennenlernen der Kollegen und anderen Abteilungen.
- Zuwachs von Verständnis und Wertschätzung für Andersartigkeit.
- Erarbeitung gemeinsamer Zukunftsvisionen (identitätsstiftendes Leitbild).
- Begleitung einzelner Abteilungen und Personen (Coaching).

Das Fundament jeder Zusammenarbeit ist Vertrauen und dieses kann in Fusionsprozessen empfindlich gestört worden sein. Dieser Vertrauensverlust muss gar nicht auf einer persönlichen und direkten Ebene stattgefunden haben, sondern es reicht, dass eine Person der anderen Institution angehört hat. Allein dadurch werden verschiedene negative Konnotationen ausgelöst.

Integrationsstrategie umsetzen

Bei Fusionen treten häufig Interessenkonflikte auf, die man mitunter nicht schlichten kann. Werden diese Konflikte etwa bei der Besetzung von Führungspositionen zugunsten der einen Organisation aufgelöst, dann ist es nur natürlich, dass die Mitarbeiter der anderen Einrichtung auch später noch an diese Situation zurückdenken werden. Die Integrationsarbeit sollte diesen Umstand berücksichtigen und deshalb zuerst an diesen Themen arbeiten.

Es können und sollten begleitend zum Tagesgeschäft der neuen Institution folgende Aktivitäten durchgeführt werden, um eine Unterstützung für die gemeinsame Organisationsentwicklung zu geben. Die Liste kann nicht abschließend sein und versteht sich vielmehr als Anregung. Zudem fasst sie bereits aufgeführte Aktivitäten wie z.B. die Mitarbeiterversammlung nochmals für die Post-Merger-Phase zusammen:

(1.) Einführung einer koordinierenden Steuerungsgruppe zum Fusionsprozess (Top-Management, Politik und Personalrat).

(2.) Coaching der Führungskräfte und bestimmter »traumatisierter« Abteilungen.

(3.) Gründung einer »Integrationsgruppe« bestehend aus Führungskräften, Mitarbeitern und Personalvertretern (Projektmanagement).

(4.) Gründung von Subprojekten (Beispiele):

    (4a.) Interne und externe, auf die Fusion bezogene Öffentlichkeitsarbeit (Erarbeitung bzw. Umsetzung der Fusionskommunikation etwa mit Fusionsnewsletter).

    (4b.) Kundenentwicklung (Was wollen die Besucher wirklich?).

    (4c.) Inhaltlich-künstlerische Zusammenarbeit in der Zukunft (Perspektiven: Kunden, Kulturszene, Künstler etc.).

    (4d.) Personalentwicklung (fusionsbezogene Workshops & Fortbildungen etc.).

    (4e.) Informationsmanagement (wer muss wann was von wem erhalten?).

    (4f.) Neue Rolle und neues Selbstverständnis der internen Servicedienstleister (Werkstätten, Interne Dienste, Beleuchtung, Kartenverkauf etc.).

    (4g.) Neue Finanzierungsmöglichkeiten (u.a. ausbauen: Fundraising, Marketing, Sponsoring).

(5.) Durchführung von Großveranstaltungen.

    (5a.) Interne Großveranstaltung mit allen Mitarbeitern unmittelbar nach Durchführung der organisatorischen Verschmelzung (Kick-off und symbolische Begrüßung).

    (5b.) Großes öffentliches Fusionsfest nach Durchführung der Verschmelzung (symbolische Eröffnung für die Öffentlichkeit).

Nachsorge: Integrationsmanagement

- (5c.) Zu Beginn halbjährliche bis jährliche Großveranstaltungen mit der Mitarbeiterschaft zu Themen der Transformation und Weiterentwicklung der neuen Organisation (Forum für eine Vielzahl von Begegnungen schaffen).
- (6.) Produktion einer Publikation zur Fusion (Geschichte der beiden Quellorganisationen, Fusionsprozess, Stand der Arbeit etc.).

Je mehr Anlässe zur gemeinsamen Arbeit geschaffen werden, umso schneller wird sich ein neues Beziehungsgeflecht bilden und umso erfolgreicher wird letzen Endes die Fusion sein. Es ist sinnvoll, diese Anlässe bewusst herbeizuführen und zu fördern. Man kann sogar so weit gehen und festhalten, dass nur die tatsächlich erlebten gemeinsamen Arbeitserfolge die Organisationen auf der Beziehungsebene zusammenführen werden.

In vielen Fällen wird eine komplette Verschmelzung der Organisationen nicht stattfinden oder es wurden ähnliche Abteilungen bewusst nicht verschmolzen. Dann sind die natürlichen Anlässe gemeinsamer Arbeit – und damit die Chance auf gemeinsamen Erfolg – wesentlich geringer als bei tatsächlich verschmolzenen und zusammen arbeitenden Bereichen. Wenn ehemals getrennte Abteilungen weiterhin wenig miteinander zu tun haben, weil sie bspw. unterschiedliche räumliche oder fachliche Zuständigkeiten erhalten haben, dann ist auch dieser Umstand nicht förderlich für den Fusionsprozess vor dem Wissen um die positiven Auswirkungen funktionierender Beziehungsnetzwerke.

In Anbetracht dieser Erkenntnis sollte es den Einrichtungen bzw. den Organisatoren der Fusion möglich sein, gemeinsame Arbeitsanlässe dieser Art zu schaffen. Dabei darf ruhig etwas »übertrieben« werden und es können durchaus mehr gemeinsame Arbeitsaufträge ergehen als wirklich nötig wären.

Bei der Gestaltung der Arbeitsaufträge für die einzelnen Gruppen und Teilprojekte ist es dabei günstig, wenn sie unter anderem die nachfolgenden Fragen enthalten, die so gestellt sind, dass zunächst Vergangenheit und Gegenwart betrachtet werden und erst anschließend die Zukunft (vgl. GLASL 2004B, S. 179f.):

- Wie sind bei uns die Arbeitsabläufe heute gestaltet?
- Wer übt dabei welche Rolle und Funktion aus?
- Nach welchem Motto, welcher Mission läuft dies alles heute ab? (»ungeschriebene Formeln«).
- Welches Motto, welche Mission soll beibehalten werden, welche soll geändert werden?
- Welches Motto, welche Mission soll es künftig geben (explizit beschrieben).
- Wie sollen darauf aufbauend die Rollen und Funktionen neu definiert werden?

- Wie sollen die internen Abläufe und Methoden daraufhin in der Zukunft angepasst werden?

Der Integrationsprozess nimmt meist mehrere Jahre in Anspruch, während sich die organisatorische Integration schneller umsetzen lässt bzw. umsetzen lassen muss, um den Betriebsfluss nicht dauerhaft zu gefährden. STEPHAN A. JANSEN und andere Experten empfehlen spätestens nach drei Jahren die Analyse der Fusion und besonders des Integrationsprozesses, inwieweit wirtschaftliche und strategische Ziele erreicht werden konnten (vgl. JANSEN 2001, S. 237). Im Kulturbereich scheint die Durchführung einer solchen Analyse nicht realistisch, da die kommerziellen Aspekte nicht im Vordergrund stehen. Bei der Durchführung von Controlling hinsichtlich der Fusionsziele usw. sollte der Blick auf die Strategien der Integration aber nicht fehlen.

Betrachtet man weitere Strategien zur Integration im öffentlichen Sektor, kann die Methode des sog. »story telling« (Geschichten erzählen) eine große interne Wirkung entfalten: Die Mitglieder der beide Quellorganisationen treffen sich separat und erarbeiten so etwas wie eine »Organisationsbiographie« (vgl. hierzu ausführlich VISSER 2004). Eine Biographie setzt sich dabei zusammen aus den geschichtlichen Daten, den »harte Fakten«, die auch anderswo auffindbar sind, und den erzählten Geschichten, Anekdoten und Legenden, den »weiche Fakten«. Gerade die »weichen« Anteile sind mitbestimmend für die Unternehmenskultur und den »inneren Weg« der Organisation: Welche Entscheidungen oder Entwicklungen hat es in der Vergangenheit gegeben, die unsere heutige Arbeit immer noch maßgeblich beeinflussen wie etwa größere programmatische Änderungen, die Trennung von einem modernen oder konservativen Intendanten, wichtige aber umstrittene Umbauten usw.? Welche Personen haben in der Vergangenheit einen wichtigen Einfluss ausgeübt und was wurde daraus? Wurden Fehleinschätzungen getroffen? Kurz: Wie ist die Organisation zu der geworden, die sie war bzw. ist?

Im nächsten Schritt lässt man die beiden Gruppen ihre Ergebnisse vortragen. Alle wichtigen Begebenheiten und Stationen der jeweils anderen Organisation werden dadurch aus einem anderen Blickwinkel sichtbar, nämlich aus der Innensicht. Früher konnte man die andere Organisation nur in der Außensicht betrachten: »Was machen die denn da? Weshalb werfen die den progressiven GMD hinaus?«. Diese neue Innensicht ermöglicht einerseits ein anderes Verständnis der Situationen und zum anderen führt es beide Gruppen zusammen. Diesen Effekt kennt jeder: Eine Person, über die man zunächst noch nicht viel weiß, nennt man einen Bekannten. Wenn man diesen Bekannten näher kennen lernt und mehr aus seinem Leben erfährt, dann besteht die Chance, dass man sich – bei gleich bleibender Sympathie – zu Freunden entwickelt.

Im dritten Schritt werden sich die beiden, nun hoffentlich etwas angenäherten, Gruppen weiter treffen, um an der gewünschten Zukunftsplanung zu arbeiten. Eine geeignete Methode stellt hier der sog. »anticipating dialog« dar: Man versetzt die Gruppe in eine fiktive Zukunft und lässt sie bspw. rückblickend die Entwicklung der letzten zehn Jahre schildern. Manche Teilnehmerinnen und Teilnehmer werden optimistische, andere pessimistische Bilder schildern. Auch mit dieser Methode können unbewusste Anteile der Unternehmenskultur sichtbar gemacht werden. Die Beschäftigung mit den eigenen harten und weichen Aspekten zur Geschichte der Einrichtung wird ansonsten nur selten betrieben, kann aber gerade die unausgesprochenen und (größtenteils) unbewussten Aspekte von Unternehmenskultur sichtbarer machen. FRIEDRICH GLASL hat auch für hier einige sehr ansprechende Übungen entwickelt, u.a. die »Tipps für BewerberInnen« (vgl. GLASL 2004B, S. 181f.). Bei dieser Übung sollen möglichst in einem Brainstorming Tipps für eine erfolgreiche Bewerbung in der eigenen Organisation gegeben werden. Hier beschreiben die Menschen implizit Teile ihrer unsichtbaren Unternehmenskultur (Selbstbild) und machen sie im Brainstorming explizit. Das Verfahren kann auch »umgedreht« werden, wenn die Mitarbeiter die »Tipps für BewerberInnen« für die »andere« Einrichtung (Fusionspartner) geben sollen. Hier wird das Fremdbild abgezeichnet. Anschließend sollten die Ergebnisse verglichen werden. Neben dem »vor Augen führen« des Selbst- bzw. Fremdbildes, können Faktoren und Probleme herausgearbeitet werden, die die Mitarbeiter an den neuen Kollegen besonders schätzen bzw. als Problem empfinden. Im besten Falle einigen sich die Beteiligten auf bestimmte Verhaltensweisen (das kann vom Procedere des Kaffeemaschinenputzens bis hin zur Kontaktaufnahme mit dem »Chef« reichen). Die Einhaltung der vereinbarten »Verhaltenskodices« sollte dann regelmäßig gemeinsam überprüft werden. Die folgende Übersicht listet nochmals exemplarische Fragen für diese Übung auf.

Abbildung 18:   Die Übung »Tipps für BewerberInnen«

„Tipps für BewerberInnen" (Glasl)	
Ziel:	Selbstverständlichkeiten der Teamkultur aufdecken, Praktizierte „Geheime Spielregeln" aufdecken – abbauen
Methode:	**„Raten Sie jemandem aus Ihrem Bekanntenkreis, welches Auftreten die besten Chancen bietet, um in unsere bestehende Gruppe aufgenommen zu werden!"** - Wie muss sie / er sich kleiden? - Zu welchen Attributen (Accessoires) raten Sie? - Auf welche Erfahrungen soll er / sie verweisen? - Wie sollte er / sie mit Vorgesetzten umgehen? - Wie sollte er / sie mit KollegInnen umgehen usw.
Arbeitsweise:	**Brainstorming** als Gruppe, Widersprüche sollen bestehen bleiben! Selbstbild mit Fremdbild konfrontieren, Änderungen vereinbaren

Quelle: GLASL 2004B, S.182.

Zusammenfassend kann festgestellt werden, dass die Integrationsphase durch eine geschickte Abfolge von systemischen Interventionen gekennzeichnet sein sollte, welche insbesondere das Knüpfen und Festigen von Beziehungsnetzwerken zum Ziel haben. Dabei ist es nur zu verständlich, dass sich die Kultureinrichtungen aufgrund fehlender Ressourcen nicht allen vorgestellten und weiteren internen Integrationsstrategien widmen können. Auf der anderen Seite wurden zahlreiche Strategien vorgestellt, die ohne größeren Kosten- und Zeitaufwand durchgeführt werden können. Um das bereits einleitend aufgeführte Rechenbeispiel nochmals heranzuziehen: Wenn sich die Mitarbeiter, nunmehr nach der Fusion, öfters am Tag »negativ« mit der Fusion auseinandersetzen, weil sie sich benachteiligt, nicht verstanden oder zurück gesetzt fühlen, dann muss die Kultureinrichtung pro Monat wenigstens mehrere hundert bis zu tausenden von Arbeitsstunden einbüßen.

5.3.4 Externe »Integrationskommunikation«

In der Integrationsphase werden die fusionierten Einrichtungen viel mit »sich selbst beschäftigt« sein. Auch wird das Tagesgeschäft schnell wieder einen Großteil der Kapazitäten binden. In dieser Phase ist es wichtig, den Kunden bzw. die Besucher nicht aus den Augen zu verlieren: Die neue Einrichtung muss vor allem durch ihre künstlerische Arbeit überzeugen und damit insbesondere die Kritiker »beruhigen«.

In Klein- und Mittelstädten gehören Kultureinrichtungen nicht selten zu den größeren Arbeitgebern, sodass der »Betroffenenkreis« (Mitarbeiter und Pensionäre, deren Familien, Freunde, Verwandten, Förderkreise usw.) beträchtliche Ausmaße annehmen kann. Neben der künstlerischen Tätigkeiten der Fusionseinrichtung interessiert sich dieser Kreis aus oft sehr kompetenten Stakeholdern natürlich auch für die internen Entwicklungen (genauso wie in der Pre-Merger und Merger-Phase). Selbstverständlich sollen hier keine heiklen Interna nach außen weitergegeben werden. Vielmehr kann man durchdacht über feststehende Entwicklungen informieren, etwa mittels Auszügen aus der Intranethauszeitung in der Lokalpresse insbesondere über Erfolge (»early wins«) und einschneidende Veränderungen. Vor allem durch gezielte Pressearbeit sollten hier die Informationen weitergegeben werden. Interessant in diesem Zusammenhang könnte auch die Einrichtung eines Internetforums oder andersartiger Foren, z.B. »Briefkasten« auf der neuen Homepage sein.

Ein weiterer wichtiger Aspekt ist das Marketing bzw. das Merchandising. In den Museums- und Theatershops sollten zur Identitätsstiftung Artikel mit dem neuen Logo verkauft und bspw. der erste gemeinsame Ausstellungskatalog besonders auffällig präsentiert werden. Bei den Merchandisingartikeln (z.B. Postkarten von den gemeinsamen Einrichtungen und Kunstwerken, Regenschirme, Inhalts bezogene Artikel), sollte darauf geachtet werden, vorrangig die Artikel zu aktualisieren, die sich erfahrungsgemäß am besten verkaufen.

Kapitel 6: Resümee und Zusammenfassung

Inhalt des Kapitels:

6.1 »Nicht Fusionen sind falsch, es wird falsch fusioniert« 168
6.2 Zusammenfassung: Fusionsphasen und -aufgaben.. 171
6.3 Zusammenfassung: Schlüsselfaktoren.. 172
6.4 Zusammenfassung: Vor- und Nachteile einer Fusion im Kulturbereich 174

6.1 »Nicht Fusionen sind falsch, es wird falsch fusioniert«

Zielsetzung des Buches ist es ausdrücklich, die »Besonderheiten« sowie die Chancen und Risiken von Fusionen im Kulturbereich herauszukristallisieren und einen Überblick über dieses in der Fachliteratur noch kaum beachtete geschweige denn untersuchte Thema zu erarbeiten. Ebenso haben wir Erfolgs- bzw. Misserfolgskriterien herausgearbeitet, die bei jeder Fusion im Kulturbereich auftreten. Weiter soll das Buch für Überlegungen sensibilisieren, ob Fusionen Kultureinrichtungen wirklich langfristig »retten« können. Das Fundament ist insbesondere durch die Betrachtung der Managementphasen einer Fusion und unter Zuhilfenahme von Fallbeispielen sowie privatwirtschaftlichen Studien und Empfehlungen, vor allem aus dem öffentlichen Sektor, entstanden.

Es ließ sich zeigen, dass das grundlegende Problem der steigenden Personal- und Sachkosten sowie der sinkenden Zuwendungen der öffentlichen Hand nicht (allein) durch Fusionen zu lösen ist. Wie die Fallbeispiele bestätigt haben (u.a. Neue Philharmonie Westfalen, Theater Altenburg Gera GmbH), bleibt die Problematik einer nachhaltig verlässlichen Finanzierung weiterhin bestehen. Besonders der Effekt der stetigen Tariferhöhungen verzehrt Einsparungen, die durch effektivere Strukturen und Prozesssteuerung frei gesetzt wurden.

Trotzdem sind Fusionen als Chance zu begreifen, denn durch einen Zusammenschluss können sich Einspar- und spezielle Synergiepotenziale mobilisieren lassen. Vor allem kann eine Fusion tatsächlich notwendige Maßnahmen zur Umstrukturierung, zur Prozessoptimierung und Neupositionierung anstoßen, mit denen die Einrichtungen veraltete Strukturen abbauen können. Anderweitige Reformaktivitäten – wie etwa Rechtsformwechsel – können nur in den seltensten Fällen ähnlich tiefgreifende Veränderungsprozesse in Gang setzen.

Nach einer Fusion ist im besten Falle eine ganz neue Kultureinrichtung entstanden. Außerdem sind fusionierte Einrichtungen zunächst nicht mehr in der Diskussion um ihre ehedem bedrohte Existenz. Das verschafft ihnen zusätzlich die Möglichkeit, sich auf künftige Anforderungen und finanzielle Kürzungen einzustellen.

Dieses Buch könnte aber auch unter dem Motto stehen: »Nicht Fusionen sind falsch, es wird falsch fusioniert« (BERGMANN 2003, S. 4). Denn die möglichen Synergieeffekte einer Fusion werden in der Realität nur selten vollständig ausgeschöpft. Das mag an den besonderen Umständen jeder einzelnen Fusion liegen oder auch daran, dass die in diesem Buch zusammengetragenen Schlüsselfaktoren nur selten in ihrer Gesamtheit beachtet werden. Außerdem kann nicht selten beobachtet werden, dass gerade im Prozess- und Projektmanagement schwerwiegende Fehler begangen werden, die sich zu einer Gefährdung für die Fusion und die ganze Einrichtung auswirken können. Das liegt vor allem daran, dass die Leistungsträger nur selten über ausreichend Fusionserfahrung und Managementwissen in diesem Bereich verfügen und/oder nicht genügend Zeit- bzw. Personalressourcen zur Verfügung haben.

Dies führt häufig dazu, dass zwar fusioniert wird, man aber die herkömmlichen Strukturen beibehält und damit lediglich die Symptome und nicht die Ursachen bekämpft. Mehrfach führten mangelndes Wissen und vor allem fehlende Gutachten bzw. Machbarkeitsstudien zu einer nachträglichen Auflösung von fusionierten Kultureinrichtungen (»Demerger«). Hingegen stellt die nachträgliche Auflösung einer Fusion mit das schlimmste Szenario dar, was einer Organisation passieren kann, denn sie stellt ein Scheitern auf ganzer Front dar, vergleichbar allenfalls der drohenden Schließung einer Einrichtung.

Eine weitere Gefahr besteht bei Fusionen, die ausschließlich von politischer Seite aus initiiert werden und deren Entscheidung zumeist auf (vermeintlich) finanzpolitischen Motiven bzw. Zwängen beruht. Dies führt aber dazu, dass oft wenig Raum für Betrachtungen abseits dieser Überlegungen bleibt bzw. eingeräumt wird. Die weichen Faktoren, die künstlerischen Konzepte usw. bleiben vielfach unbeachtet und nicht selten werden die Verantwortlichen überhaupt nur am Rande mit einbezogen. Sie stehen einer Verschmelzung ihrer Einrichtungen dementsprechend negativ gegenüber, ein Umstand, der die eben angesprochenen Gefahren deutlich verstärkt.

Fusionen werden von der Politik angestrebt oder sie werden von dieser befürwortet und getragen. Fusionen sind zu Beginn kostenintensive Prozesse, wenn finanzielle, strukturelle sowie insbesondere künstlerische und integrative Ziele professionell umgesetzt werden sollen. Synergieeffekte (z.B. künstlerischer Art bzw. durch die Erschließung neuer Besuchergruppen) und Einsparpotenziale (z.B. Personalabbau, »voneinander lernen«) können erst nach einer Fusion umgesetzt werden und auch dies nur dann, wenn die Fusion unter Beachtung der aufgeführten Schlüsselfaktoren umgesetzt wurde. Die Politik sollte deshalb selbst in Zeiten knapper Kassen für eine professionelle Projektplanung und im besten Falle für eine adäquate Umsetzung auch zusätzliche Mittel zur Verfügung stellen. Eine schlecht realisierte Fusion setzt unter Umständen gar keine Einsparpotenziale frei und kann im Falle des Scheiterns sogar Mehrkosten verursachen. Andererseits ist eine Fusion oft als die letzte Möglichkeit für den Erhalt einer Kultureinrichtung zu verstehen. Deren Schließung würde ggf. Entschädigungssummen in Millionenhöhe verursachen, die die öffentlichen Haushalte lange belasten, ohne dass hierfür kulturelle Leistungen erbracht werden.

Die Politik sollte fusionierte Kultureinrichtungen in den ersten Jahren außerdem vor drastischen Zuwendungskürzungen bewahren. Die »Theaterehe« Altenburg-Gera sieht sich bspw. ganz aktuell wieder erheblichen Kürzungen ausgesetzt, und dies trotz nachhaltiger Einsparungen, einem Zuwachs an Zuschauern um 20% in den letzten zwei Jahren sowie einem Einnahmeaufwuchs von über 40% seit der Fusion. Es nimmt in diesem Kontext kaum Wunder, dass der für den Erfolg verantwortliche Intendant in der Zwischenzeit entnervt seinen Vertrag vorzeitig gekündigt hat, denn ihm wurde keine Anerkennung für seine belegbaren Erfolge zuteil, im Gegenteil: Er wurde durch die anstehenden Kürzungen noch bestraft (vgl. MDR 2003B).

Es erscheint äußerst bedenklich, eine Fusion nur auf ihre Kürzungseffekte zu beschränken, denn auch Einsparungseffekte haben Grenzen. Um ein künstlerisches Niveau zu wahren, müssen gewisse Personalbestände erhalten bleiben. Fusionen können sehr wohl zahlreiche Veränderungen anstoßen. Wenn man sich jedoch rein auf finanzpolitische Motive beschränkt oder wenn eine Fusion aufgrund von fehlendem Know-how bzw. wegen einer Überzahl nicht zu überzeugender Fusionsgegner auf schwankendem Grund steht, sind die Einrichtungen nach einer Fusion womöglich stärker gefährdet als zuvor – und dies insbesondere bezüglich ihrer künstlerischen Qualität.

Beachtet man die hier aufgeführten zentralen Erfolgs- und Misserfolgsfaktoren, dann sollten sich die Verantwortlichen angesichts einer zu erwartenden Verschlechterung ihrer finanziellen Situation eher kämpferisch-aktiv verhalten und keineswegs hinhaltend abwarten, wie sich die Situation weiter entwickelt. Wenn keine Fusion möglich scheint, ist es ratsam, zumindest andere Kooperationsmöglichkeiten zu untersuchen. Darüber hinaus sind Kultureinrichtungen und Kulturpolitiker eigentlich gehalten, enger zusammen zu arbeiten und einen Erfahrungsaustausch über die kommunalen Grenzen hinaus zu ermöglichen (Austausch von Gutachten, »voneinander lernen« etc.), um eine Nutzung vorhandener Erfahrungswerte zu gewährleisten und damit vor allem bereits gemachte Fehler zu vermeiden.

Angesichts der kritischen bis dramatischen finanziellen Lage der öffentlichen Zuwendungsgeber und Gebietskörperschaften sind auch zukünftig eine Vielzahl von flachen bis intensiven Kooperationen zwischen Kultureinrichtungen zu erwarten. Zugleich werden sich die öffentlichen Kultureinrichtungen, allen voran die Theater und die Opernhäuser einer immer breiter und heftiger geführten Diskussion über deren Erhalt ausgesetzt sehen, der die Handelnden nur noch mit eigenverantwortlichen und aktiven Strategien begegnen können.

Nachfolgend finden sich zur schnellen Orientierung und Übersicht die wichtigsten Punkte und Strategien anhand von kurzen Texten, Tabellen und Schaubildern nochmals zusammengefasst.

6.2 Zusammenfassung: Fusionsphasen und -aufgaben

Tabelle 9: Hauptinhalte der drei Fusionsphasen im Kulturbereich

Phasen → / Inhalte ↓	Pre-Merger-Phase	Merger-Phase	Post-Merger-Phase
Frage	Was sind der Nutzen bzw. die eventuellen Nachteile einer Fusion?	Was möchte die zu fusionierende Organisation erreichen und wie kommt sie dorthin?	Konnten »early wins« erzielt werden; wurde die Fusion intern sowie extern verinnerlicht und angenommen?
Thema	Vision, Anbahnung und Entscheidung	Strategische Planung und Durchführung einer Fusion	Integration
Kernaktivitäten	Analyse und Politikmanagement	Konzeption und Durchführung	Integration und Implementierung
primäre Aufgaben	Anfertigung Machbarkeitsstudie	Organisations- und Personalplanung sowie deren Umsetzung	Zielintegration
			Controlling
		Fusionsvertrag	Team- und Vertrauensbildung
	Politisches Umfeld vorbereiten bzw. überzeugen	Kommunikation	Akzeptanzmanagement
		Controlling; Balanced Scorecard	Interne und externe Kommunikation
Hauptgefahren	Vernachlässigung der Analyseverfahren; unrealistische Ziele; politische Durchsetzung ohne Beteiligung der Leitung	Fehlende Nachhaltigkeit; »Merger-Syndrome«	Inkonsequente Umsetzung der Fusionsziele; »Merger-Syndrome«; unterschiedliche Kulturen
Zeit	– Durchschnittlich ein bis zwei Jahre –		Mehrere Jahre
Immer zu beachten: **7 K-Prozesse** ────────────────────────▶			

6.3 Zusammenfassung: Schlüsselfaktoren

MAX M. HABECK, FRITZ KRÖGER und MICHAEL TRÄM haben ein Buch über »Die sieben Schlüsselfaktoren erfolgreicher Fusionen« verfasst, die sie als »Vision«, »Führung«, »Wachstum«, »Schnelle Gewinne«, »Kulturelle Unterschiede«, »Kommunikation« und »Risikomanagement« bezeichnet haben (vgl. HABECK 2002). Diese lassen sich weitgehend auch für die Kulturarbeit als entscheidende Faktoren anführen. Allerdings müssen Fusionen im Kulturbereich kleinteiliger betrachtet werden, da sie nicht von Fusionsspezialisten, sondern von den Direktoren, Intendanten, Geschäftsführern usw. umgesetzt werden. Außerdem stehen im Vergleich zur Privatwirtschaft zumeist nur sehr begrenzte Mittel für die Umsetzung des Fusionsprozesses zur Verfügung. Die aufgeführten Methoden, Planungen und Prozesse sowie deren Befolgung sind wichtige Schritte auf dem Weg zu einer erfolgreichen Fusion. Bei den bisherigen Fusionen im Kulturbereich lassen sich mitunter aber nur wenige dieser Bestandteile im Prozess nachweisen.

Was im privatwirtschaftlichen Sektor selbstverständlich erscheint, wird im Kultursektor unter Umständen gar nicht beachtet bzw. realisiert. Während bspw. Länder übergreifende Fusionen im Privatsektor tagtäglich umgesetzt werden, entscheiden im Kulturbereich oft wenige Kilometer über den Erfolg bzw. Misserfolg einer Fusion. Die elementaren Schlüsselfaktoren, von deren Voraussetzung (z.B. richtige Infrastruktur, Befolgung eines Ziel gerichteten Integrationsmanagements) der Erfolg einer Fusion abzuhängen scheint, werden auf der folgenden Tabelle benannt. Sie zeigt auf, welche Schlüsselfaktoren in den einzelnen Phasen zum Zuge kommen und welche Hauptaktivitäten mit ihnen verbunden sind.

Tabelle 10: Schlüsselfaktoren bei Fusionen im öffentlichen Kulturbereich

Schlüsselfaktoren	Pre-Merger-Phase	Merger-Phase	Post-Merger-Phase
Machbarkeitsstudie	Durchführung und Erstellung der Studie	Einarbeitung der Erkenntnisse in das Fusionskonzept	
Zusammenführung verschiedener künstlerischer Inhalte	Gemeinsame künstlerische Vision erarbeiten bzw. prüfen	Konzeption; z.B. erste gemeinsame Aufführung vorbereiten und umsetzen	Umsetzung und Etablierung
Hauptsitz und Standortschwerpunkte	Erste Reflexion über Standorte etc. im Zuge der Machbarkeitsstudie	Festlegung der Standorte und Umsetzung	Optimierung bzw. weitere Umsetzung
Klare Ziele und Verträge: Nachhaltigkeit und Integrationstiefe	Erste Ziele festsetzen, um Fusion besser kommunizieren und	Vertragliche Festlegung der Ziele und Pflichten in einem Vertrag	Umsetzung und Einhaltung von Vereinbarungen

Resümee und Zusammenfassung

Schlüsselfaktoren	Pre-Merger-Phase	Merger-Phase	Post-Merger-Phase
	bewerben zu können		
Umwelt/Infrastruktur	Auswertung im Zuge der Machbarkeitsstudie	Planung Personal- und Gütertransport etc.	Regelmäßige Kontrolle der günstigsten Transportmöglichkeiten; z.B. zweijähriger Ausschreibungsturnus
Neue Führung	Frühzeitig neue Führung thematisieren, u.a. wg. Vorbereitung »alternativer Karrieren« etc.	Neues Führungsteam sollte feststehen und Fusion umsetzen	Umsetzung der gemeinsamen Vision
Voneinander lernen	Siehe Merger-Phase; evtl. schon in Pre-Merger-Phase	Prozessabläufe affiner Abteilungen vergleichen	Erkenntnisse umsetzen: Prozessoptimierung
Verbreiterung der Stakeholder	Politikmanagement	Kommunikation und Prozessbeteiligung soweit möglich	Integration, insbesondere Kommunikation
Interne und externe Kommunikation	Interne Kommunikation: siehe Untergangsdrohung; erste interne Kommunikation wenn Fusion feststeht	Intern und extern: nochmalige Kommunikation Fusionsgründe und Veränderungen durch Fusion	Kommunikation im Sinne des Integrationsmanagements
Name	Erste Varianten für einen neuen Namen reflektieren	Namen für gemeinsame Vision finden	Etablierung des Namens durch Kommunikation und Umsetzung – Vision
Umgang mit regionalen Identitäten	Bekannte Unterschiede hinsichtlich Machbarkeit bedenken	Leitbildworkshop; Gespräche mit Stakeholdern u.a.	Integrations- und Vermittlungsarbeit
Untergangsdrohung	Frühzeitige Kommunikation der äußersten Konsequenzen bei finanziellen Engpässen	weiterführende stetige Kommunikation zur Steigerung der Fusionsakzeptanz	
Der »soft fact« Mensch und unterschiedliche Unternehmenskulturen	Bekannte Unterschiede bereits bei Machbarkeitsstudie beachten	Kommunikation und erste Integrationsarbeit; evtl. »Cultural Due Diligence«	Integrationsarbeit

6.4 Zusammenfassung: Vor- und Nachteile einer Fusion im Kulturbereich

Die vielfältigen Gefahren, die mit einer Fusionierung von Kultureinrichtungen verbunden sind, wurden mehrfach benannt und werden an dieser Stelle nochmals zusammengefasst. Dasselbe gilt für das mitunter gewaltige Potenzial neuer Chancen, das ein Zusammenschluss von Kultureinrichtungen ermöglichen kann.

Tabelle 11: *Chancen und Risiken von Fusionen im öffentlichen Kulturbereich.*

Bereich	Chancen	Risiken
Künstlerisches Angebot	• Mögliche Neupositionierung • Neue künstlerische Möglichkeiten (Bsp. NPhW) • Gemeinsame Stärken bündeln • Gegenseitiges Ergänzen (z.B. Bestände Gemälde, Kunstgewerbe, grafische Sammlungen)	• Verwischen der eigentlichen Stärken • Gemeinsame Ziele sind unklar • Qualitätsverlust durch interne Konkurrenz etc.
Publikum	• Erschließung neuer Besuchergruppen • Verbesserung Besucherservice • Erweiterte, lukrativere Angebote	• Ablehnung der Fusion bzw. des künstlerischen Angebots • Identitätsverlust • Notwendige Reformen werden nicht durchgesetzt, um das Publikum und evtl. weitere Stakeholder nicht zu verärgern
Ökonomisch	• Nachhaltige Einsparpotenziale (u.a. Personalabbau, ökonomische Synergien) • Wirtschaftlichere Strukturen • »Voneinander lernen« • Prozessoptimierung • Steigerung der Eigeneinnahmen • Steigerung Fremdmittelakquise (z.B. Fundraising)	• Tariferhöhungen können die Einsparungen wieder vernichten • Streichung öffentlicher Zuwendungen • Mehrkosten bspw. bei den Transportkosten (die die Einsparungen teilweise wieder aufheben können)
Mitarbeiter	• Erhaltung des Arbeitsplatzes • Motivationssteigerung durch Aufbruchstimmung • Evtl. besteht die Möglichkeit neue Aufgabenfelder zu erschließen	• Motivationsverlust • Verminderte Leistungsfähigkeit • Verlust von Wissensträgern • (Keine Untergangsdrohung) • Identifikationsschwierigkeiten mit der neuen Einrichtung • Kündigung

Resümee und Zusammenfassung

Bereich	Chancen	Risiken
Politik	• Produktivere Zusammenarbeit • Entgegenkommen, da Veränderungswillen bewiesen wurde	• Vernachlässigung der Kommunikation (wenn Fusion von Seiten der Politik initiiert wurde) • Fusionsgegner erlangen politische Mehrheit
Management	• Veränderungen durchsetzen • Möglichkeit von Haustarifen • Unabhängigere Strukturen • Neuordnung von überkommenen Hierarchien	• Größerer Abstimmungsbedarf • Mangelndes Know-how (u.a. Vernachlässigung der Integrationsarbeit) • Fehlende Vision bzw. unrealistische Erwartungen

Anhang

Übersicht des Anhangs:

Übersichtstabellen 178
    Übersicht fusionierter öffentlicher Theater und/oder Orchester 178
    Übersicht weiterer fusionierter öffentlicher Kultureinrichtungen 180
    Übersicht geplanter und diskutierter »Kulturfusionen« 181
    Betriebsformen kommunaler Kulturarbeit 183
Abbildungen, Tabellen und Abkürzungen 184
    Abbildungsverzeichnis 184
    Tabellenverzeichnis 185
    Abkürzungsverzeichnis 186
Quellenverzeichnisse 188
    Literaturverzeichnis 188
    Weitere Quellen 195
    Interviewverzeichnis und sonstige Unterlagen der Fallbeispiele 197
Register 198
Über die Autoren 205

Anhang

Übersichtstabellen

Übersicht fusionierter öffentlicher Theater und/oder Orchester

Tabelle 12: Fusionierte öffentliche Theater und/oder Orchester (Auswahl)

Name	Standorte	Rechtsform
Theater Altenburg Gera GmbH	Altenburg, Gera	GmbH
Erzgebirgische Theater und Orchestergesellschaft mbH	Annaberg-Buchholz, Aue	GmbH
Hebbel am Ufer	Berlin (Theater am Halleschen Ufer, Hebbel-Theater, Theater am Ufer)	GmbH
Mittelsächsisches Theater und Philharmonie GmbH	Döbeln, Freiberg	GmbH
Deutsche Oper am Rhein	Düsseldorf, Duisburg	gGmbH
Thüringer Landestheater GmbH[1]	Eisenach, Rudolstadt-Saalfeld	GmbH
Schleswig-Holsteinisches Landestheater und Sinfonieorchester GmbH	Flensburg, Schleswig, Rendsburg	GmbH
Schillertheater NRW[2] (Theaterbetriebsgesellschaft Wuppertal/ Gelsenkirchen mbH)	Gelsenkirchen, Wuppertal	GmbH
Thüringer Philharmonie Gotha-Suhl	Gotha, Suhl	e.V.
Musiktheater Oberlausitz/Niederschlesien GmbH	Görlitz	GmbH
Vorpommersche Theater und Sinfonieorchester GmbH	Greifswald, Stralsund	GmbH
Vogtland Philharmonie Greiz/Reichenbach	Greiz, Reichenbach	e.V.
Nordharzer Städtebundtheater	Halberstadt, Quedlinburg	Zweckverband
Vereinigte Städtische Bühnen Krefeld und Mönchengladbach	Krefeld, Mönchengladbach	GbR

Übersichtstabellen

Name	Standorte	Rechtsform
Theater Magdeburg	Magdeburg (Freie Kammerspiele, Theater der Landeshauptstadt Magdeburg)	Eigenbetrieb
Theater- und Orchester GmbH Neubrandenburg-Neustrelitz	Neubrandenburg, Neustrelitz	GmbH
Theater Nordhausen/Loh-Orchester Sondershausen GmbH	Nordhausen, Sondershausen	GmbH
Südostbayerisches Städtetheater	Passau, Landshut, Straubing	Zweckverband
Elbland-Philharmonie Sachsen Novum – Neue Orchesterverwaltungs- und Marketinggesellschaft mbH	Pirna, Riesa	GmbH
Theater Plauen-Zwickau gGmbH	Plauen, Zwickau	gGmbH
Neue Philharmonie Westfalen	Recklinghausen, Gelsenkirchen	e.V.
Bergische Symphoniker. Orchester der Städte Remscheid und Solingen GmbH	Solingen, Remscheid	GmbH
[1] Die Fusion wurde im Jahre 2003 zum Ende der Spielzeit 2002/2003 aufgelöst. [2] Die Fusion wurde im Jahre 2000 zum Ende der Spielzeit 2000/2001 aufgelöst.		

Anhang

Übersicht weiterer fusionierter öffentlicher Kultureinrichtungen

Tabelle 13:   Fusionen weiterer öffentlicher Kultureinrichtungen (Auswahl)

Name der Einrichtung	Standorte	Sparte	Rechtsform
Kulturveranstaltungen des Bundes in Berlin GmbH	Diverse temporäre und feste Standorte: u.a. Haus der Kulturen der Welt Berlin, Martin Gropius Bau	Ausstellungen, Theater, Symposien, Konzerte, Festivals, Biennale u.v.m.	GmbH
Stiftung Stadtmuseum Berlin	Diverse Standorte in Berlin	Museen (früher Märkisches und Berlin Museum)	Stiftung öffentlichen Rechts
Fusion zahlreicher Berliner Heimatmuseen durch die Fusionen der Bezirke	Diverse Bezirke in Berlin	Museum	Unterschiedliche Rechtsformen
Deutsches Historisches Museum[1]	Berlin	Museum	GmbH
Stiftung Schloss Friedenstein Gotha	Gotha	Museum und historisches Schlosstheater	Stiftung öffentlichen Rechts
Kulturstiftung Meiningen	Meiningen	Museum	Stiftung öffentlichen Rechts
Mühlhäuser Museen	Mühlhausen	Museum	Zweckverband
Goethe-Institut Inter Nationes	Zentralen: München und Bonn (bis 2005)	Auswärtige Kulturpolitik und -vermittlung	e.V.
Stiftung Weimarer Klassik und Kunstsammlungen	Diverse Standorte in Weimar, sowie nahes und weiteres Umland	Museen, Schlösser und Gärten, Bibliothek, Archive und weitere Kultureinrichtungen	Stiftung öffentlichen Rechts

[1] entstanden 1990 aus der Zusammenführung (der Terminus Fusion wurde hier nicht verwendet) des 1987 gegründeten DHM in Westberlin mit dem Ostberliner Museum für deutsche Geschichte (Zeughaus).

Übersichtstabellen

Übersicht geplanter und diskutierter »Kulturfusionen«

Tabelle 14: *In der Diskussion stehende Kultureinrichtungen, für die eine Fusion geplant ist bzw. diskutiert wird (Auswahl)*

Name	Standorte
Deutsche Oper, Staatsoper Berlin, Komische Oper[1]	Berlin
Landestheater Tübingen, Landestheater Esslingen	Tübingen, Esslingen
Stadttheater Potsdam, Stadttheater Brandenburg, Stadttheater Frankfurt/Oder[2]	Potsdam, Brandenburg, Frankfurt/Oder
Deutsches Nationaltheater Weimar, Theater Erfurt[3]	Weimar, Erfurt
Theater Oberlausitz[4]	Bautzen, Görlitz, Zittau
Theater Essen, Theater Oberhausen[5]	Essen, Oberhausen
Kulturstiftung des Bundes; KulturStiftung der Länder[6]	Halle/Saale; Berlin
Stiftung Fürst-Pückler-Park Bad Muskau, Stiftung Fürst-Pückler-Museum Park und Schloss Branitz[7]	Bad Muskau, Branitz
Theater Eisenach, Theater Meiningen[8]	Eisenach, Meiningen
Deutsch-Sorbisches Volkstheater Bautzen, Sorbisches National-Ensemble Bautzen GmbH[9]	Bautzen
Staatsschauspiel, Theater Junge Generation und Staatsoperette[10]	Dresden
Mittelsächsische Theater- und Philharmonie GmbH, Landesbühnen Sachsen in Radebeul und Elbland-Philharmonie Sachsen. Novum – Neue Orchesterverwaltungs- und Marketinggesellschaft mbH[11]	Döbeln, Freiberg; Radebeul; Riesa, Pirna
Stiftung Stadtmuseum, Berlinische Galerie und Brücke-Museum[12]	Berlin
Staatsphilharmonie Rheinland-Pfalz, Orchester des Staatstheaters[13]	Ludwigshafen, Mainz
Berliner Sinfonie-Orchester, Rundfunk-Sinfonieorchester Berlin[14]	Berlin
Kunstsammlung und Stadtmuseum (künftig auch Museum für angewandte Kunst)[15]	Gera

[1] Seit 2004 »Opernstiftung Berlin« in fünf GmbH's: Deutsche Oper Berlin, Staatsoper Berlin, Komische Oper, Werkstätten-GmbH (die drei Werkstätten werden fusioniert), Ballett-GmbH.

[2] Fusion konnte vorerst nicht realisiert werden. Derzeit: Kooperationsvertrag Potsdam, Brandenburg, Frankfurt/Oder.

[3] Die Fusion wurde durch den Weimarer Stadtrat, insbesondere aber durch den Widerstand in der Weimarer Bevölkerung abgelehnt und vorerst verhindert. Die Fusion ist aber perspektivisch keineswegs vom Tisch.

[4] Wurde durch den Widerstand aller drei Intendanten abgewehrt. Die drei Theater werden vorerst weiterhin selbstständig betrieben (das Theater Görlitz ist 2002 mit der Lausitzer Philharmonie fusioniert).

[5] Einigkeit ließ sich bisher nicht erzielen.

[6] Zum 1. Januar 2004 sollte die Kulturstiftung des Bundes mit der KulturStiftung der Länder fusionieren. Allerdings sind die Fusionspläne vorerst durch das Veto Bayerns gescheitert. Der Bund bzw. die Beauftragte für Kultur und Medien hat daraufhin der KulturStiftung der Länder die Bundeszuschüsse, die 50% des Haushaltes ausmachten, ab 2005 gestrichen.

[7] Fusion von Seiten der Zuwendungsgeber Länder übergreifend geplant (Widerstand in den Belegschaften).

[8] Nach dem Demerger von Rudolstadt soll wahrscheinlich langfristig eine Fusion mit dem Theater Meiningen durchgeführt werden (vorerst intensive Kooperation). Ebenso intensive Kooperation zwischen den Theatern Rudolstadt und Nordhausen.

[9] Nachdem die Fusion des Deutsch-Sorbischen Volkstheaters Bautzen mit den Theatern von Görlitz und Zittau gescheitert ist, wird nun diese Fusion angestrebt.

[10] Die Fusionspläne sind zunächst vom Tisch, da Dresden keine Planungssicherheit gewährleisten konnte. Die durch eine Theaterkommission erarbeiteten Fusionspläne wären gegen den erheblichen Widerstand der Personalräte wahrscheinlich zum gegenwärtigen Zeitpunkt nicht durchzusetzen gewesen, da rund 150 Stellen abgebaut werden sollten. Nun soll vorerst verstärkt kooperiert werden.

[11] Siehe Anmerkung 10. Die Fusionspläne wurden von der gleichen Kommission erarbeitet und sind aus den gleichen Gründen vorerst gescheitert (es sollten 110 Stellen abgebaut werden). Auch hier soll jedoch verstärkt kooperiert werden, u.a. durch gemeinsame Benutzung der vom Land betriebenen Werkstätten (dies gilt auch für Dresden).

[12] Die Fusion wird weitestgehend unter Ausschluss der Öffentlichkeit und der verantwortlichen Kulturakteure vom Berliner Senat angestrebt.

[13] Nach massiven Protesten der Bevölkerung und der Musiker bei der DOV wird nun u.a. vom Ministerium eine enge Kooperation angestrebt. Das Fusionskonzept ist damit vorerst auf Eis gelegt.

[14] Der Berliner Kultursenator FLIERL plant diese Fusion für 2006. Das Fusionsorchester würde aus rund 120 Musikern bestehen (80 Orchesterstellen würden gestrichen).

[15] Die Stelle eines neuen Direktors war seit Mai ausschließlich im Internet unter der Adresse www.gera.de ausgeschrieben. Es haben sich rund 100 Bewerber gemeldet. Nach der Besetzung dieser Stelle (ca. August/September 2004) wird die Fusion vollzogen. Die Fusion mit dem Museum für angewandte Kunst wird nach dem Ausscheiden des jetzigen Direktors in wenigen Jahren ebenfalls umgesetzt.

Übersichtstabellen

Betriebsformen kommunaler Kulturarbeit

Tabelle 15: Betriebsformen kommunaler Kulturarbeit

	Status	Organisation	Finanzwirtschaft	Personalwirtschaft	Handlungsgrundlage
Regiebetrieb	Amt	Amtsleitung; Hauptverwaltungsbeamter; beigeordnete Querschnittsämter; Rat und Ausschüsse	Kameralistik	Stellenplan; BBesG/ BAT/ BMT	Satzungen; Aufgaben- und Verwaltungsgliederungsplan
Optimierter Regiebetrieb	Amt mit Wirtschaftsplan	Amtsleitung; Hauptverwaltungsbeamter; beigeordnete Querschnittsämter; Rat und Ausschüsse	Betriebliches Rechnungswesen	Stellenplan; BBesG/ BAT/ BMT	Satzungen; Aufgaben- und Verwaltungsgliederungsplan
Eigenbetrieb	Wirtschaftliches Unternehmen der Gemeinde ohne eigene Rechtspersönlichkeit	Werkleitung; Hauptverwaltungsbeamter; Kämmerer; Rat und Werksausschuss	Betriebliches Rechnungswesen	Stellenplan oder -übersicht; BBesG/ BAT/ BMT	Eigenbetriebssatzung
Zweckveband	Öffentl.-rechtl. Körperschaft auf kommunaler Ebene zur Erfüllung abgegrenzter Aufgaben	Verbandsvorsteher; Verbandsversammlung	Kameralistik/ betriebliches Rechnungswesen	Stellenplan oder -übersicht (BBesG) BAT/ BMT	Zweckverbandssatzung
GmbH	Gesellschaft mit begrenzter Haftung/privatrechtl. Unternehmen	Geschäftsführer; Gesellschafterversammlung (Aufsichtsrat)	Betriebliches Rechnungswesen	(BAT/ BMT) außertarifliche Vergütung	Gesellschaftsvertrag
GbR	Gesellschaft bürgerlichen Rechts/ BGB-Gesellschaft	Geschäftsführer; Gesellschafterversammlung (Aufsichtsrat)	Betriebliches Rechnungswesen	(BAT/ BMT) außertarifliche Vergütung	Gesellschaftsvertrag
Eingetragener Verein	Privatrechtliche Personenvereinigung	Vorstand; Mitgliederversammlung	Rechnungslegung	(BAT/ BMT) außertarifliche Vergütung	Vereinssatzung
Stiftung	Öffentl.-rechtl. oder privatrechtl. verwalteter zweckbestimmter Vermögensstand	Vorstand (Kuratorium/Beirat)	Kameralistik/ Rechnungswesen/ Rechnungslegung	(BBesG/ BAT/ BMT) außertarifliche Vergütung	Stiftungssatzung; Stiftungsgesetz

Quelle: KÜPPERS 1997, S. 46; erweitert um den Bereich der GbR.

Anhang

Abbildungen, Tabellen und Abkürzungen

Abbildungsverzeichnis

Abbildung 1:	Übersicht der Oberkategorien von M & A-Aktivitäten	52
Abbildung 2:	Übersicht von möglichen M & A-Aktivitäten im öffentl. Kulturbereich	53
Abbildung 3:	Zusammenarbeitsmodell	55
Abbildung 4:	Vierphasenmodell einer Strategischen Allianz	59
Abbildung 5:	Verschiedene Fusionstypologien	64
Abbildung 6:	Vierphasenmodell eines Joint Ventures	67
Abbildung 7:	Die drei Phasen einer Fusion im öffentlichen (Kultur-) Sektor	81
Abbildung 8:	Pre-Merger-Phase – Vision, Anbahnung und Entscheidung	84
Abbildung 9:	Kultur in Organisationen	88
Abbildung 10:	Kalkül der Synergien und Integrationskosten	95
Abbildung 11:	Von der Fusionsidee bis zur Integration	103
Abbildung 12:	Die Einzelaspekte der Machbarkeitsstudie	104
Abbildung 13:	Merger-Phase – Strategische Planung und Durchführung	120
Abbildung 14:	Das 7 K-Modell der Integration	133
Abbildung 15:	Vorgehen bei der Priorisierung von Synergiepotenzialen	140
Abbildung 16:	Die Ebenen der Unternehmenskultur als Eisberg	142
Abbildung 17:	Post-Merger-Phase – Integration	152
Abbildung 18:	Die Übung »Tipps für BewerberInnen«	165

Tabellenverzeichnis

Tabelle 1:	Die drei Sektoren des deutschen Kulturbetriebes	25
Tabelle 2:	Öffentliche Kulturausgaben 2001 nach Ausgabenbereichen	31
Tabelle 3:	Übersicht alternative Kulturfinanzierung	33
Tabelle 4:	Besonderheiten und Kernpunkte von erfolgreichem Politikmanagement	87
Tabelle 5:	Übersicht zu den Machbarkeitskriterien einer Fusion im Kulturbereich	98
Tabelle 6:	Unterteilung in Aktivitäten und Herausforderungen	101
Tabelle 7:	Aufgaben und Aktivitäten in der Konzeptionsphase	123
Tabelle 8:	Die sechs Zielebenen der Integration	154
Tabelle 9:	Hauptinhalte der drei Fusionsphasen im Kulturbereich	171
Tabelle 10:	Schlüsselfaktoren bei Fusionen im öffentlichen Kulturbereich	172
Tabelle 11:	Chancen und Risiken von Fusionen im öffentlichen Kulturbereich	174
Tabelle 12:	Fusionierte öffentliche Theater und/oder Orchester (Auswahl)	178
Tabelle 13:	Fusionen weiterer öffentlicher Kultureinrichtungen (Auswahl)	180
Tabelle 14:	In der Diskussion stehende Kultureinrichtungen, für die eine Fusion geplant ist bzw. diskutiert wird (Auswahl)	181
Tabelle 15:	Betriebsformen kommunaler Kulturarbeit	183

Abkürzungsverzeichnis

AktG	Aktiengesetz
BAT	Bundesangestelltentarif
BBesG	Bundesbesoldungsgesetz
BFS	Berliner Festspiele GmbH
BMT	Bundesmanteltarifvertrag
BRD	Bundesrepublik Deutschland
BSC	Balanced Scorecard
CB	Corporate Behaviour
CC	Corporate Communication
CD	Corporate Design
CI	Corporate Identity
DBV	Deutscher Bühnenverein
DDR	Deutsche Demokratische Republik
DNT	Deutsches Nationaltheater Weimar
DOV	Deutsche Orchestervereinigung
FFO	Frankfurt an der Oder
GbR	Gesellschaft bürgerlichen Rechts
GG	Grundgesetz
GF	Geschäftsführer
GI	Generalintendant
(g)GmbH	(gemeinnützige)Gesellschaft mit beschränkter Haftung
GMD	Generalmusikdirektor
HKW	Haus der Kulturen der Welt GmbH
IT	Informationstechnologie
KBB	Kulturveranstaltungen des Bundes in Berlin GmbH
KOBV	Kooperativer Bibliotheksverbund Berlin-Brandenburg
KR	Krefeld
KuSa	Kunstsammlungen zu Weimar
künstl.	künstlerisch
LVA	Landesversicherungsanstalt
MD	Musikdirektor
MG	Mönchengladbach
M & A	Mergers and Acquisitions
MIR	Musiktheater im Revier
NFG	Nationale Forschungs- und Gedenkstätten der Klassischen Deutschen Literatur in Weimar
NPM	New Public Management
NPhW	Neue Philharmonie Westfalen
NRW	Nordrhein-Westfalen

OE	Organisationsentwicklung
ORB	Ostdeutscher Rundfunk Brandenburg
ÖA	Öffentlichkeitsarbeit
öffentl.-rechtl.	öffentlich-rechtlich
PE	Personalentwicklung
POG	Philharmonisches Orchester Gelsenkirchen
RA	Rechtsanwalt
RBB	Rundfunk Berlin Brandenburg
SDR	Süddeutscher Rundfunk
SFB	Sender Freies Berlin
SKA-Konzept	staatlich-kommunales Konzept
stellv.	stellvertretend
SWF	Südwestfunk
SWK	Stiftung Weimarer Klassik
SWKK	Stiftung Weimarer Klassik und Kunstsammlungen
SWOT	Strengths, Weaknesses, Opportunities, Threats
SWR	Südwestrundfunk
Thür.	Thüringen
TVK	Tarifvertrag für Musiker in Kulturorchestern
VOEBB	Verbund der öffentlichen Bibliotheken Berlins
WBG	Wuppertaler Bühnen GmbH
WSO	Westfälisches Sinfonieorchester

Quellenverzeichnisse

Literaturverzeichnis

ANDRZEJEWSKI 2004: Andrzejewski, Laurenz: Trennungskultur – die professionelle Gestaltung von Trennungen, in: Huber, Andreas; Jansen, Stephan A.; Plamper, Harald (Hg.): Public Merger. Strategien für Fusionen im öffentlichen Sektor, Wiesbaden 2004, S. 245–262

BACHMANN 2001: Bachmann, Christian: Synergie- und Nutzungspotenziale von Unternehmenszusammenschlüssen. Definition – Realisierung – Messung, Wiesbaden 2001

BEEK 2002: Beek, Gregor van der: Kulturfinanzen. Ein volkswirtschaftlicher Beitrag zur Reform der öffentlichen Museen und Theater in Deutschland, Berlin 2002

BERG-PEER 2003: Berg-Peer, Janine: Outplacement in der Praxis. Trennungsprozesse sozialverträglich gestalten, Wiesbaden 2003

BENDIXEN 1992G Bendixen, Peter; u.a. (Red.): Handbuch KulturManagement. Die Kunst, Kultur zu ermöglichen, Stuttgart (Grundwerk) 1992 ff. (Loseblattsammlung)

BENDIXEN 1999: Bendixen, Peter; Heinze, Thomas: Kultur und Wirtschaft: Perspektiven gemeinsamer Innovation, in: Heinze, Thomas (Hg.): Kulturfinanzierung. Sponsoring – Fundraising – Public-Private-Partnership, Münster 1999, S. 15–44

BERENS 1999: Berens, Wolfgang; Schmitting, Walter; Strauch, Joachim: Funktionen, Terminierung und rechtliche Einordnung der Due Diligence, in: Berens, Wolfgang; Brauner, Hans U. (Hg.): Due Diligence bei Unternehmensakquisitionen, 3. bearb. u. erw. Aufl., Stuttgart 2002, S. 71–110

BERGMANN 2003: Bergmann, Tobias: Vortrag: »Nicht Fusionen sind falsch, sondern es wird falsch fusioniert!«, in: PLS RAMBØLL Management GmbH (Hg.): Public Merger. Fusionen im öffentlichen Sektor. Von der Vision zur Realisierung. Dokumentation der Konferenz am 23.1.2003, Hamburg 2003, S. 4–6

BIRCHER 2004: Bircher, Urs: Innovation durch Kooperation. Informationen zum sog. Hildesheimer Modell, in: Wagner, Bernd (Hg.): Jahrbuch für Kulturpolitik 2004. Thema: Theaterdebatte, Bd. 4, Essen 2004, S. 227–230

BOLWIN 2004: Bolwin, Rolf: Lummerland und die Kunst oder warum wir Tarifverträge brauchen, in: Wagner, Bernd (Hg.): Jahrbuch für Kulturpolitik 2004. Thema: Theaterdebatte, Bd. 4, Essen 2004, S. 172–183

BRAUNECK 1992: Brauneck, Manfred; Schneilin, Gérard (Hg.): Theaterlexikon. Begriffe und Epochen, Bühnen und Ensembles, 3. vollst. überarb. und erw. Aufl., Hamburg 1992

BUCHNER 2001: Buchner, Dietrich; Hofmann, Ulrich; Magnus, Stephan: Change Power. Veränderungsstrategien mit Merger-, Prozess- und Wissens-Power erfolgreich umsetzen, Wiesbaden 2001

Quellenverzeichnisse

BUCHNER 2002: Buchner, Dietrich (Hg.): Der Mensch im Merger. Erfolgreich fusionieren durch Zielorientierung, Integration und Outplacement, Wiesbaden 2002

CHROMY 1998: Chromy; Bernhard; Stork, Andreas: Die Veränderungen von Unternehmenskultur als Grundlage einer erfolgreichen Fusion, in: Henckel von Donnersmarck, Marie-Elisabeth; Schatz, Roland (Hg.): Fusionen – Gestalten und Kommunizieren, Bonn; Dover u.a. 2001, S. 121–136

COMPANIA MEDIA 1999: Compania Media: Der Museumsshop. Positionen – Strategien – Sortimente. Ein Praxisführer, Bielefeld 1999

DEUTSCHER BÜHNENVEREIN 2002: Deutscher Bühnenverein: Theaterstatistik 2000/2001, Köln 2002

DOPPLER 1994: Doppler, Klaus; Lauterburg, Christoph: Change Management. Das Unternehmen gestalten, Frankfurt a. M.; New York 1994

DÜMCKE 1993: Dümcke, Cornelia: Kulturförderung als Managementaufgabe – Zum Dilemma von Managementansätzen in der Kulturförderung, in: Strachwitz, Rupert Graf; Toepler, Stefan (Hg.): Kulturförderung. Mehr als Sponsoring, Wiesbaden 1993, S. 385–393

FATH 1997: Fath, Manfred: Die Ausstellungs–GmbH der Mannheimer Kunsthalle, in: Hill, Hermann; Magdowski, Iris (Hg.): Neue Wege für Kultureinrichtungen, Düsseldorf 1997, S. 47–53

FELDMANN 2000: Feldmann, Mark L.; Spratt, Michael F.: Speedmanagement für Fusionen. Schnell entscheiden, handeln, integrieren. Über Frösche, Hasenfüße und Hasardeure, Wiesbaden 2000

FIEDLER 2004: Fiedler, Jobst; Sponheuer, Birgit: Public Merger erfolgreich managen, in: Huber, Andreas; Jansen, Stephan A.; Plamper, Harald (Hg.): Public Merger. Strategien für Fusionen im öffentlichen Sektor, Wiesbaden 2004, S. 91–118

FINK 2004: Fink, Christian; Stellermann, Rolf: Die Kulturdiagnose: Eine Methode um ins Gespräch zu kommen, in: Huber, Andreas; Jansen, Stephan A.; Plamper, Harald (Hg.): Public Merger. Strategien für Fusionen im öffentlichen Sektor, Wiesbaden 2004, S. 139–162

FÖHL 2003B: Föhl, Patrick S.: Fusionen von Kultureinrichtungen: Chance oder Sackgasse? Ursachen, Abläufe, Potenziale, Risiken, Alternativen, unveröffentlichte Diplomarbeit an der Fachhochschule Potsdam, Potsdam 2003

FÖHL 2004A: Föhl, Patrick S.; Föhl, Thomas: Fusionen im Kulturbereich – Chance oder Sackgasse?, in: Huber, Andreas; Jansen, Stephan A.; Plamper, Harald (Hg.): Public Merger. Strategien für Fusionen im öffentlichen Sektor, Wiesbaden 2004, S. 311–337

FRANKENBERG 2004: Frankenberg, Peter: Theaterreform: Möglichkeiten und Aufgaben der Landeskulturpolitik, in: Wagner, Bernd (Hg.): Jahrbuch für Kulturpolitik 2004. Thema: Theaterdebatte, Bd. 4, Essen 2004, S. 305–310

FUCHS 1999: Fuchs, Max: Mensch und Kultur. Zu den anthropologischen Grundlagen von Kulturarbeit und Kulturpolitik, Opladen 1999

GLASL 2000: Glasl, Friedrich: Wie Stolpersteine zu Meilensteinen werden. Öffentlicher Vortrag bei der Tagung »Change Management Werkstatt 2000: Post-Merger-Integration« in Graz (24.–25. Mai 2000)

GLASL 2002: Glasl, Friedrich: Selbsthilfe in Konflikten, Bern; Stuttgart 2002

GLASL 2004A: Glasl, Friedrich: Konfliktmanagement, 8. Aufl., Bern; Stuttgart; Wien 2004

GLASL 2004B: Glasl, Friedrich: Aktives Konfliktmanagement als Erfolgsfaktor für Fusionen, in: Huber, Andreas; Jansen, Stephan A.; Plamper, Harald (Hg.): Public Merger. Strategien für Fusionen im öffentlichen Sektor, Wiesbaden 2004, S. 163–183

GROPP 1998: Gropp, Eckhard: Two In One – Rettung durch Fusion. Die Neue Philharmonie Westfalen, in: neue musikzeitung, Nr. 6 (Juni 1998), S. 7

GRUBE 2002: Grube, Rüdiger; Töpfer, Armin: Post Merger Integration. Erfolgsfaktoren für das Zusammenwachsen von Unternehmen, Stuttgart 2002

HABECK 2002: Habeck, Max M.; Kröger, Fritz; Träm, Michael: Wi(e)der das Fusionsfieber: die sieben Schlüsselfaktoren erfolgreicher Fusionen, 2. überarb. Aufl., Wiesbaden 2002

HANSEN 2000: Hansen, Klaus P.: Kultur und Kulturwissenschaft. Eine Einführung, 2. vollst. überarb. u. erw. Aufl., Tübingen; Basel 1995

HARTUNG 1998: Hartung, Werner; Wegner, Reinald: Kultur in neuer Rechtsform. Problemlösung oder Abwicklung?, 2. erg. und überarb. Aufl., Bonn 1998

HEINRICHS 1996: Heinrichs, Werner; Klein, Armin: Kulturmanagement von A–Z. Wegweiser für Kultur- und Medienberufe, München 1996

HEINRICHS 1997: Heinrichs, Werner: Kulturpolitik und Kulturfinanzierung. Strategien und Modelle für eine politische Neuorientierung der Kulturfinanzierung, München 1997

HEINRICHS 1999: Heinrichs, Werner: Kulturmanagement. Eine praxisorientierte Einführung, 2., grundleg. überarb. Aufl., Darmstadt 1999

HEINRICHS 2001: Heinrichs, Werner; Klein, Armin: Kulturmanagement von A–Z. 600 Begriffe für Studium und Beruf, 2., völlig überarb. und erw. Aufl., München 2001

HEINZE 1999: Heinze, Thomas (Hg.): Kulturfinanzierung. Sponsoring – Fundraising – Public-Private-Partnership, Münster 1999

HERBOLD 2000: Herbold, Astrid: Schneller scheiden. Aus für das Schillertheater NRW: Wuppertal kündigt die Fusion mit Gelsenkirchen, in: Berliner Zeitung (23. Februar 2000)

HOFMANN 2004: Hofmann, Walter: Outplacement – ein sozialverträglicher Lösungsweg?, in: Huber, Andreas; Jansen, Stephan A.; Plamper, Harald (Hg.): Public Merger. Strategien für Fusionen im öffentlichen Sektor, Wiesbaden 2004, S. 263–281

HOFFMANN 1979: Hoffmann, Hilmar: Kultur für alle. Perspektiven und Modelle, Frankfurt a. M. 1979

HORVÁTH 2000: Horváth, Peter; u.a.: Das Controllingkonzept. Der Weg zu einem wirkungsvollen Controllingsystem, 4. überarb. und erw. Aufl., München 2000

HOOD 1991: Hood, Chris: A Public Management for all Seasons?, in: Public Administration (1991), S. 3–11

Quellenverzeichnisse

HUBER 2003: Huber, Andreas; Bergmann, Tobias: Fusionen benötigen eine Vision. Public Merger: Von der Vision zur Realisierung, in: PLS RAMBØLL Management GmbH (Hg.): Public Merger. Fusionen im öffentlichen Sektor. Von der Vision zur Realisierung. Dokumentation der Konferenz am 23.1.2003, Hamburg 2003, S. 118–131

HUBER 2004: Huber, Andreas; Jansen, Stephan A.; Plamper, Harald (Hg.): Public Merger. Strategien für Fusionen im öffentlichen Sektor, Wiesbaden 2004. Bei der Drucklegung dieser Arbeit (Sept. 2004) lag das Buch publiziert noch nicht vor. Zitiert wurde aus den druckfertig redigierten Fahnen. Ggf. könnten leichte Abweichungen bei der Paginierung auftreten.

HUEMER 1991: Huemer, Friedrich: Mergers & Acquisitions. Strategische und finanzielle Analyse von Unternehmenszusammenschlüssen, Frankfurt am Main 1991

JAEGER 2001: Jaeger, Michael: Personalmanagement bei Mergers & Acquisitions. Strategien, Instrumente, Erfolgsfaktoren, Neuwied; Kriftel 2001

JAEGER 2004: Jaeger, Michael: Personalabbau – persönliche Katastrophe oder fusionsbedingte Notwendigkeit, in: Huber, Andreas; Jansen, Stephan A.; Plamper, Harald (Hg.): Public Merger. Strategien für Fusionen im öffentlichen Sektor, Wiesbaden 2004, S. 225–244

JANSEN 2001: Jansen, Stephan A.: Mergers & Acqusitions, 4. Aufl., Wiesbaden 2001

JANSEN 2003: Jansen, Stephan A.: Die Form der Fusion: Empirische und modelltheoretische Analysen zum Management von Unternehmenszusammenschlüssen, Dissertation an der Universität Witten-Herdecke, Witten-Herdecke 2003

JANSEN 2004: Jansen, Stephan A.: Public Merger Management. Theoretische und empirische Analysen zum Vergleich von Zusammenschlüssen in der Privatwirtschaft und im öffentlichen Sektor, in: Huber, Andreas; Jansen, Stephan A.; Plamper, Harald (Hg.): Public Merger. Strategien für Fusionen im öffentlichen Sektor, Wiesbaden 2004, S. 3–37

JÖNS 2002: Jöns, Ingela: Fusion und Akquisitionen aus Sicht von Mitarbeitern und Führungskräften, in: Wirtschaftspsychologie aktuell, Heft 3 (2002)

JUNG 1993: Jung, Helga: Erfolgsfaktoren von Unternehmensakquisitionen, Stuttgart 1993

KÄMMERER 2003: Kämmerer, Sigi: Schweigen zerstört Werte. Merger Communications am Beispiel der Salzburg AG für Energie, Verkehr und Telekommunikation, in: PLS RAMBØLL Management GmbH (Hg.): Public Merger. Fusionen im öffentlichen Sektor. Von der Vision zur Realisierung. Dokumentation der Konferenz am 23.1.2003, Hamburg 2003, S. 89–105

KAPLAN 1997: Kaplan, Robert; Norton, David: Balanced Scorecard. Strategien erfolgreich umsetzen, Stuttgart 1997

KEARNEY 1998: Kearney, A. T.: Global PMI Survey (interne Studie), o.O. 1998

KLEIN 2001: Klein, Armin: Kultur-Marketing. Das Marketingkonzept für Kulturbetriebe, München 2001

KLEIN 2003: Klein, Armin: Kulturpolitik. Eine Einführung, Wiesbaden 2003

KLEIN 2004: Klein, Armin: Projektmanagement für Kulturmanager, Wiesbaden 2004

KNÖFEL 2004: Knöfel, Ulrike: Club der Bettler, in: Der Spiegel, Nr. 28 (Juli 2004), S. 128

KÖNIGSDORF 2002: Königsdorf, Jörg: Spülpläne. Jörg Königsdorf verabschiedet die Theaterfusion von Weimar und Erfurt, in: Potsdamer Neueste Nachrichten (22. Februar 2002)

KONIETZKA 1998: Konietzka, Thomas; Küppers, Hans-Georg: Neue Steuerung in der kommunalen Kulturarbeit: alternative Formen der Organisation und Finanzwirtschaft für Kultureinrichtungen, Bonn 1998

KONIETZKA 2004: Konietzka, Thomas; Küppers, Hans-Georg: Blinder Eifer schadet nur. Aspekte einer Theaterreform, in: Wagner, Bernd (Hg.): Jahrbuch für Kulturpolitik 2004. Thema: Theaterdebatte, Bd. 4, Essen 2004, S. 200–210

KOTLER 2001: Kotler, Philip; Bliemel, Friedhelm: Marketing- Management. Analyse, Planung und Verwirklichung, 10. überarb. u. aktualis. Aufl., Stuttgart 2001

KÜPPERS 1997: Küppers, Hans-Georg: Betriebsformen für die kommunale Kulturarbeit: Neue Chancen für öffentliche Kultureinrichtungen, in: Hill, Hermann; Magdowski, Iris (Hg.): Neue Wege für Kultureinrichtungen, Düsseldorf 1997, S. 39–46

KULTURPOLITISCHE MITTEILUNGEN 2004: Kulturpolitische Mitteilungen: Schwerpunkt »Zukunft des Theaters«, H. 105 (II/2004)

LENDERS 1995: Lenders, Britta: Kultur des Managements im Kulturmanagement, Wiesbaden 1995

LINZER 2002: Linzer, Martin: Fusionsgeschädigt, aber auf dem Weg der Besserung. Greifswald + Stralsund = Theater Vorpommern, in: Theater der Zeit, Heft 1 (Januar 2002), S. 40f.

LISSEK-SCHÜTZ 1995: Lissek-Schütz, Ellen u.a. (Hg.): Zwischen Sparzwang und Innovation: Aufgaben und Strukturen der Kulturarbeit. Dokumentation der Fachtagung vom 5.–6. Oktober 1993 im Tagungshaus Schildow, Bd. 3, Berlin 1995, Vorwort, S. 7–9

LISSEK-SCHÜTZ 1997: Lissek-Schütz, Ellen: Marketing im Kulturbetrieb – Impulse aus den USA, in: Wagner, Bernd; Zimmer, Annette (Hg.): Krise des Wohlfahrtsstaates – Zukunft der Kulturpolitik, Bonn; Essen 1997, S. 179–185

LOFF 2003: Loff, Jens: Resümee des Vormittags von Jens Loff, in: PLS RAMBØLL Management GmbH (Hg.): Public Merger. Fusionen im öffentlichen Sektor. Von der Vision zur Realisierung. Dokumentation der Konferenz am 23.1.2003, Hamburg 2003, S. 43–45

LOOSER 1999: Looser, Ueli: Was Fusionen erfolgreich macht, in: Neugebauer, Gregory; Siegwart, Hans (Hg.): Mega-Fusionen. Analysen. Kontroversen. Perspektiven, 2. Aufl., Bern; Stuttgart; Wien 1999, S. 265–274

LOSKILL 2001: Loskill, Jörg: Gescheiterte Fusion. Schillertheater-»Ehe« wurde aufgelöst, in: Oper und Tanz, Heft 3 (2001)

MÄRKI 2004: Märki, Stephan: Das Theater spiegelt die Gesellschaft – nicht nur auf der Bühne, in: Wagner, Bernd (Hg.): Jahrbuch für Kulturpolitik 2004. Thema: Theaterdebatte, Bd. 4, Essen 2004, S. 153–158

Quellenverzeichnisse

MEUSCHEL 2002: Meuschel, Stefan: Das Wunder von Weimar lässt auf sich warten. Eine Stadt wehrt sich gegen obrigkeitliche Kulturpolitik, in: neue musikzeitung, Nr. 3 (März 2002), S. 1f.

MEYER 1995: Meyer, Bernd: 1. Strukturwandel Kultur: Chancen und Risiken für die kommunale Kulturpolitik – Anforderungen an die kommunale Kulturverwaltung, in: Lissek-Schütz, Ellen u.a. (Hg.): Zwischen Sparzwang und Innovation: Aufgaben und Strukturen der Kulturarbeit. Dokumentation der Fachtagung vom 5.–6. Oktober 1993 im Tagungshaus Schildow, Bd. 3, Berlin 1995, S. 11–18

MEYER 1996: Meyer, Bernd; Tiedtke, Markus; Meissner, Regine: Neue Rechtsformen für Kultureinrichtungen, Köln 1996

MEYER 1998: Meyer, Bernd: Betriebsformen in Kultureinrichtungen. Neue Betriebsformen als Aladins Wunderlampe?, in: Handbuch KulturManagement, Stuttgart 1992ff, Kapitel F 2.2 (1998)

NASCHOLD 1995: Naschold, Frieder: Der Blick über den Tellerrand – Internationale Erfahrungen bei der Modernisierung des öffentlichen Sektors und ihre Bedeutung für die Bundesrepublik Deutschland, in: Behrens, Fritz u.a. (Hg.): Den Staat neu denken. Reformperspektiven für die Landesverwaltungen, Berlin 1995, S. 81–93

NEUMANN 1994: Neumann, Andreas: Fusionen und fusionsähnliche Zusammenschlüsse: unter besonderer Berücksichtigung finanzieller Aspekte, Bern 1994

NEUMANN 1998: Neumann, P.; Rumpf, B.: Kritische Erfolgsfaktoren von Post-Merger-Integrationen, in: M&A Review, Heft 2 (1998), S. 57–61

OERTEL 1999: Oertel, Martina; Röbke, Thomas: Reform kommunaler Kulturverwaltung. Ergebnisse einer Umfrage in Städten über 30.000 Einwohner, Bonn 1999

OTTENTHAL 1997: Ottenthal, Elmar: Die Rechtsform ist nicht alles – entscheidend sind die Chance und der Wille zu wirtschaftlichen Verhalten, in: Hill, Hermann; Magdowski, Iris (Hg.): Neue Wege für Kultureinrichtungen, Düsseldorf 1997, S. 67–77

PESEL 2000: Pesel, Jens: Von der Konfusion zur Fusion, in: Vereinigte Städtische Bühnen Krefeld und Mönchengladbach (Hg.): »Habe nun, ach...« 50 Jahre Vereinigte Städtische Bühnen Krefeld und Mönchengladbach, Mönchengladbach 2000, S. 25–39

PICOT 2002: Picot, Gerhard (Hg.): Handbuch Mergers & Acquisitions: Planung, Durchführung, Integration, 2. Aufl., Stuttgart 2002

PIERWOSS 2004: Pierwoß, Klaus: Zwischen Konfrontation und Kooperation. Beispiele kulturpolitischer Kontroversen in Bremen, in: Wagner, Bernd (Hg.): Jahrbuch für Kulturpolitik 2004. Thema: Theaterdebatte, Bd. 4, Essen 2004, S. 114–124

PLAMPER 2003: Plamper, Harald: Merger und Strategisches Management, in: PLS RAMBØLL Management GmbH (Hg.): Public Merger. Fusionen im öffentlichen Sektor. Von der Vision zur Realisierung. Dokumentation der Konferenz am 23.1.2003, Hamburg 2003, S. 47–65

PLS RAMBØLL 2003: PLS RAMBØLL Management GmbH (Hg.): Public Merger. Fusionen im öffentlichen Sektor. Von der Vision zur Realisierung. Dokumentation der Konferenz am 23.1.2003, Hamburg 2003

Anhang

PRIBILLA 2000: Pribilla, Peter: Personelle und kulturelle Integration, in: Picot, Gerhard (Hg.): Handbuch Mergers & Acquisitions: Planung, Durchführung, Integration, Stuttgart 2000, S. 377–418

PRIBILLA 2002: Pribilla, Peter: Personelle und kulturelle Integration, in: Picot, Gerhard (Hg.): Handbuch Mergers & Acquisitions: Planung, Durchführung, Integration, 2. Aufl., Stuttgart 2002, S. 429–470

PRÖHL 1995: Pröhl, Marga (Hg.): Wirkungsvolle Strukturen im Kulturbereich. Dokumentation einer Mitarbeiterbefragung im Kulturdezernat der Stadt Bielefeld, Gütersloh 1995

QUBECK 1999: Qubeck, Susann: Museumsmarketing im Internet. Grundlagen – Anwendungen – Potentiale, Bielefeld 1999

REICHARD 1997: Reichard, Christoph: New Public Management und die Kultur, in: Wagner, Bernd; Zimmer, Annette (Hg.): Krise des Wohlfahrtsstaates – Zukunft der Kulturpolitik, Bonn; Essen 1997, S. 107–127

RÖPER 2001: Röper, Henning: Handbuch Theatermanagement: Betriebsführung, Finanzen, Legitimation und Alternativmodelle, Köln; Weimar; Wien 2001

RUBIN 1994: Rubin, Jeffrey Z.; Pruitt, Dean G.; Kim, Sung Hee: Social conflict. Escalation, stalemate and settlement, New York u.a. 1994

SAUERMANN 2000: Sauermann, Sabine: Unternehmensinternes M&A-Management. Organisatorische Gestaltungsalternativen, Wiesbaden 2000

SCHEIN 1985: Schein, Edgar H.: Organizational Culture and Leadership, San Francisco 1985

SCHEYTT 1998: Scheytt, Oliver: Recht finden –Recht setzen. Rechtsfragen kommunaler Kultureinrichtungen, in: Handbuch KulturManagement, Stuttgart 1992ff, Kapitel F 2.1 (1998)

SCHNECK 2003: Schneck, Ottmar (Hg.): Lexikon der Betriebswirtschaft. Über 3400 grundlegende Begriffe für Studium und Beruf, 5. völl. überarb. und erw. Aufl., München 2003

SEITER 2003: Seiter, Hubert: Fusionen von öffentlichen Versicherungen am Beispiel der Landesversicherungsanstalt Baden-Württemberg, in: PLS RAMBØLL Management GmbH (Hg.): Public Merger. Fusionen im öffentlichen Sektor. Von der Vision zur Realisierung. Dokumentation der Konferenz am 23.1.2003, Hamburg 2003, S. 33–42

SIEVERS 1997: Sievers, Norbert: Kulturpolitik und Kulturverwaltungsreform. Empirische Befunde und kritische Anmerkungen, in: Wagner, Bernd; Zimmer, Annette (Hg.): Krise des Wohlfahrtsstaates – Zukunft der Kulturpolitik, Bonn; Essen 1997, S. 128–149

SÖNDERMANN 2004: Söndermann, Michael: Öffentliche Kulturfinanzierung in Deutschland 2003/2004. Ergebnisse aus der Kulturstatistik, in: Wagner, Bernd (Hg.): Jahrbuch für Kulturpolitik 2004. Thema: Theaterdebatte, Bd. 4, Essen 2004, S. 353–375

SPAHN 2003: Spahn, Claus: Erfurt will leuchten. Ein Opernneubau in Thüringen droht die gewachsene Kulturlandschaft zu sprengen, in: DIE ZEIT, Nr. 38 (2003)

Quellenverzeichnisse

STATISTISCHES BUNDESAMT 2001A: Statistisches Bundesamt: Kulturfinanzbericht 2000, Wiesbaden 2001

TRZICKY 2001: Trzicky, Nico: Stakeholder einer Fusion und deren Feindbilder, in: Henckel von Donnersmarck, Marie-Elisabeth; Schatz, Roland (Hg.): Fusionen – Gestalten und Kommunizieren, Bonn; Dover u.a. 2001, S. 37–55

VAHS 2001: Vahs, Dietmar; Wuth, Steffen: Kritischer Erfolgsfaktor Personalmanagement, in: PERSONAL, Heft 12 (2001)

VISSER 2004: Visser, Rinke: Fusionen als biographische Krise der Organisation, in: Huber, Andreas; Jansen, Stephan A.; Plamper, Harald (Hg.): Public Merger. Strategien für Fusionen im öffentlichen Sektor, Wiesbaden 2004, S. 283–290

WAGNER 1997A: Wagner, Bernd: Modernisierungsprozesse im Kulturbereich, in: Wagner, Bernd; Zimmer, Annette (Hg.): Krise des Wohlfahrtsstaates – Zukunft der Kulturpolitik, Bonn; Essen 1997, S. 87–106

WAGNER 1997B: Wagner, Bernd; Zimmer, Annette (Hg.): Krise des Wohlfahrtsstaates – Zukunft der Kulturpolitik, Bonn; Essen 1997

WAGNER 2004: Wagner, Bernd (Hg.): Jahrbuch für Kulturpolitik 2004. Thema: Theaterdebatte, Bd. 4, Essen 2004

ZEILEIS 2000: Zeileis, Reinhard: Der Theatervertrag als Spiegel der Fusionsgeschichte, in: Vereinigte Städtische Bühnen Krefeld und Mönchengladbach (Hg.): »Habe nun, ach...« 50 Jahre Vereinigte Städtische Bühnen Krefeld und Mönchengladbach, Mönchengladbach 2000, S. 42–63

ZIMMERMANN 2001: Zimmermann, Olaf; Schulz, Gabriele: Strukturen der Kulturpolitik in der Bundesrepublik Deutschland, in: Handbuch KulturManagement, Stuttgart 1992ff, Kapitel A 1.8 (2001)

Weitere Quellen

DEUTSCHE OPER AM RHEIN 2003: Deutsche Oper am Rhein: Struktur, in: deutsche-oper-am-rhein.de. URL: http://www.deutsche-oper-am-rhein.de/db/struktur.html, aufgerufen: 2. Mai 2003

HKW.DE 2003: hkw.de: Das Haus der Kulturen der Welt 2003, Pressemitteilung. URL: http://www.hkw.de/de/presseinfos/pressemitteilungen/jahrespressekonferenz/c_index.html, aufgerufen: 13. April 2003

KLASSIK.COM 2004: klassik.com: Sachsen legt geplante Theaterfusion auf Eis. Theaterehen in Dresden und Mittelsachsen vom Tisch. URL: http://www.klassik.com, Aktuell, Stand: 2. April 2004

MAIER 2003: Maier, Jürgen: Erfolgreiche Verschmelzung, pdf-Dokument, in: hkw.de. URL: http://www.hkw.de/assets/pressemitteilungen/id_2002/jahrespressekonferenz/Fusion.pdf, Stand: 18. Januar 2003

MDR 2002: mdr.de: Modellfall Altenburg-Gera? URL: http://www.mdr.de/kultur/buehne/172885.html, Stand: 21. Dezember 2002

MDR 2003A: mdr.de: Alles auf Anfang in Eisenach. Kooperation mit Meiningen kommt nicht in Gang. URL: http://www.mdr.de/kultur/buehne/430873.html, Stand: 26. März 2003

MDR 2003B: mdr.de: Intendant des Theaters Altenburg-Gera tritt zurück. URL: http://www.mdr.de/nachrichten/thueringen/633310.html, Stand: 27. März 2003

SCHIPANSKI 2002: Schipanski, Dagmar: Statement anlässlich der Unterzeichnung des Vertrages über die Landesförderung 2004 bis 2008 für die Philharmonie Jena am 24. Oktober 2002 in Erfurt, in: thueringen.de. URL: http://www.thueringen.de/de/tmwfk/aktuelles/artikel/uc23/u_start.html, aufgerufen: 16. Mai 2004

STATISTISCHES BUNDESAMT 2001B: Statistisches Bundesamt: Theaterveranstaltungen, in: destatis.de. URL: http://www.destatis.de/basis/d/biwiku/kult2a.htm, Stand: 20. November 2001

STATISTISCHES BUNDESAMT 2003A: Statistisches Bundesamt: Öffentliche Finanzen – Schuldenstand in EUR je Einwohner, in: destatis.de. URL: http://www.destatis.de/basis/d/fist/fist025.htm, Stand: 26. Mai 2003

STATISTISCHES BUNDESAMT 2003B: Statistisches Bundesamt: Öffentliche Finanzen – Schuldenstand, in: destatis.de. URL: http://www.destatis.de/basis/d/fist/fist024.htm, Stand: 26. Mai 2003

STATISTISCHES BUNDESAMT 2004A: Statistisches Bundesamt: 2004: Kulturausgaben der öffentlichen Hand bei 8,2 Mrd. Euro, in: destatis.de. URL: http://www.destatis.de/presse/deutsch/pm2004/p2010072.htm, Stand: 5. Mai 2004

STATISTISCHES BUNDESAMT 2004B: Statistisches Bundesamt: Bildung, Wissenschaft und Kultur, in: destatis.de. URL: http://www.destatis.de/basis/d/biwiku/ausgatab1.php, Stand: 17. Februar 2004

SWR.DE 2004: swr.de: Der SWR fünf Jahre nach der Fusion, in: http://www.swr.de/presseservice/archiv/2003/08/27/index1.html, aufgerufen: 23. Juli 2004

VOGTLAND PHILHARMONIE 2003: o.A.: Die Vogtland Philharmonie Greiz/Reichenbach- Wirtschaftsfaktor der Region und überregionaler Botschafter, in: gymnasium-greiz.de. URL: http://www.gymnasium-greiz.de/deutsch/leben/arbeiten/philharmonie/default.htm, aufgerufen: 6. Oktober 2003

VULT 2003: Vult, Walter: Drei Opern-GmbHs, in: Kulturberlin.de. URL: http://www.kulturberlin.de/redaktion/program/viewdoc.php?docid=0000000390&urlopt=0, Stand: 30. September 2003

Quellenverzeichnisse

Interviewverzeichnis und sonstige Unterlagen der Fallbeispiele

BERLINER SENAT 2003: Berliner Senat für Wissenschaft und Kultur: Oper in Berlin – Strukturkonzept, internes Dokument, Berlin 2003

FÖHL 2003A: Stiftung Weimarer Klassik und Kunstsammlungen

Interview von Patrick S. Föhl mit Dr. Thomas Föhl: Organisationsentwicklung (Fusionsbeauftragter) und Leiter Querschnittsbereiche, Hauptkustos Neue Sammlungen und Direktoriumsmitglied; 30. Juli und 4. August 2003 in Weimar

Interview von Patrick S. Föhl mit Dr. Thomas Leßmann: Justiziar; 4. August 2003 in Weimar

FÖHL 2004B: Stiftung Weimarer Klassik und Kunstsammlungen

Interview von Patrick S. Föhl mit Dr. Thomas Föhl: Organisationsentwicklung (Fusionsbeauftragter) und Leiter Querschnittsbereiche, Hauptkustos Neue Sammlungen und Direktoriumsmitglied; 18. Juni 2004 in Weimar

LAUSBERG 2002: Lausberg, Maurice: Untersuchungen und Empfehlungen zur geforderten Strukturreform der drei Berliner Opernhäuser, internes Dokument, Berlin 2002

MARCUS 2003: Neue Philharmonie Westfalen

Interview von Patrick S. Föhl mit Hans-Bruno Marcus: Verwaltungsleiter; 25. Juli 2003 in Recklinghausen

Interview von Patrick S. Föhl mit Stephan Popp: geschäftsführender Intendant; 25. Juli 2003 in Recklinghausen

SCHÖGGL 2004: ART for ART Theaterservice GmbH Wien

Telefonisches Interview von Andreas Huber mit Kurt Schöggl, Prokurist, 29. Juli 2004

SWKK 2002A: SWKK: Vertrag über die Zustiftung der Kunstsammlungen zu Weimar zur Stiftung Weimarer Klassik, internes Dokument, Weimar 2002

SWKK 2002B: SWKK: Personalüberleitungsvertrag der Mitarbeiter der Stadtverwaltung, die im Eigenbetrieb der KuSa beschäftigt waren, zur Stiftung Weimarer Klassik (neuer Arbeitsgeber), internes Dokument, Weimar 2002

SWKK 2003: SWKK: Bericht zur Finanzierung der Stiftung Weimarer Klassik und Kunstsammlungen, internes Dokument, Weimar 2003

ZEILEIS 2003: Vereinigte Städtische Bühnen Krefeld und Mönchengladbach

Interview von Patrick S. Föhl mit Reinhard Zeileis: Geschäftsführer; 11. September 2003 in Krefeld

Anhang

Register

7

7 K-Modell.............72, 81, 109, 133, 134

A

Absichtserklärung 107
Akquisition............................... 53, 54, 80
Akzeptanzmanagement....102, 148, 171
Allianz Stiftung................................... 32
alternative Karriere ...128, 129, 137, 173
Altersteilzeit....................38, 42, 125, 144
Altverträge 56
anticipating dialog............................ 164
ART for ART...Theaterservice GmbH
 ....39, 47, 48, 49, 61, 90
Aufnahme...53, 63, 94, 98, 109, 112, 123
Ausgliederung 9, 47, 68, 144
Ausgründung...47, 54, 59, 60, 61, 94, 145

B

Back-End-Merger...39, 49, 54, 61, 62, 63, 64, 66, 68, 69, 71
Balanced Scorecard...102, 124, 137, 154, 171
Bauhaus-Archiv................................... 79
Bauhaus-Universität............................ 72
Benchmarking............................. 74, 138
Benchmark-Vergleich......................... 14
Berlin Museum 37, 78
Berliner Festspiele GmbH 27, 61
Berlinische Galerie........................ 78, 79
Betriebsform...22, 24, 33, 34, 65, 98, 123
Betriebsumwandlung...22, 25, 26, 36, 38
big bang merger................................. 80

BMW-Rover 15
Bottom-up-Prozess 104
Brainstorming.................................. 165
Branding 65
Brücke-Museum........................... 78, 79
Budgetierung...................... 21, 40, 131
Bühnenservice gGmbH... 61, 65, 66, 67, 68, 69, 90
Bundestheater-Holding........... 39, 47, 48
Bürgerorientierung............................ 20

C

Challenge Funding 33
Changemanagement.................. 91, 121
Charité.. 56
Coaching 161, 162
Controlling.....38, 94, 102, 121, 124, 126, 154, 164, 171
Corporate Behaviour 92, 124
Corporate Communication........ 92, 124
Corporate Design................. 92, 142, 147
Corporate Identity 147, 148, 154
Corporate Identity-Konzept...38, 92, 124
CreditSuisse...................................... 129
Cultural Due Diligence 158, 173
Customer Relationship Management
 65

D

Dachmarke........................... 62, 69, 157
DaimlerChrysler 15, 64, 70
Dataport 63
Datenzentralen S-H und LIT Hamburg
 56
Demerger 43, 113, 169
Deutsche Oper................................... 65

198

Deutsche Oper am Rhein 35, 73
Deutsche Orchestervereinigung........44
Deutscher Bühnenverein........42, 44, 77
Deutsches Nationaltheater...Weimar77, 116, 149
Dienstleister 21, 69, 136
Dienstleistung....7, 25, 55, 61, 69, 70, 91
Due Diligence 93, 94, 104, 158

E

early wins... 123, 139, 146, 147, 166, 171
economies of scale...............................74
economies of scope 74
Eigenbetrieb 25, 61, 69, 112
Eigeneinnahmen... 21, 28, 30, 32, 38, 99, 174
Eigentümer-Lobbying.........................87
eingetragener Verein...........................25
Einspareffekt...38, 56, 58, 62, 70, 96, 170
Einsparpotenzial 9, 15, 32, 57, 58, 69, 75, 87, 114, 168, 169, 174
einvernehmlich echte Fusion...53, 54, 73
Elbland-Philharmonie Sachsen Novum..59
Empowerment 34, 35
Erfolgsfaktor 116, 135, 143, 155, 170

F

Fachhochschule Potsdam 9
feindliche Übernahme 54, 73, 128
Fokus-Maßnahmen............................161
formale Privatisierungen....................25
Front-End-Merger...54, 61, 63, 64, 66, 68, 71, 90
Frühpensionierung 38, 42, 137
Frührente...............................125, 144, 146
Fundraising..............15, 30, 33, 162, 174
Fürst-Pückler-Museum Park und Schloss Branitz................................37
Fürst-Pückler-Park Bad Muskau 37

Fusionen unter Gleichen............. 73, 112
Fusionsaudit....................................... 103
Fusionsvertrag 74, 109, 123, 171

G

GbR... 25, 33
Gesundheitsbetrieb Empoli, Italien.. 56
GmbH 25, 33
Goethe- und Schiller-Archiv 40
Goethe-Institut InterNationes..... 16, 37
Goethe-Nationalmuseum 78
Grundmittelkonzept 30

H

Hauptsitz 106, 108, 116, 172
Haus der Kulturen der Welt GmbH...27, 61
Haustarifvertrag 44, 66, 111
Hebbel am Ufer.............................. 15, 56
HERA/Bologna 56, 69
Herzogin-Anna-Amalia-Bibliothek...32, 39, 40, 71, 72
Hildesheimer Modell 58, 72
horizontale Ebene......................... 65, 71
horizontale Fusion...........16, 70, 93, 111
horizontale Kooperation.................... 66

I

Identifikation.......10, 44, 62, 86, 93, 111, 115, 117, 143
Identifikationsfunktion..................... 68
Identifikationsgrad........................... 116
Identifikationsschwierigkeiten 174
Identität.......16, 46, 58, 92, 116, 154, 159, 160, 173
Identitätsunterschiede 9, 46, 77, 114
institutionelle Förderung................... 28
Integration ...12, 40, 72, 81, 94, 102, 104, 125, 126, 130, 132, 134, 139, 141, 148, 152, 153, 154, 155, 157, 171, 173

Integrationsaktivitäten 135, 143, 158
Integrationsarbeit 109, 114, 148, 152, 162, 175
Integrationsarchitekturen 134
Integrationsfaktoren 134
Integrationskonzept 132
Integrationskosten 56, 95
Integrationsmanagement ... 11, 101, 102, 111, 128, 146, 172
Integrationsmaßnahme 133, 157
Integrationsprozess 58, 133, 137, 143, 156, 164
Integrationsschwierigkeiten 62
Integrationsstrategie 13, 61, 117, 154, 166
Integrationstiefe 54, 63, 111, 112, 172
Integrationstypologie 55
Integrationstypus 70
Internationale Filmfestspiele Berlin ... 27, 61

J

Joint Venture ... 54, 59, 60, 63, 64, 65, 66, 67, 68, 71, 94

K

Kameralistik 22, 25
kameralistisches Rechnungswesen .. 20
Klinik Lübeck-Kiel 56
Know-how 11, 22, 123, 136, 170, 175
Komische Oper 65
kommunale Selbstverwaltung 26
Kommunalverwaltung 7, 27, 85
Kommunikation 9, 41, 87, 92, 93, 105, 114, 115, 117, 121, 122, 125, 134, 135, 136, 142, 146, 147, 148, 149, 153, 154, 155, 162, 166, 171, 172, 173, 175
Konflikt-Bewusstsein 159
Konflikt-Kompetenz 159
Konfliktpotenzial 161
Konkurrenzdenken 16

Konsolidierung 39, 40, 89, 90, 154
Konsolidierungsmaßnahme 36
Kontext-Maßnahmen 161
Kontrahierungszwang 48, 66
Kontrolle 20, 109, 137
Kooperationen 32, 43, 56, 57, 58, 67, 68, 72, 85, 91, 117, 141, 170
Kooperationstiefe 58
kooperative Konkurrenz 66
Koordination 109, 121, 123, 134, 136
Kosten-Nutzen 100
Kultur für alle 24
Kulturangebot 21, 27, 70, 107
Kulturarbeit 7, 26, 27, 34, 172
Kulturausgaben 24, 26, 28, 30, 31
Kulturbegriff 22, 23, 24, 28
kulturelle Identität 10, 13, 77, 87, 92, 93
Kulturfinanzbericht 28, 29
Kulturfinanzierung 10, 21, 28, 29, 32, 36
Kulturföderalismus 22
Kulturförderung .. 20, 22, 24, 25, 26, 28, 29, 30
Kulturgroschen 33
Kulturhoheit der Länder 26
Kultur-Identitäten 46
Kulturintegration 156
Kulturlotterien 33
Kulturmanagement 12
Kulturmanager 97, 126
Kulturpolitik ... 11, 23, 73, 74, 75, 76, 170
Kultursektoren 22
Kulturstaat 21
Kulturstiftung Meinigen 37
Kulturveranstaltungen des Bundes in Berlin GmbH 27, 61, 62, 70, 157
Kulturverwaltung 12, 22
Kulturwissenschaft 23
Kundenorientierung 93, 154
Kundenzufriedenheit 100
Kündigungsmanagement 129, 143
Kunstfreiheitsgarantie 21, 26

Kunsthallen-Ausstellungs gemeinnützige Gesellschaft mbH in Mannheim 33
künstlerische Identität 13
künstlerische Inhalte ... 13, 35, 78, 92, 93, 100, 106, 116, 124, 172
künstlerische Qualität 136, 170
künstlerische Synergie 9, 17
künstlerische Ziele 92
künstlerischer Fusionseffekt 75
künstlerischer Synergieeffekt 75
künstlerisches Niveau 170

L

Landesbühne Sachsen Radebeul 59
laterale Fusion 70, 157
lateraler Zusammenschluss 62
Launchkampagne 149
Leadership 100
Leadership Faculty 129
Leitbild ... 16, 116, 124, 146, 147, 154, 159, 161
Licensing 33
Linz AG 15, 56
Lohnnebenkosten 20
LVA Baden-Württemberg 15, 56
LVA Nord 56

M

Machbarkeitskriterien 55, 71
Machbarkeitsstudie 11, 40, 45, 85, 89, 91, 93, 94, 95, 96, 97, 99, 100, 101, 103, 105, 120, 155, 171, 172, 173
Marke 62, 92, 94, 111, 122, 157
Marketing ... 32, 57, 60, 65, 123, 149, 154, 162, 166
Märkisches Museum 37, 78
Marktposition 15
Meilensteine 123, 126, 131
Merchandising 32, 38, 166

Merger-Phase 80, 101, 109, 117, 120, 147, 148, 152, 158, 166
Mergers & Acquisitions ... 10, 13, 52, 72, 80
Mergers of Equals 73, 157
Merger-Syndrome 93, 135, 159, 171
Mischkulturstrategie 157
Misserfolgsfaktor 16, 170
Misserfolgskriterien 168
Mission 41, 89, 92, 93, 163
Missionstatement 89, 154
Mitarbeiterzufriedenheit 100
Mittelsächsische Theater- und Philharmonie GmbH 59
Modernisierungskonzept 34
Monokulturstrategie 73, 156
Mühlhäuser Museen 15, 37
Multikulturstrategie 157
Museum Store Association USA 61
Museumsshop 32, 35, 60, 65, 154, 166
Musikhochschule Franz Liszt 71

N

Neue Nationalgalerie 79
Neue Philharmonie Westfalen ... 16, 38, 43, 44, 45, 63, 75, 76, 92, 99, 108, 109, 114, 116, 117, 127, 148, 168
Neugründung 53, 98, 112, 123
Neupositionierung 9, 17, 168, 174
New Public Management 10, 34, 66

O

Öffentlichkeitswirksamkeit 100, 140
öffentlich-rechtliche Stiftung 25
öffentlich-rechtlicher Kulturbetrieb . 25
Operational-Merger 62, 63, 64, 68
Opernstiftung Berlin 61, 66, 90
Optimierungspotenzial 14
Optionsförderung 28
Orchester Hungarica 43

Organisationsentwicklung... 16, 47, 49, 60, 90, 104, 122, 161, 162
Organisationskultur 88, 90, 142, 161
Organisationsstruktur..... 33, 49, 62, 123
Organisationsveränderung 48, 49
Outplacement.................................. 145
Outsourcing 38, 61, 144
Overheadkosten................................. 69

P

Personalabbau.......... 32, 38, 98, 169, 174
Personalintensität 35
Personalkosten.................... 20, 21, 31, 45
Personalüberhang... 38, 39, 45, 66, 98, 99
Personalüberleitungsvertrag 45, 53
Pflichtaufgabe 20, 21, 26
Politikmanagement... 11, 86, 91, 101, 102, 125, 147, 173
Post-Merger-Phase... 80, 81, 101, 120, 133, 147, 152, 153, 158, 162
Preis- und Programmpolitik 33
Pre-Merger-Phase... 80, 81, 84, 101, 109, 117, 120, 121, 133, 152, 166
privatrechtlich gemeinnütziger Kulturbetrieb.................... 25
privatrechtliche Stiftung.................... 25
privatrechtlich-kommerzieller Kulturbetrieb.................... 25
Produkt... 13, 25, 55, 57, 64, 70, 71, 74, 76, 77, 90, 91, 111, 121, 126, 153
Profil.......... 10, 15, 43, 65, 66, 79, 93, 116
Projektförderung 28
Projektmanagement 11, 91, 100, 120, 125, 126, 133, 154, 162, 168
Prozessmanagement 9, 66
Prozessoptimierung 21, 42, 168
Prozesssteuerung................................ 22
Public Due Diligence............... 100, 105
Public Merger.................................... 12
Public Private Partnership........... 32, 61

Q

Qualifizierungsgesellschaft 129
Querschnittsämter 76

R

Rechnungswesen 26
Rechtsform............. 9, 33, 45, 53, 65, 113
Rechtsformänderung.......................... 60
Rechtsformwechsel..................... 53, 168
Reformaktivitäten 21, 22, 168
Reformdruck 36
Reformprozess 21, 76
Regeln............. 16, 88, 141, 146, 153, 156
Regiebetrieb........................... 25, 34, 53
Region Cottbus-Spree-Neiße.............. 56
Region Hannover.... 15, 56, 90, 106, 127
Restrukturierung 53
Rundfunk Berlin Brandenburg 30

S

Sachgut.. 70
Salzburg AG 15, 56, 90
Schillertheater NRW.. 38, 41, 76, 77, 92, 108, 113, 116, 147
Schlüsselfaktoren... 9, 10, 11, 17, 46, 109, 143, 168, 169
Shareholder Value.................. 16, 74, 75
SKA-Konzept..................................... 29
softe Faktoren 72, 143, 158
soziodemographische Veränderung. 20
Sparmaßnahme................................... 75
Sponsoring............................ 28, 33, 162
Staatsoperette Dresden 59
Staatstheater Stuttgart 31
Stadttheater Hildesheim 57
Stakeholder.... 16, 73, 75, 76, 77, 79, 114, 115, 124, 125, 147, 148, 155, 173
Steuerung 20, 34, 112, 124, 130, 132
Steuerungsform........................... 22, 34
Stiftung Jüdisches Museum Berlin ... 27

Stiftung Preußischer Kulturbesitz.....69
Stiftung Schloss Friedenstein
    Gotha...37
Stiftung Stadtmuseum Berlin 78, 79
Stiftung Weimarer Klassik und
    Kunstsammlungen...9, 37, 38, 41, 53,
    63, 71, 73, 76, 78, 86, 94, 111, 112,
    116, 128, 134, 144, 145, 148, 149
Strategische Allianz.....54, 55, 57, 58, 59,
    67, 68
Strukturkonzept 131
Strukturkrise...27
Strukturprobleme...........................21, 35
Strukturreform 9, 10, 36
Strukturveränderung...10, 17, 22, 33,
    40, 41, 54, 75, 79
Strukturwandel............................21, 49
Südthüringisches Staatstheater
    Meiningen 58
Südwestrundfunk 16, 17
Swatch...64
SWOT-Analyse 94, 100, 102

T

Tariferhöhung...17, 21, 40, 43, 44, 45,
    99, 148, 174
Tarifpolitik.......................................77, 78
Tarifvertrag 77, 148
Team-Building-Maßnahmen.............132
Teilfusion... 48, 54, 55, 61, 63, 64, 68, 72,
    111
Teilzeitverträge 32
Theater Altenburg Gera GmbH..63, 86,
    127, 168, 169
Theater Erfurt 77, 116, 149
Theater Junge Generation Dresden...59
Theater Magdeburg 9, 15
Theater Rheydt 45
Theater Rudolstadt 59
Theater- und Orchester GmbH
    Neubrandenburg-Neustrelitz......116
Theaterdebatte.....................................17

Theaterkrise.. 36
Thüringer Landestheater GmbH...15,
    58, 86, 111, 113, 114
Top-Down-Fusion 85
Top-Down-Prozess............104, 125, 146
Totalfusion......55, 56, 63, 66, 68, 71, 112
Transfersozialpläne 129
Trennungskultur................................ 145

U

Umstrukturierung.............9, 17, 58, 168
Umstrukturierungsmaßnahme...12, 22,
    26, 39, 67
Umstrukturierungsprozess...15, 36,
    204
Universität Duisburg-Essen...15, 56,
    127
Universität und Fachhochschule
    Lüneburg 56
Untergangsdrohung...44, 148, 173, 174
Unternehmenskultur...10, 135, 141,
    142, 143, 144, 156, 158, 159, 165

V

ver.di 15, 56, 90
Verbund der öffentlichen Bibliotheken
    Berlins 37, 58
Vereinigte Städtische Bühnen Krefeld
    und Mönchengladbach...35, 38, 45,
    46, 74, 108, 109, 114, 116, 147
vertikale Ebene.................................... 64
vertikale Fusion 70, 71
Verwaltungseffizienz 34
Vision 11, 12, 84, 85, 89, 91, 101, 102,
    116, 171
Vogtland Philharmonie Greiz/
    Reichenbach e.V. 37, 108, 114, 116,
    128, 148
Vollfusionen 61, 93
voneinander lernen 58, 137, 169, 170,
    173, 174

Vorpommersche Theater und Sinfonieorchester GmbH...86, 114, 127

Wettbewerbsdenken 35
win-win Situation 58
Wissenschaftsrat 41

W

weiche Faktoren...94, 133, 141, 143, 159, 169
Werte...10, 23, 30, 88, 92, 93, 94, 124, 141, 146, 154, 158

Z

Zieglersche Anstalten 15, 56, 63
Zustiftungsvertrag 53, 112
Zweckverband 25

Über die Autoren

Patrick Sinclair Föhl, geb. 1978 in Berlin, ist Kulturmanager mit den Arbeits- und Forschungsschwerpunkten Kulturmarketing, Ausstellungsmanagement und Fusionen von öffentlichen Kultureinrichtungen sowie weiteren Umstrukturierungsprozessen im Kulturbereich. Derzeit arbeitet er an einer Dissertation zum Thema »Kooperationen von Kultureinrichtungen«. Seit dem Jahr 2000 übt Herr Föhl eine selbstständige Beratertätigkeit in den genannten Bereichen sowie bei der Herstellung und dem Vertrieb von Kunst- und Designobjekten aus. Er ist seit 1996 im Kulturbereich tätig und konnte bisher insbesondere im Ausstellungswesen vielfältige Erfahrungen sammeln. Eine Auswahl bisheriger Tätigkeiten: Mitarbeit an den Ausstellungsprojekten »nach Weimar« (Neues Museum Weimar, 1996) und »Aufstieg und Fall der Moderne« (Schlossmuseum, Gauforum, Weimar, 1999), Projektleitung der Ausstellung »ihr kinderlein kommet... Henry van de Velde: ein vergessenes Projekt für Friedrich Nietzsche« (Haus Hohe Pappeln, Weimar, 2000; Sonderpreis der FH-Potsdam für das Projekt), 2000/01 Rechercheur in der Abteilung Wechselausstellung der Stiftung Jüdisches Museum Berlin, 2001/02 verschiedene Tätigkeiten für die Stiftung Schloss Neuhardenberg GmbH, u.a. Leitung des Museumsshops, Organisation von Konzerten sowie hauptverantwortliche Exponatrecherche und -akquise für die erste Dauer- und Wechselausstellung sowie deren Begleitpublikationen.

Andreas Huber, geb. 1972 in Worms, ist als Trainer, Berater und Forscher im Bereich von Fusionen im öffentlichen Sektor tätig. Er ist einer der Gründer der Forschungsgruppe »Public Merger« an der Zeppelin-University in Friedrichshafen am Bodensee und Visiting Researcher am dortigen Lehrstuhl für Politische Ökonomie. Zuvor arbeitete er für die aus Skandinavien stammende Beratungsfirma PLS RAMBØLL Management, die sich auf die Beratung des öffentlichen Sektors konzentriert. Seine Arbeitsschwerpunkte lagen im Bereich des Strategischen Managements und bei Fusionen im öffentlichen Sektor und Synergiepotenzialanalysen. Herr Huber hat unter anderem folgende Körperschaften bei der Vorbereitung, Durchführung und/oder Nachsorge von Fusionen begleitet: die Region Cottbus-Spree-Neiße, die Gewerkschaft ver.di und das Landesumweltamt Brandenburg. Gegenwärtig begleitet er die Uni Duisburg-Essen bei ihrem Fusionsprozess. Außerdem arbeitet er als Trainer und Koordinator von Seminaren und Konferenzen zum Thema Fusionen für Organisationen und Verbände.

Über die Autoren

Ellen Lissek-Schütz, Jg. 1949, war von 1991 bis 1995 stellvertretende Direktorin und Leiterin des Projekts Aufbau der Kulturverwaltungen in den neuen Bundesländern bei der Stiftung für kulturelle Weiterbildung und Kulturberatung, Berlin-Mitte. Seit 1995 Professorin für Kultur und Management am Studiengang Kulturarbeit der Fachhochschule Potsdam mit den Schwerpunkten Kulturpolitik und Kulturfinanzierung, internationales Kulturmanagement, Kulturphilosophie.

Bernd Meyer, Dr. phil., Jg. 1941, war Leiter der Stadtbibliothek und von 1973 bis 1992 Kulturdezernent in Regensburg, von 1992 bis 2004 Dezernent für Bildung, Kultur und Sport des Deutschen Städtetages in Köln/Berlin. Honorarprofessor für Kulturpolitik am Studiengang Kulturarbeit der Fachhochschule Potsdam.